领导致辞全集

高 岭 ◎ 编著

情景应对与口才提升全能宝典

表述简洁 范例经典 问题丰富

中国华侨出版社

图书在版编目（CIP）数据

领导致辞全集/高岭编著.—北京：中国华侨出版社，2012.5（2021.2重印）
ISBN 978-7-5113-1909-8

Ⅰ.①领… Ⅱ.①高… Ⅲ.①领导人员-语言艺术 Ⅳ.①C933.2

中国版本图书馆CIP数据核字（2012）第072374号

领导致辞全集

编　　著	高　岭
责任编辑	李　晨
封面设计	纸衣裳书装
经　　销	新华书店
开　　本	710×1000毫米　1/16　印张23　字数280千字
印　　刷	三河市嵩川印刷有限公司
版　　次	2012年5月第1版　2021年2月第2次印刷
书　　号	ISBN 978-7-5113-1909-8
定　　价	58.00元

中国华侨出版社　北京朝阳区静安里26号通成达大厦3层　邮编100028
法律顾问：陈鹰律师事务所
编辑部：(010) 64443056　64443979
发行部：(010) 64443051　传真：64439708
网　　址：www.oveaschin.com
e-mail：oveaschin@sina.com

前言

"世间有一种成就可以使人很快完成伟业，并获得世人的认识，那就是讲话令人喜悦的能力。"致辞水平高的人，谈吐隽永，妙语连珠。这样的人，往往容易赢得他人的友谊、信任、支持和帮助，在事业上也容易获得成功。而不善于言辞的人，常常在公众面前脸红心跳，语无伦次，词不达意，就好像茶壶里煮饺子——有口道不出，才华也可能会被埋没。

纵观古今中外，凡是有作为的人，都把善于作公众致辞作为必备的能力之一。无论政治家、商业巨子，还是文化界名人，大多是善于言谈的语言大师。如拿破仑、戴高乐、华盛顿、林肯、丘吉尔、斯大林、苏格拉底、雨果、卡耐基等，他们的号召力、影响力、煽动力和组织力之所以撼动人心，在很大程度上得益于他们高超的即兴演讲艺术。一个人只有掌握了说话的技巧，才可以在机会到来的时候牢牢把握住它，达到自己的目的。

怎样才能提升自己的致辞水平呢？积累当然是最主要的方法。基于此，我们编写了本书。本书集各行各业、各种身份的人士在各种场景下的致辞经验于一体，从理论到实践，从语言规则到表达技巧，从礼仪习俗到致辞素材，条分缕析，面面俱到。书中所选范例的风格也丰富多彩，或典雅庄重，或诙谐幽默，或深入浅出，或妙趣横生，可谓不拘一格、应有尽有。多种情境设置全面，致辞人身份形形色色，致辞时机恰到好处，经典案例、妙语连珠、灵感素材无处不在。

以上是本书的几大特点。无论您扮演何种角色、在何种情况下、喜好何种风格的致辞，本书都能为您提供理想的方案，让您语出惊人，让听者过耳不忘、印象深刻。同时，本书不仅具有实用性，更具有较强的趣味性，让您入于目而融于心，朗于口而会于神。

丘吉尔曾说过："你能对着多少人当众讲话，你的事业就会有多大。"我们也许该为这句话加个注解："你的致辞有多精彩，你的人生就有多精彩。"

目 录

第一章 开幕式、闭幕式致辞

开幕式致辞的定义及特点	/2
会议开幕式致辞	/4
文体活动开幕式致辞	/10
文化节开幕式致辞	/14
艺术节开幕式致辞	/19
运动会开幕式致辞	/23
闭幕式致辞的定义及特点	/28
会议闭幕式致辞	/29
文体活动闭幕式致辞	/34
文化节闭幕式致辞	/39
艺术节闭幕式致辞	/43
运动会闭幕式致辞	/46

地方性节日开幕式致辞的定义及特点　　/ 51
地方性节日闭幕式致辞的定义及特点　　/ 56
会议主持词的定义及特点　　/ 61

第二章　节日、纪念活动致辞

节日致辞的定义及特点　　/ 82
元旦致辞　　/ 83
新春致辞　　/ 92
国庆节致辞　　/ 99
其他节日致辞　　/ 106
纪念活动致辞的定义与特点　　/ 124
纪念名人致辞　　/ 125
纪念日致辞　　/ 129
纪念历史事件致辞　　/ 139

第三章　欢迎辞、欢送辞

欢迎辞的定义与特点　　/ 148
现场会欢迎辞　　/ 149
考察、检查活动欢迎辞　　/ 158
节庆活动欢迎辞　　/ 169
欢送辞的定义与特点　　/ 178
毕业欢送辞　　/ 180

入伍欢送辞	/ 190
退伍欢送辞	/ 198
退休欢送辞	/ 207
答谢辞的定义与特点	/ 215
参观、访问答谢辞	/ 217
答谢客户致辞	/ 223

第四章 慰问、吊唁致辞

慰问致辞的定义与特点	/ 232
慰问家属	/ 234
慰问灾民	/ 239
慰勉致辞	/ 246
吊唁致辞的定义与特点	/ 254
悼念活动致辞	/ 255
悼念灾难事件致辞	/ 265
悼念烈士致辞	/ 270
追悼会致辞	/ 275

第五章 公务礼仪活动致辞

公务礼仪活动致辞的定义与特点	/ 282
奠基、落成典礼致辞	/ 283
公益活动致辞	/ 288

签约仪式致辞 / 295
接见、会见致辞 / 302
会议致辞的定义与特点 / 306
动员会致辞 / 308
庆功会、表彰会致辞 / 316

第六章 岗位变动致辞

岗位变动致辞的定义与特点 / 326
竞聘致辞 / 327
就职致辞 / 337
离职、调动致辞 / 348

第一章

开幕式、闭幕式致辞

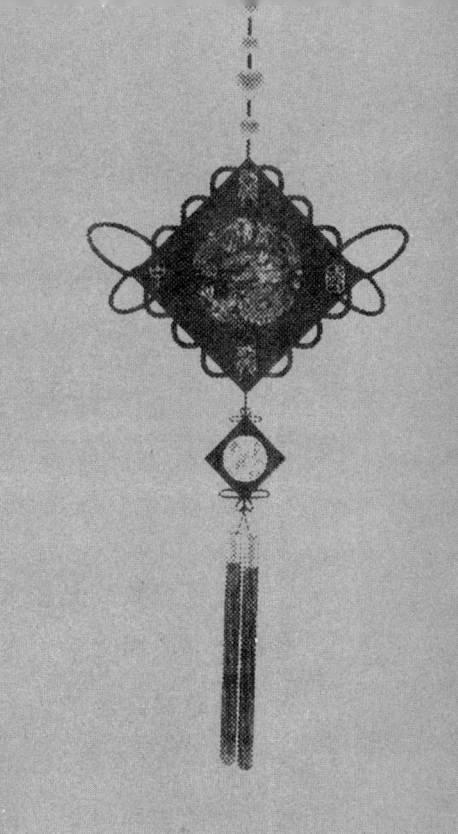

开幕式致辞的定义及特点

开幕式致辞是在大型会议或重要活动开幕式上有关领导对会议所作的开宗明义的短篇讲话。

开幕式致辞的内容主要是郑重宣布活动开幕，营造隆重、热烈的气氛；介绍活动的形势和背景，阐述活动的宗旨、重要意义，明确活动的指导思想；说明活动的主要进程；向参加者提出办好活动的要求或注意事项；提出希望，鼓动参与人员满腔热情地参加活动，或对活动的成功表示祝愿。

作用：

开幕式致辞对活动起着重要的指导作用。

写作指导：

开幕式致辞在写作上应注意：

一、首部：包括标题、时间、称谓三项。

时间：标题之下，用括号注明。

称谓：称谓是对参加者的统称，根据活动的性质及参加者的身份确定。如果是党的会议，称谓比较简单，就是"同志们"三个字，后加冒号；如果是代表大会，就是"各位代表"，后加冒号；如果是国际会议，要按照国际惯例来排列顺序。较常见的是："各位嘉宾，女士们，先生们"，后加冒号。

二、正文

正文：包括开头，主体和结尾三部分

1. 开头。一般开门见山地宣布活动开幕。开头的内容包括以下几项：

宣布大会开幕。最简单的说法是："××××大会现在开幕。"也可以有些变通的说法或灵活的处理，如："今天，《维也纳公约》缔约方大会第五次会议和《蒙特利尔议定书》缔约方大会第十一次会议部长级会议在北京隆重开幕，大家聚集一堂，共商保护地球的具体行动，具有十分重要的意义。"

对大会的规模和参加大会人员的身份进行介绍。有些开幕式致辞可以有这项内容，大致说法是："参加这次大会的代表有×××人，他们分别来自……"

对大会表示祝贺，对来宾表示欢迎。大致说法是："我代表×××对大会表示衷心的祝贺！对与会的各位代表和来宾表示热烈的欢迎！"

2. 主体。主体是开幕式致辞的核心部分，主要包括以下几个方面的内容：

阐明活动的重要意义。具体涉及：这次活动是在什么形势下举行的，活动将要讨论解决什么问题，这个问题的现实价值如何，有什么迫切性，活动最终将会达到什么目的等。

如，"今天，我们在这里隆重集会，召开××师范学院教学工作会议。这次会议是在学校"十一五"规划开局之年以及学校全力迎接教育部本科教学工作水平评估和准备申报硕士学位授予权的关键时刻召开的一次极其重要的会议，其意义十分重大。"

说明会议的主要议程等。议程明确的会议，可以将议程直接列项表达，如议程不宜列项，则要对会议将要讨论的主要问题进行阐述。向与会者提出希望和要求。如："希望与会同志克服会期紧、任务重的困难，集中精力，把会议开成一次统一思想、团结协作、振奋人心、迎评促建的再动员和誓师大会。"

3. 结尾

开幕式致辞一般用简短、有力，有号召性和鼓动性的话语结束全文，如："最后，祝大会取得圆满成功。祝各位在北京愉快。谢谢！"

写作特点：

用热情洋溢、喜庆的语言，向观众表明活动的主题，渲染温馨、热闹的气氛。

会议开幕式致辞

【范例一】

【致辞人】××科技股份有限公司代表

【致辞背景】××科技股份有限公司高层管理人员首届培训大会

同仁们：

大家上午好！

为适应××的快速发展以及在公司未来发展道路上的高效管理，

第一章　开幕式、闭幕式致辞

首届××科技股份有限公司高层管理人员培训大会在今天隆重开幕。此次培训大会北京××科技股份有限公司实施以人为本的发展战略，全面贯彻弘扬企业核心价值文化理念，全方位多角度提高企业核心竞争力的关键之举。今天很荣幸邀请到×××软件股份有限公司为我公司高层管理人员带来精彩的培训课程和×××公司独特的企业文化分享。在此，我谨代表北京××科技股份有限公司向×××软件股份有限公司各位高管、培训师表示衷心的感谢。

随着"××"一期工程全面建成投产、二期工程全面实施、三期工程规划建设，公司重大项目不断增加，许多工作的开展及推进需要企业高层总体管控，各部门协调配合，员工责任明确、各司其责。公司一批重大项目先后纳入项目管理体系中运作和实施，其中包括ISO9001体系项目推进、ERP系统项目推进、重大项目合同评审推进等。

×××公司凭借自身专业软件公司的技术优势，结合"××"企业实际需求，开发出适合××企业特点的涵盖生产管理、供应链保障、销售服务、人力资源、财务管理、仓储物流等模块的现代企业管理系统软件，并逐步使之得以广泛应用。实现精细管理、敏捷经营、成本节约、效率提升，使所有业务流程、管理过程实现数字化、标准化，最终达到企业科学管理、规范管理的目标。不仅如此，我们还要在员工培训、人才管理、母子公司管控、企业文化建设等方面和用友进行深入交流、共同分享、密切合作。在相互信任、真诚合作、共同发展的基础上，北京××科技股份有限公司愿在此次高层管理人员培训大会上，认真学习管理技巧、虚心请教管理经验、逐步完善管理知识结构。

此次培训大会共计×天。培训课程内容有：职业经理人的修炼、金字塔与结构性思维、非财人员的财务管理等。这次的培训对象是：北京××科技股份有限公司副总理级别以上高层管理人员。这次的培训单位是：×××软件科技股份有限公司。21世纪的竞争是一个以经济和科技为核心的综合实力的竞争，而这里面的核心却是人才的竞争，古有云：得人者得天下耳。而一个企业是否具有竞争力，关键是企业所拥有人才的综合水平的高低、竞争力的大小，因此只有拥有一支具有强劲竞争力高素质的学习型人才队伍才能使企业成为行业内的执牛耳者。所以通过对员工培训开发，能够使员工的综合素质得到提升，使管理者的意图得到更好的贯彻执行，使公司的制度得到深入的落实，最终实现提高企业核心竞争力的目标。在这里，希望通过此次爱玛科技股份有限公司高层管理人员培训大会，增强我们公司管理人员的综合能力，完善管理知识结构，增强团队协作能力，强化组织的向心力，继而形成可持续发展的优势，提高企业组织绩效。

最后，预祝首届××科技股份有限公司高层管理人员培训大会取得圆满成功。

谢谢大家

【范例二】

【致辞人】市长

【致辞背景】××公司团代表大会开幕式致辞

各位领导、各位代表、青年朋友们：

在××建工集团公司党政领导的亲切关怀下，在广大团员、团干部的共同努力下，共青团××建工集团有限公司第一次代表大会今天开幕了。首先，我代表共青团××市委，向大会的召开表示热烈的祝贺，并借此机会，向长期以来关心和支持共青团工作的各级党政领导，表示衷心的感谢，向曾经辛勤工作在共青团岗位上，把青春奉献给共青团事业的团干部们，表示崇高的敬意，向在座的各位代表，并通过你们向努力工作在一线岗位的团员青年们，致以亲切的问候！

多年来，建工集团各级共青团组织在集团公司党委的正确领导下，坚持服务大局、服务企业、服务青年，求真务实，真抓实干，团的各项工作取得了优异成绩，为全市企业共青团工作的发展做出了应有的贡献，积累了宝贵的经验。

多年来，建工集团各级团组织，坚持用邓小平理论和"三个代表"重要思想武装团员青年，不断加强和改进青年的思想政治工作。通过组织团员青年开展形式多样的主题教育活动，增强了广大团员青年爱党、爱国、爱企业的意识，提高了广大团员青年的思想政治素质，为企业的改革发展奠定了思想基础。

建工集团各级团组织坚持"党建带团建"，不断强化自身建设。特别是在团的组织建设、团干部队伍建设、团员队伍的管理以及推进团的职能化进程等方面进行了积极探索，取得了可喜成绩。

建工集团各级团组织以培养优秀青年人才为出发点，不断加强青年人才队伍建设，积极探索企业共青团参与青年人力资源开发的有效途径。通过采取规范制度、建立完善青年人才库、推优入党、推优荐才等一系列有效措施，形成了良好的青年人才工作机制，优化了青年成才环境，为企业青年人才培养做出了积极贡献。

多年来，建工集团各级团组织以经济建设为中心，深入开展

"青年突击队""青年岗位能手""创新创效"等团的品牌活动。特别是青年突击队工作，始终坚持"政治建队、建楼育人"的宗旨，坚持抓建设、促发展，抓精品、创品牌，不断规范工作机制、创新队伍建设、优化队伍结构、增强队伍素质、提高竞赛水平、丰富竞赛成果。建工集团的青年突击队不仅充分发挥了生力军、主力军的作用，同时培养出了×××青年突击队、×××青年突击队、×××青年突击队等一批××市优秀青年突击队标杆和一大批优秀人才。在××市青年突击队成立50周年之际，建工集团各级团组织以实际行动和丰硕成果，向社会展示了青年突击队的青春风采和良好风貌。可以说，建工集团为新时期××市青年突击队事业的发展发挥了不可替代的作用。

最后，祝大会圆满成功！

谢谢大家！

【范例三】

【致辞人】某医院院长

【致辞背景】××医学学术会议开幕致辞

尊敬的各位领导、各位来宾、女士们、先生们：

你们好。

在××××支持下，由内蒙古医学会主办，××医院承办的×××大会在经过近四个多月的紧张筹备之后，现在正式开幕。在此，我谨代表大会筹备委员会向出席本次会议的各位领导、各位来宾、各位专家学者、各位企业界的朋友，表示热烈的欢迎和诚挚的感谢！很高兴大家能够参加这次×××会议，这是有关我们眼科事业发展的一项盛会，感谢大家的热情参与。出席这次大会的代表有××人，其中，不仅有来自我们内蒙古各个盟市的眼科同仁，还有来自东三省及俄、日、朝、韩以及蒙古的朋友，我们以热烈的掌声欢迎他们的到来。

本次会议以"××"为宗旨，着重探讨"××××"，为此，从领导到基层，从专家学者到企业家，从院校研究到临床应用，为眼科事业的发展坚持不懈地努力，已经做了大量的工作。会议期间，将有部分专家、学者和代表展现他们的最新研究和应用成果，大家互相学习、互相交流，倡导学术结合、学术互促的学术风格，构建和谐的学术交流氛围。我们还要拓宽思维，解放思想，积极吸纳相关学科的现代科学方法和技术手段，加强学科之间的相互吸收，相互渗透，相互融合；学者专家谦虚为怀，在不断的沟通交流中、互取所长、齐心协力、通力合作共谋眼科事业的发展大计。

同时，我们也应看到我们眼科发展的现状。改革开放以来，我国眼科资源取得较快增长。随着人们生活水平的提高，白内障、角膜病、沙眼、青光眼、屈光不正等主要眼病的患病率也有较大变化。但在眼科诊治方面，虽然有一些具有很高水平的优秀专家，但与发达地区、发达国来相比面临挑战，因为具有一流水平的专家数量还相对较少，设备和技术人员的分布还很不平衡，眼科医师的整体素质还有待进一步提高，医师管理和培训制度还很不完善。我们也应就此吸收各方面的经验，为培养更多拥有一流水平的眼科医师做好准备。

眼科医学的发展，可以预见，今后我们的责任更加重大，任务更加繁重，道路更加漫长。在继承、弘扬、发展、应用的过程中，我们将继续坚持科学化发展道路，采用多渠道、多层次、多学科的方法探索现代眼科发展的理论体系，为我国眼科事业的发展和眼保健保驾护航。

朋友们，女士们，先生们，历史已经赋予我们高度的责任和使命，我相信这次大会一定能开成一个同心同德、民主团结的大会，求真务实、开拓创新的大会。

最后，预祝本次大会圆满成功！祝各位朋友身体健康，谢谢大家！

文体活动开幕式致辞

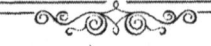

【范例一】

【致辞人】董事长

【致辞背景】在企业全民健身文体活动开幕式上的讲话

各位领导、同志们：

在这春和景明、充满朝气、阳光明媚的美好季节，在这充满"爱国、文明、和谐、进步"的喜庆时刻，我们满怀喜悦地以系列文体活动来庆祝"五一国际劳动节"和"五四青年节"的到来！此次文体活动的召开将是我们公司广大职工展示健康向上、奋发有为精神面貌的一个舞台；将是展示××公司创业者风彩的一道靓丽风景线；将是××人陶冶情操、强身健体、表现自我的一次盛会。在此，我代表公司向本次活动的胜利召开表示衷心祝贺！今天前来参加我们活动的有：工会×主席、××镇×镇长。让我们以热烈的掌声对他们的到来表示欢迎！

目前，全民健身活动正在全国各地蓬勃开展。随着整个社会物质、文化生活水平的不断提升，企业职工文化事业也得到了长足发展。同时，发展体育运动，增强职工体质，弘扬体育精神，对企业建设一支来之能战，战之能胜的队伍和进一步发展壮大、做精做强都具有非常重要的推动意义。这次文体活动，不仅是对职工政治素质、精神风貌的一次检阅，也是对青年体质、竞技才能、品德修养等综合素质的考验，更是各参赛单位竞争意识、团队拼搏精神的综合体现。让我们以本次活动为契机，进一步增强以人为本的办企意识，切实加强企业文化建设，进一步弘扬和培育体育精神，为公司进一步发展增添新的智力支持和精神动力。赛场上的胜负是暂时的，但自强不息的精神是永恒的，争取自身工作岗位的"最优"业绩才是我们新时代建设者应当不懈追求的。

我希望在今天的活动中，我们的参赛队员都能拿出良好的竞技状态，迎接竞争的挑战；展现出一流的团队精神，本着"增强沟通，展示风采"的原则，发扬我们"点燃激情，超越未来"的企业精神，在比赛中发扬风格，赛出水平，赛出友谊，赛出和谐，为我们××公司在"十一五"的开局之年，在本行业走出"严冬季节"的拼搏之年，再展豪情，再建新功！

最后，预祝我们的活动圆满成功！祝各位领导和员工同志们身体健康、家庭幸福、工作顺利！谢谢大家！

领导致辞全集

【范例二】

【致辞人】妇联主席

【致辞背景】××市在纪念"三八"节文体活动开幕式上的讲话

各位领导、各位姐妹：

在这春暖花开，生意盎然的日子里，××市妇联、市体育局、市老年体协在这里联合举办纪念"三八"国际劳动妇女节九十三周年文体活动。市委××副书记高度重视这一活动，亲临现场指导；市妇联×××主席、市体育局×××局长、市老年体协常务副主席××等领导也出席了文体活动开幕式。我代表市妇联、市体育局、市老年体协向出席今天文体活动的各位来宾、教练员、运动员致以热烈的欢迎和衷心的感谢！

今天我们在这里举办的文体活动以体育、健身表演为主，市老年体协、市老年大学、市老教师艺术团、市工人文化宫，均派代表队参加表演，表演赛集中体现了××市各界妇女认真贯彻实施《全民健身计划纲要》和全国妇联与国家体育总局联合开展的"亿万妇女健身活动"的成果，展示了××女儿健康向上、朝气蓬勃的精神风貌。文体活动还举办市老年艺协部分离退休女干部创作的书法美术展览，体现了离退休女干部离退而不休、关注社会、热爱生活、关心家乡建设的高尚情操和高雅的审美艺术情趣。

市、区、××办事处三级妇联与××社区同时在活动现场举办法律宣传、"三优"知识咨询和义诊活动，吸引了众多群众的参与。

文体活动得到了市老年艺协、×××社区和××公园园林管理处的大力支持和协助，确保了活动的顺利进行，在这里，我代表主办单位向他们表示衷心的感谢。

随着经济的发展、社会的进步和人民生活水平的提高，追求科学、文明健康的生活方式已成为全社会的共识，广大妇女重视提高身体素质，求健、求美、求乐的愿望日益迫切，尤其是许多中老年妇女从工作岗位上退了下来，迫切需要更多、更好的文体活动来充实自己的生活，为了满足广大妇女的精神文化需求，市妇联、市体育局、市老年体协、市老年艺协作了许多努力，组织了不少有益的活动，以引导更多的妇女用科学、文明、健康的方法强身健体，充实精神生活。现在，全市妇女健身活动蔚然成风：在社区、乡村、街道、公园、运动场、健身房，活跃着一支支女子健身队伍，有太极拳、剑、扇、腰鼓队、红绸队、健身操、交谊舞；有书法、美术；有合唱、声乐表演、服装表演队、家庭文化活动……处处充满生机与活力，时时传递着先进文化的信息，成为全民健身运动和推广群众艺术一道亮丽的风景线，成为推进社会文明的重要力量。今天，我们在这里举办的这场文体活动就是对全市妇女健身活动和离退休女干部老有所为、老有所乐成果的一次大检阅，同时也是我市广大妇女为纪念自己的节日而献上的一份厚礼。

生命在于运动、生活充满追求。同志们、姐妹们，让我们行动起来，认真落实国家《全民健身计划纲要》，积极参与"巾帼健身活动"和"家庭文化"、"社区文化"等各种文体活动，带动家庭、带动社会，强健体魄、陶冶情操、丰富生活，为我市精神文明建设再添风采，以朝气蓬勃的精神风貌投入经济建设和社会发展，为加快我市小康社会的建设步伐做出新的更大贡献。

最后，祝大家身体健康、节日愉快！

谢谢大家！

文化节开幕式致辞

【范例一】

【致辞人】校长

【致辞背景】某学校第十五届学术文化节开幕式致辞

尊敬的各位领导、各位来宾、各位代表，亲爱的研究生同学们：

大家晚上好！

在寒意渐浓的初冬时节，我们又迎来了我校一年一度的文化盛典——第十五届研究生学术文化节。在此之际，我谨代表学校党政领导向本届校园文化节的开幕表示最热烈的祝贺！向精心组织和大力支持并积极参加本次文化节活动的广大师生表示最诚挚的问候和最衷心的感谢！向前来出席本次开幕式的校内外嘉宾表示热烈的欢迎！

当前，我们正处在一个改革的时代，创新的时代，人的素质全面发展的时代。学校作为人才培养的基地，就要求我们在致力于教育教学改革向纵深发展的同时，还要充分考虑到学生的个性发展，为学生成长营造一个良好的学习环境、积极的文化氛围，以丰富学生的课余文化生活，陶冶学生的情操，发展学生的个性特长。

我校已经成功举办了十四届"学术文化节"。取得了十分丰硕的成果。为了进一步丰富同学们的校园生活，本次学术文化节将延续往届艺术节的优秀风貌，立意新颖，内容丰富，形式多样，从专业知识，学术文化，文艺建设等多方面开展，以"绿色交融跃动"为主题的校园文化节。她融绿色的精神、文化的交融、思想的跃动于一体，让师生共赏灿烂的成果之花；在内涵深刻的德育体验中陶冶道德情操，提炼高尚品格；在魅力四射的文艺之帆中挖掘禀赋，体味艺术与美的交融，培养纯正而丰富的审美趣味；在异彩纷呈的学术之旅里碰撞激情，展示跃动的活力。

  本次校园文化节从十一月十四日开幕至十二月中旬结束，历时一个多月。期间，我们将组织形式不同、丰富多彩的文艺活动。我相信，同学们一定会在这些活动中进一步激发学习、奋进的动力；弘扬集体主义精神；奔放激情、增强自信；提高自律能力、规范日常行为；增进团结、体验快乐、感受艺术，争做绿色使者、传播绿色文化、倡导绿色生活、放飞绿色梦想，做一个新世纪、新时代、有新特点的新青年。

  校园有了文化，文明就有了深厚的底蕴；校园有了艺术，精神才会得到启迪和升华。愿各位老师，同学们，能以本届文化节为契机，共同携手扬起爱国、爱校的旗，张起文明、奋进的帆。愿我们在尽情享受这场学术文化盛宴的同时，始终保持敏锐前瞻、奋发进取，我相信，在学校领导的正确指导下，在各部门精心组织和密切配合下，本届学术文化节一定会高潮迭起，精彩纷呈！

  最后，预祝第十五届研究生学术文化节圆满成功！

  谢谢大家！

【范例二】

【致辞人】 公司领导

【致辞背景】 某公司首届文化节开幕式致辞

尊敬的各位领导、尊敬的各位来宾：

深秋时节，金色尽染。在风景如画的××绿化广场，我们怀着无比喜悦的心情欢聚这里，共同庆祝××公司首届文化节隆重开幕。借此，我谨代表××公司党委、××公司向前来参加文化节开幕式的各位领导、各位原××公司老领导、各位朋友，表示热烈的欢迎和衷心的感谢！

××公司作为东部石油发展史上的一颗璀璨明珠，今天已走过了15个春秋。15年来，自强不息的××各族石油儿女为××石油工业的发展创造了一个又一个辉煌，先后发现×处油气田，实现产能达×××万吨。今天，一个拥有近两万人口的石油基地，在我们××石油人的建设下，又正向人文化、科技化、现代化的目标迈进。作为××公司，在企业改革、发展的道路上虽然也有过迷茫、徘徊，但发展是我们永远不变的追求。沉舟侧畔千帆过，病树前头万木春。在××公司党委的正确领导下，2600多名各族干部职工迎难而上，团结协作，艰苦奋战，开拓拼搏，使××公司从低迷、徘徊中走了出来，并一展往年雄风，在企业的生产、经营、管理、市场开拓等方面都取得了可喜的成绩，并呈现出良好的发展态势。几年的改革与发展，职工思想观念根本转变，企业管理进一步提升，市场份额不断扩大，经济效益逐步提高，职工收入明显增加，群众思想趋于稳定。各族职工艰苦奋斗、顽强拼搏、团结奉献的精神面貌和可歌可泣的生动事迹处处体现，精神文明建设和企业文化建设呈现出了一派生机勃勃、欣欣向荣的新气象。今天，××公司党委举办这次文化节，就是希望××公司的各族干部职工要珍惜当前的大好形势，着眼未来，放眼未来。通过文化节来鼓舞士气，振奋精神，以不断提高队伍团结拼搏开拓创新的战斗力，激发全体职工超越发展、奋发向上的精神风貌。

本届文化节的主题是"团结、拼搏、超越、发展"。其意义就在于，要继承石油人团结拼搏、艰苦奋斗的优良传统，发扬与时俱进、开拓发展的创新精神，开拓团结协作、和谐发展的企业关系和企地关系。通过文化节，培育以人为主体，以价值为核心，以文化为引导，以规章制度为保证的现代企业文化，形成公司强大的凝聚力和原动力，从而树立起共同的企业追求、共同的行为准则、共同的道德规范、共同的责任感荣誉感为内容的现代企业文化理念，营造公司"三个文明"建设协调发展的和谐环境。

我衷心地希望公司各单位、公司各族干部职工积极参与到公司首届文化节中来，尽展雄风，拓展素质，大展才艺。我也相信，通过公司各族干部职工的共同参与和努力，××公司首届文化节一定流光溢彩、绚丽夺目。

最后，祝××公司文化节举办得热烈精彩、圆满成功！

【范例三】

【致辞人】某公司工会发言人

【致辞背景】两节文体活动开幕典礼

各位领导、同志们：

在这春和景明、充满朝气、阳光明媚的美好季节，在这充满"爱国、文明、和谐、进步"的喜庆时刻，我们满怀喜悦地以系列文体活动来庆祝"五一国际劳动节"和"五四青年节"的到来！此次文体活动的召开将是我们公司广大职工展示健康向上、奋发有为精神面貌的一个舞台；将是展示××公司创业者风彩的一道靓丽风景线；将是××人陶冶情操、强身健体、表现自我的一次盛会。在此，我代表公司向本次活动的胜利召开表示衷心祝贺！今天前来参加我们活动的有：工会王主席、××镇×镇长。让我们以热烈的掌声对他们的到来表示欢迎！

目前，全民健身活动正在全国各地蓬勃开展。随着整个社会物质、文化生活水平的不断提升，企业职工文化事业也得到了长足发展。同时，（更多精彩文章来自"秘书不求人"）发展体育运动，增强职工体质，弘扬体育精神，对企业建设一支来之能战、战之能胜的队伍和进一步发展壮大、做精做强都具有非常重要的推动意义。这次文体活动，不仅是对职工政治素质、精神风貌的一次检阅，也是对青年体质、竞技才能、品德修养等综合素质的考验，更是各参赛单位、竞争意识、团队拼搏精神的综合体现。让我们以本次活动为契机，进一步增强以人为本的办企意识，切实加强企业文化建设，进一步弘扬和培育体育精神，为公司进一步发展增添新的智力支持和精神动力。赛场上的胜负是暂时的，但自强不息的精神是永远的，争取自身工作岗位的"最优"业绩才是我们新时代建设者应当不懈追求的。

希望在今天的活动中，我们的参赛队员都能拿出良好的竞技状态，迎接竞争的挑战；展现出一流的团队精神，本着"增强沟通，展示风采"的原则，发扬我们"点燃激情，超越未来"的企业精神，在比赛中发扬风格，赛出水平，赛出友谊，赛出和谐，为我们××公司在"十一五"的开局之年，在本行业走出"严冬季节"的拼搏之年,再展豪情,再建新功!

最后,预祝我们的活动圆满成功!祝各位领导和员工同志们身体健康、家庭幸福、工作顺利!谢谢大家!

艺术节开幕式致辞

【范例一】

【致辞人】学校领导

【致辞背景】某校第十一届校园艺术节开幕式致辞

老师们、同学们:

第十一届校园艺术节今天开幕了,在这里,我代表学校领导对本届校园艺术节的开幕表示热烈的祝贺。对校园艺术节筹备期间付出辛勤劳动的工作人员表示诚挚的问候!

有位艺术家曾经说过,艺术使人生活得更加精彩、更加美好。校园艺术节在我校教育教学工作中发挥着重大作用,是我校全面贯彻教育方针,加强校园文化建设的重要阵地,是学校办学历程中形成的一道亮丽风景线,是新时期加强和改进成年人思想道德建设的重要内容和有效载体,也是我校素质教育取得丰硕成果的一种最有效的展示。在过去的校园艺术节中,同学们充分展示了自己的才华和创造力,为校园生活注入了丰富的文化内涵,营造了团结、活泼、健康向上的校园文化氛围。从今天到4月10日的校园艺术节,我们将继续倡导和深

领导致辞全集

化这一宗旨，通过举办书画现场展示活动，举办以"树立正确荣辱观"为主题的征文和演讲比赛、校园歌手大赛、诗词朗诵比赛，举办知名作家文学讲座，影视欣赏和文艺汇演等一系列丰富多彩的艺术活动，来加深同学们对艺术的理解，陶冶同学们的艺术情操，拓展同学们的文学艺术素养，培养同学们积极向上的精神风貌。

艺术是社会进步的重要因素，艺术作为一种要素已深深融入到经济社会生活的方方面面。多年来，我校有一批又一批毕业生考取艺术院校或艺术专业，不少毕业生进入社会后成为各行各业文艺骨干，倍受称赞和好评。这些都离不开校园艺术节的熏陶和感召。本届校园艺术节通过推出系列丰富多彩的活动，再一次为同学们提供一个展现自我、挑战自我的艺术平台。希望同学们积极主动地参与到活动中去，通过活动不断认识自我、挖掘潜能、提高自己。同时，衷心希望第十一届校园艺术节能成为学校思想道德建设的主战场，弘扬优良校风，消除不良习气，调整良好心态，养成良好习惯。同时希望同学们在艺术节期间充分发扬集体主义精神，增强集体荣誉感，并能合理和科学地安排好上课与活动时间，做到学习、活动两不误。

让我们在艺术的天空里放飞希望，在嘹亮的歌声中健康成长！

预祝第十一届校园艺术节圆满成功！

【范例二】

【致辞人】学校领导

【致辞背景】××镇中心学校首届艺术节开幕式致辞

尊敬的各位领导、各位来宾、老师们、同学们：

金风送爽，五谷飘香。在这秋色宜人的美好季节里，经过一段时间的精心筹备，以"金色童年、欢乐校园、追求梦想、艺术人生"

为主题的我校首届艺术节，今天如期开幕了！

首先，我谨代表××镇中心学校党总支和行政，代表艺术节组织委员会，对莅临指导的各位县、镇领导和各位到场观看的父老乡亲，表示热烈的欢迎！

近年来，我校在科学发展观的指导下，根据学校区位优势、办学规模、人文条件等校情，重新对学校的发展进行了科学的定位，确立了"质量为中心，文化为内核"的办学思路，并以"抓质量、求发展、保平安、促和谐"为工作指针，以"崇尚科学、弘扬人文、发展个性、追求卓越"为工作理念，以"向细节要完美，向规范要习惯，向方法要效益，向落实要质量"为工作作风，发扬"一家人，一条心，一起干，一起拼"的团队精神，一手抓硬件改善，一手抓软件提升。

为检验我校实施文化建设、素质教育、艺术教育和阳光体育的成效，展现师生良好的精神风貌，提升学校的文化品位和办学水平，进一步推动各项工作迈上新台阶，我们精心筹备了××镇中心学校首届艺术节。举办艺术节，在我校历史上是第一次，它既是我校文化建设的一项战略工程，也是实施素质教育的重要举措。通过举办艺术节，不仅可以全面展示师生精神风貌，提升师生身体素质，还可以使师生的情感得到升华，情操得到陶冶，艺术气质得到培养，审美品位得到提高，意志更加坚强，人格更加完善，心理更加健康。

预祝本届艺术节取得圆满成功！并祝在座的各位领导和来宾身体健康，工作顺利，家庭幸福！

现在我宣布：××镇中心学校首届艺术节开幕！

【范例三】

【致辞人】某市某区区长

【致辞背景】××乡首届文化艺术节

同志们、朋友们：

金秋送爽，在人民群众喜获丰收之时，××乡在这里举行首届文化艺术节开幕式。在此，我谨代表区委、区政府对××表示热烈的祝贺！

推动社会主义文化大发展大繁荣，进一步兴起社会主义文化建设新高潮是党的十七届六中全会作出的重要部署。区委、区政府高度重视文化建设，努力推动社会主义先进文化更加深入人心，推动社会主义精神文明和物质文明全面发展。人民群众是文化的创造者、传播者和分享者，创造的活力的人民，创新的希望在基层。我们欣喜地看到，××乡作为传统戏乡，焕发出新的光彩，××文化活动改变了××人民群众的精神面貌，提高了××人民的道德素质，促进了××经济社会又好又快发展，营造了××政通人和的良好氛围。

文化是一种软实力，它与经济发展等硬实力处于同样重要甚至更为重要的地位。今天××乡在这里举行首届文化艺术节，这既是一次思想文化觉醒，也是一次文化创新实践；既是××戏乡文化成果的集中展示和阅，也是打造××戏乡品牌的再次动员和部署。××乡党委、政府要按照党的十七届六中全会指明的方向，按照区委、区政府的部署，结合人民群众的文化需求，以建设××戏乡为主线，以促进经济发展、维护社会和谐为目标，以建设文化人才队伍，开发优秀文化作品，完善公共文化服务网络为重点，让群众广泛享有优质的公共文化服务，把××打造成为具有鲜明时代特色、富有深厚文化底蕴的生态水乡，文明戏乡。

我衷心希望××人民群众让经济插上文化的翅膀，进一步推动文化建设与经济建设、政治建设、社会建设以及生态文明建设协调发展，为继续解放思想、坚持改革开放、推动科学发展、促进社会和谐提供坚强思想保证、强大精神动力、有力舆论支持、良好文化条件，把共同家园建设得更加美好。

最后，预祝首届××文化艺术节圆满成功！

运动会开幕式致辞

【范例一】

【致辞人】学校党委书记

【致辞背景】某校冬季运动会开幕式致辞

各位领导、各位运动员、裁判员、同学们：

金秋十月，是丰收的季节。我们高兴地迎来了我校又一次体育盛会召开。在此，我谨代表本届运动会组委会向大会致以热烈的祝贺！向承办本届运动会的老师表示衷心的感谢！向各位运动员、教练员、裁判员及大会工作人员表示良好的祝愿和诚挚的谢意！

近年来，我校在全面推进素质教育的进程中，十分注重发展学校体育事业，我们学校认真贯彻教育部提出的让学生"每天锻炼一小时，健康工作五十年，幸福生活一辈子"的要求，积极推进素质教育。体育基础设施进一步改善，学校不断强化体育教学，树立以人为本、健康第一的理念，举全员之力，在体育教学、科研、管理等各个方面，作了大量艰苦细致的努力，学生身体素质不断提高。

本届运动会是历年来参赛人数最多、规模最大的一次运动会，参赛班级××个，参赛运动员×××多名，比赛项目××多个。在此，我希望全体运动员发扬"团结、友谊、进步"的精神，向着"更快、更高、更强"的目标，团结协作、顽强拼搏，胜不骄，败不馁，赛出水平，赛出风格，全面展现学生蓬勃向上的时代风采，取得运动成绩与精神文明双丰收；希望全体裁判员、教练员、工作人员坚持公开、公平、公正的原则，恪尽职守，严于律己，严肃赛风赛纪，确保运动会的顺利进行，让我们共同努力，把这次运动会办成一次"安全、文明、拼搏、奋进、和谐"的盛会。

在运动会中，我对全体运动员提出几点要求：

一、注意安全。运动员必须认真听取裁判员关于比赛的要求，规范比赛，特别是投掷类的比赛，要注意铅球和实心球不要乱抛。比赛开始后，学生们不要横穿跑道，要文明观看比赛，不要挤占跑到，不要带跑。

二、注意团结。在比赛是要服从裁判，不要因为一些小事引起矛盾，成绩重要，友谊更为重要。

三、注意卫生。不要乱丢乱扔垃圾。

最后，祝体育健儿们在比赛中取得优异成绩！祝本届运动会圆满成功！

谢谢大家！

第一章　开幕式、闭幕式致辞

【范例二】

【致辞人】总经理

【致辞背景】某企业职工运动会开幕式致辞

各位领导、各位来宾、职工同志们：

××年风雨创业路，半世纪拼搏铸辉煌。在这金秋收获的季节，在×××总公司××年华诞到来的喜庆日子里，×××总公司第六届职工运动会今天隆重开幕了，在此，我谨代表总公司党、政、工领导和全体职工向莅临大会的各位领导、各位来宾表示最热烈的欢迎！向全体运动员、裁判员、工作人员表示深切的敬意，对坚守在供水工作岗位上的全体职工表示亲切的慰问，你们辛苦啦。近年来，总公司在上级党委、政府的领导下，坚持以邓小平理论为指导，深入学习贯彻党的十六大精神和"三个代表"重要思想，弘扬"团结奋斗、创新进取、服务奉献、勇争一流"的企业精神，进一步深化了企业内部改革，圆满地完成了供水生产经营各项任务，为我市经济发展和居民生活提供了良好的服务，在社会上树立了良好的企业形象，精神文明建设有了新的进步，企业文化建设有了长足发展，每两年举办一次职工运动会已形成制度并深入人心。各种形式的文体活动的开展，增强了企业职工思想凝聚力和向心力，锻炼了职工强健的体魄，培养了职工爱祖国、爱企业的集体主义精神，促进了总公司两个文明建设的发展，也积极推动了全公司"全民健身运动"的蓬勃发展。建设了一支强健而高素质的职工队伍，促进了城镇供水事业的发展。

我们这次运动会是总公司××周年系列庆典活动之一，也是总公司广大职工的一次体育盛会，有×××名运动员将分别参加各个项目的角逐，参赛单位有总公司各基层单位、××供水有限公司、××原水有限公司也应邀参加这次盛会。各参赛选手在供水战线上是主力军，在文化体育活动中是骨干，在企业文化建设中起着积极作用，将在绿茵场上一展英姿，为总公司争光添彩，为本单位争得荣誉。我希望全体运动员、裁判员以及与会的全体同志坚持友谊第一、比赛第二、公平竞争的原则，遵守赛场纪律、遵守比赛规则，顽强拼搏、勇于争先、赛出风格、赛出水平，以优异的成绩展示出供水职工的风采，向总公司五十年庆典献上一份厚礼！为促进城市供水事业的发展做出更大的贡献！

最后，预祝全体运动员取得优异成绩！

预祝本次运动会取得圆满成功！

【范例三】

【致辞人】×××××集团公司总经理

【致辞背景】×××××集团公司员工春季运动会

各位来宾、各位同事：

大家好！八年风雨同舟路，八年辉煌与共情。在煦风起、绿意浓的阳春，在充满团结、奋进和友谊的时刻，我们共同迎来了重庆市×××××集团公司2012年员工春季运动会的隆重举行。

回首往昔——

×××××集团始终秉承"开拓创新、诚信经营、科学管理、以人为本"的经营理念，创造和谐优雅的宜居环境，打造"绿色、优质、低碳、实惠"的精品工程而持续努力！

我们欣喜地看到，×××××集团一直在不断成长、进步和壮大！2010年，主营业务收入达6000万元，净利润1218万元；2011

年主营业务收入 45736 万元，实现净利润 6563 万元！

一路走来——

有艰辛的感慨，也有成功的喜悦；有辛勤的耕耘，也有丰硕的果实。×××××集团由衷地感谢各位员工同事，感谢你们的不懈付出和努力，感谢你们一如既往的信任与追随！

展望未来——

我们要充分发挥自身优势，把握机遇，开拓创新，携手共进，传承"更快、更高、更强"的体育精神，为把×××××真正做大、做精、做强而努力拼搏！

兄弟们，姐妹们，让我们手牵手，肩并肩，互利共赢，继续为客户创造更舒适的人居环境，为员工创造更好的职业发展平台，再次书写×××××集团的传奇与神话！

此时此刻——

我们角逐力量、较量智慧，体验友谊与团结、拼搏与公平、关爱与尊重；明天，我们自强不息、超越自我、齐心协力，争创佳绩，共建辉煌！参与就会成功，坚持就是胜利。本届运动会旨在：提升×××××的人气，鼓舞×××××的士气，增强×××××的锐气，张扬×××××的豪气！为此，我现在郑重宣布：

重庆市×××××集团公司 2012 年员工春季运动会隆重开幕。

让我们共同预祝运动会取得圆满成功！

谢谢大家！

闭幕式致辞的定义及特点

闭幕词与开幕词相对应,是在大型会议或重要活动闭幕式上有关领导对会议所作的总结性的短篇讲话。

闭幕词的主要内容是对活动作概括性的评价,总结活动成果,并向参加者提出贯彻落实大会精神的要求和希望,宣布活动胜利结束。

作用:

对活动作出概括性的评价和总结。

写作指导:

一、标题、时间、称谓

闭幕词的标题,跟开幕词的写法类似,常见的写法是《××××大会闭幕词》或《×××在××大会上的闭幕词》。

偶尔也有主副标题的写法,将主要内容或主要观点概括成一句话做标题,再用"××大会闭幕式致辞"做副标题。

时间在标题之下正中,加括号注明会议闭幕的年月日。

称谓一般也跟开幕式致辞相一致。

二、正文

1. 开头

闭幕式致辞的开头,一般要用简洁的语言,说明活动经过全体代表的努力,已经胜利完成使命,今天就要闭幕了。如:××××

×会议，在全体代表的共同努力下，圆满完成了各项预定任务。"

2. 主体

闭幕式致辞的主体主要是对大会进行概括总结，并提出贯彻大会精神的要求和希望。其中概括总结的部分，要列举会议完成的任务和取得的成果，不能过于空泛笼统。提出要求和希望的部分，也要突出会议精神，体现会议宗旨。

3. 结尾

闭幕式致辞的结尾通常比较简单，最常见的说法是："现在，我宣布，××××大会闭幕。"

写作特点：

评估性、总结性。写作时需跟踪会议进程，掌握全面情况；注意和开幕式致辞前后呼应；补充会议内容，适当深化和发挥；高度综合概括，富有鼓动性和号召力。

会议闭幕式致辞

【范例一】

【致辞人】人大常委会主任

【致辞背景】××省××市十一届人大一次会议闭幕式致辞

各位代表、同志们：

××市第十一届人民代表大会第一次会议，经过全体代表和同志们的共同努力，圆满完成了预定的各项议程。在大会即将闭幕之际，我谨以大会主席团的名义，向全体代表、列席会议的同志和参加旁听的市民，表示衷心的感谢！向为大会付出辛勤劳动的新闻媒介的朋友、武警官兵、公安干警以及会议工作人员，致以诚挚的谢意！向关心支持我们工作的省、市老领导表示崇高的敬意！

会议期间，代表们以邓小平理论和"三个代表"重要思想为指导，认真学习贯彻党的十六大精神，紧密联系××市实际，审议通过了各项议题和决议；并积极反映人民群众的意见和愿望，提出了许多高质量的议案和宝贵的建议。大会批准的市政府工作报告，明确了我市今后五年及×××年的奋斗目标和任务。大会经过民主选举，产生了新一届市级国家机关的领导人员。会议开得很成功，这次会议是承前启后、继往开来的大会，是民主团结、求真务实的大会，是鼓舞人心、催人奋进的大会。会议审议通过了我市全面建设小康社会、率先基本实现现代化的宏伟蓝图，必将对××市的经济和社会发展产生深远的影响。

各位代表，自改革开放以来，特别是十三届四中全会以来，我市各方面都发生了巨大的变化，呈现出蓬勃的生机与活力。但我们一定要清醒地看到，我市在发展中还存在不少困难和问题，尤其与兄弟城市相比，差距还很大。因此，我们决不能自满，更不能盲目自大。我们一定要增强紧迫感，增强忧患意识。发展是硬道理，发展是当前全市上下的第一要务。

今后五年，任务相当繁重，我们要认真落实党的十六大精神和市委十届三次全会的要求，坚持以加快发展为主题，不断增强城市综合竞争力，把××市建设成为华中地区重要的经济、贸易、金融、交通信息、科技教育中心，为全面建设小康社会、率先基本实现现代化奠定良好基础。

在这次大会上，感谢代表们的信任，选举我们组成十一届人大常委会。我们在真诚感谢各位代表的同时，更感到责任重大。我们一定不辜负大家的重托，忠于职守，清正廉洁，相互学习，密切合作，努力完成全市人民交给我们的各项任务。

各位代表、同志们，××市正处在改革开放和现代化建设的关键时期，崇高的使命激励着我们，艰巨的任务鞭策着我们。现在目标已经确定，关键在狠抓落实。把宏伟蓝图变为美好现实，要靠全市上下和全体人民的共同努力。让我们高举邓小平理论伟大旗帜，全面贯彻"三个代表"重要思想，紧密团结在以胡锦涛为总书记的党中央周围，在中共××市委的领导下，万众一心，扎实工作，奋发图强，为实现我市全面建设小康社会的目标而努力奋斗！

现在我宣布：××市第十一届人民代表大会第一次会议胜利闭幕！

【范例二】

【致辞人】市长

【致辞背景】某公司团代表大会开幕式致辞

各位代表、同志们：

当前，我们正处在全面建设小康社会的重要战略机遇期。刚刚结束的××届×中全会和市委×届×次全会为我国和××市未来五年的经济社会发展指明了方向。为××建筑业的发展提供了难得的机遇，对××建筑业的广大青年提出了更高的要求。建工集团审时度势，适时制定了《建工集团2004~2008发展纲要》，提出了"建设具有国际竞争力新型企业集团"的企业发展目标。这就要求建工集团各级团组织要抓住机遇、开拓创新、不断进取,努力推动团的各项工作,取得新的更大的发展。

借此机会,我代表团市委讲三点意见:

一、以邓小平理论和"三个代表"重要思想为指导,进一步做好青年的思想政治工作做好团员青年的思想政治工作是共青团组织育人职能的重要内容。当前,要采取团员青年易于接受的方式,认真学习宣传和贯彻党的××届×中全会精神,深刻理解全面贯彻落实科学发展观的重要现实意义和深远历史意义。随着改革进程的日益加快,如何凝聚广大团员青年队伍,激发他们的工作热情和创造活力,始终是做好青年思想政治工作所面临的重要课题。这就要求我们在实际工作中必须坚持把解决思想问题和解决实际问题结合起来,不断增强思想政治工作的说服力和感染力。

二、以青年突击队等品牌工作为载体,扎实推进企业青年人力资源开发,推动企业实现跨越式发展。建工集团的青年突击队具有悠久的历史和优良的传统,在建工集团的改革发展中做出了重要贡献。51年前,全国第一支青年突击队在建工集团工地诞生。50多年来,青年突击队工作始终得到了建工集团各级领导的亲切关怀和大力支持,青年突击队工作已经成为建工集团青年工作的一面旗帜。

三、以增强团员意识主题活动为契机,进一步加强团的自身建设团的十五大对新时期团的建设,提出了更高的标准和要求。团组织要逐步建立和完善与市场经济发展要求相适应的工作体系和运行机制,不断努力创新工作思路,创新工作方式,创新运行机制。

谢谢大家!

第一章 开幕式、闭幕式致辞

【范例三】

【致辞人】县妇联主任

【致辞背景】在全国"推行生殖健康家庭保健 强化公共服务"现场研讨会闭幕式上的致辞

尊敬的各位领导、各位专家，女士们、先生们：

下午好！

为期两天的全国"推行生殖健康家庭保健 强化公共服务"现场研讨会即将闭幕了。本次会议的顺利进行，离不开各方面的共同努力，在此，我谨代表中共××县委、县人民政府向为本次会议顺利召开而付出辛勤劳动的各位工作人员，致以最亲切的问候！向为本次会议热情慷慨地提供各方面支持和帮助的组织和个人，表达最真诚的谢意！向拨冗前来参加会议的各位领导、专家和代表，表示最诚挚的感谢！

这次全国"推行生殖健康家庭保健 强化公共服务"现场研讨会，是一次规模盛大的高层次、高水平的盛会。会议期间，各位领导、专家和与会代表的通过主题发言、经验介绍、交流和现场考察，研讨了人口计划生育网络在新时期推行生殖健康家庭保健及健康促进、强化公共服务中的任务和发展机遇，交流了人口计划生育网络健康促进的实践，讨论了健康促进项目的基本模式及人口计划生育网络在拓展中的作用，让我们深受启发。会议之后，我们将积极吸纳与会领导、专家的宝贵意见和建议，集中方方面面的智慧，把研讨的成果转化为正确的决策，落实到我县计划生育的实际工作中去，我们衷心希望各位领导、各位专家，一如既往地支持我县的计划生育工作，为我们的工作提供有益的指导，县计划生育部门的同志，要以这次会议为新的起点,牢牢把握新时期计划生育工作的发展趋势和要求,以高度的责任感、使命感和勇于创新的进取精神,切实提升我县的计划生育工作水平。

最后,再次感谢各位领导、各位专家和代表的光临,祝各位领导、各位专家和代表归程平安,身体健康,合家幸福!

文体活动闭幕式致辞

【范例一】

【致辞人】董事长秘书

【致辞背景】某集团迎双节文体活动闭幕式致辞

同志们:

经过全体运动员、裁判员和广大干部员工的共同努力,经过5天紧张激烈的角逐,集团××年度"迎双节"文体活动圆满完成了各项比赛任务。在此,我谨代表集团公司党委及董事长、总经理,对本届文体活动的圆满成功和运动员取得的优异成绩表示热烈的祝贺!对为活动付出辛勤劳动的裁判员、教练员以及全体工作人员表现崇高的敬意!

本届文体活动共有篮球、拔河等两项集体赛事,乒乓球、象棋、歌咏三项个人比赛,共有350多名员工报名参赛,赛程历时5天,共决出一等奖9名,二等奖12名,三等奖19名。本届文体活动是集团公司有史以来参赛范围最广、参赛员工最多、比赛成绩最好的一届"文体盛会",令人振奋、令人高兴,又令人难以忘怀。

本届文体活动主要体现了五大特点:一是组委会精心策划,认真组织,保证了文体活动安全有序顺利进行;二是各代表队按规定报名参赛,运动员资格真实,体现了公平竞争原则;三是运动员团结友爱,顽强拼搏,赛出了风格,赛出了水平,竞技水平大幅度提高;四是裁判员执裁公正、服务周到;五是工作人员团结协作、认真负责,领队及教练组织有序、保障有力。

在本次文体活动中,各团队充分展示了"奋勇争先、力争上游、争创一流"的精神风貌,赛出了成绩,赛出了风格,赛出了好心情,进一步增进了相互之间的友谊和团结,增强了企业凝聚力、向心力、战斗力和整体竞争实力,达到了预期目的。

本次文体活动的成功举办,对我们正在致力于建设具有优秀品质和百年声誉的现代化企业集团来说,是一种巨大的鼓舞。活动所展现出来的那种"更快、更高、更强"和"团结、友谊、进步"的奥林匹克精神,将激励我们集团进一步解放思想,坚定信念,勇于突破,敢于攀登。我希望,广大干部员工要以本次文体活动为契机,不断推动集团公司又好又快发展!

最后,祝大家在新的一年里身体健康,合家欢乐,心想事成,万事如意!

谢谢!

【范例二】

【致辞人】社区区委会主任

【致辞背景】某县"××杯"文体大赛闭幕式致辞

各位领导，各位来宾，运动员，裁判员，老年朋友们：

大家好！

××县离退休人员"××杯"文体大赛，经过20天的激烈角逐，于今天圆满结束了，我代表社会保险局党政班子和全体职工，向大会的圆满成功表示热烈的祝贺！这次大赛参赛人员达×××名，共决出单项冠军××名，亚军××名，季军××名，优胜奖××名。在此，我代表大会组委会，向这些取得优异成绩的运动员和其他参加这次赛事活动而提高了技艺的老年朋友表示热烈的祝贺！

这次文体大赛，是响应国家全民健身号召，活跃离退休人员文体生活的重大举措，也是离退休人员社会化管理服务的一项重要内容。提高离退休人员社会化管理服务水平，是国务院"建立一外三化社会保险体系"的基本要求，搞好社保这项"关乎国运，惠及子孙"的事业，意义重大，影响深远。

这次"社保杯"文体大赛之所以取得圆满的成功，是因为它体现了以下几个特点：

一是准备充分。今年×月×日举行全县离退休人员活动中心揭牌庆典，从此，这一高标准、多功能、宽敞舒适、全区一流的离退休人员活动中心投入使用，从而为举办这次文体大赛奠定了坚实的物质基础。

二是组织得力。这次文体大赛，我们本着"自我管理，互助服务"的原则，这次活动均由参加活动人员具体运作，从裁判长、裁判员的指定，赛事规则的制定，到各项赛事的具体运作都是由离退休人员协作进行的，这不仅调动了他们的参与热情，也充分展示了他们各自的特长，体现了他们的人生价值。

三是规模空前。这次"××杯"文体大赛，共有×××人参加了竞赛活动、参赛人数之多，人员之广泛是前所未有的，赛事活动时间也是最长的，同志们参加这次竞赛活动也感到非常开心，很有趣味。

四是达到了预期目的。这次文体大赛，充分体现了自我管理，团结互助的力量，大家本着友谊第一、比赛第二的精神参加每项竞赛活动。比赛中运动员、裁判员都能自觉遵守大会组织规则和作息时间，按时参加所报项目，准时到岗工作，整个活动过程中没有出现安全事故，对此我们表示满意。

今后我们要继续按照国务院建立一外三化社会保障体系的要求，强化离退休人员社会化管理服务工作，进一步提升××县社会化管理服务水平，让离退休人员的老年生活更加丰富多彩。最后，祝大家身体健康，天天快乐！

【范例三】

【致辞人】 ××乡乡长

【致辞背景】 ××乡庆祝中国共产党建党90周年文体活动

同志们：

××乡庆祝中国共产党建党90周年文体活动，经过6天的激烈角逐，于今天圆满结束了。此次文体活动在组委会的精心组织下，经过全体工作人员、裁判员的辛勤工作和全体运动员的奋力拼搏，已经顺利完成了各项比赛。

此次运动会开得紧张、热烈、紧凑、顺利，运动场内，运动员们比技术、比力量、比毅力，运动场外，观众们比纪律、比爱心、比服务。不但赛出了水平，振奋了精神，更重要的是通过活动凝聚了我们的团队精神，展示了我们集体的力量！在此，我代表乡党委、政府向取得优异成绩的党（总）支部表示热烈的祝贺！对为运动会顺利进行付出辛勤努力的全体工作人员、裁判员表示衷心的感谢！此次文体活动，我们本着"自我管理，互助服务"的原则，本着友谊第一，比赛第二的精神参加每项竞赛活动，充分体现了自我管理，团结互助的力量。比赛中运动员、裁判员自觉遵守大会组织规则，按时参赛，准时到岗工作，整个活动过程中没有出现安全事故，对此乡党委、政府表示满意。此次文体活动的圆满成功充分证明了自我管理，互助服务是一套行之有效的管理方法，同时也为我们再次举行活动积累了经验，实践证明，这次活动既是强身健体活动，也是切磋技艺活动，又是增进友谊活动。通过这次活动，我们真正体会到了集体生活的温暖，圆满达到了举办这次活动的预期目的。同志们！如果我们把体育运动中顽强拼搏的精神和勇于吃苦的作风，用到学习上、工作上，无疑也会绽开绚丽的成功之花，使生活更具魅力，使人更加充实，使人生更加精彩。我们相信，通过本次运动会，今后我们每个人都将以更大的热情和信心投入到自己的工作和学习中去，用我们顽强的拼搏精神和过人的心理素质去迎接新的挑战，共同创造我乡辉煌的未来！最后，祝各位运动员、裁判员身体健康、家庭幸福、万事如意！

文化节闭幕式致辞

【范例一】

【致辞人】校长

【致辞背景】××中学第十五届科技文化艺术节闭幕式致辞

各位嘉宾，各位老师，同学们：

晚上好！

××中学第十五届科技文化艺术节到今天就要结束了。今晚，我们在这里，以文艺晚会的形式，以"集结号"的形式，把一个多星期以来开展的各项活动当中最精彩的节目，集中放到这里来展示。因此，今晚的节目，将是最值得期待的视觉和听觉的盛宴。在这里，你会惊叹于我们同学出色的才华和卓越的智慧，他们的创造力，以及他们对艺术、对美的独特理解和诠释。

这次科技文化艺术节，涉及的范围和内容比以往任何一届都广，都丰富，虽然准备时间不长，甚至有点仓促，但是，在同学们的共同努力下，在老师们的关心和指导下，每一个项目都开展得很成功：班级合唱比赛、十佳歌手比赛、书法摄影比赛、英语讲故事比赛、艺术插花比赛、配乐朗诵比赛，等等。

为了这届艺术节，我们的老师付出了很多，我们的班主任自始至终和我们在一起。在这里，我提议我们用掌声感谢那些策划、组织这次活动的领导和老师，感谢那些积极参与学生活动的我们的师长。

在这次活动中，我很抱歉的是，没有让更多的班级或个人在舞台上展示他们的作品和才华，由于时间的限制，由于艺术节众多的节目在短时间内过于集中，或由于其他条件的规定，我们很多节目在彩排中被刷下来了。将来，我们将改革文化艺术节的形式，把它分散在两个学期当中，单独开展"舞蹈节"、"合唱节"、"器乐节"、"书法节"、"小品话剧节"等活动，到时候，同学们就可以找到一展才华的机会了。

同学们，科技我所爱，因为它育智，文化我所爱，因为它育情，艺术我所爱，因为它育心。德、智、体、美、劳，全面发展，多元发展，正是我们××中学所追求的人才培养标准！

同学们，第十五届科技文化艺术节即将闭幕，但我们的科技文化艺术之花却永开不败！

谢谢各位！

【范例二】

【致辞人】市长

【致辞背景】××××年××市旅游文化节闭幕式致辞

各位领导、各位嘉宾，女士们、先生们：

大家晚上好！

××××年××市旅游文化节今晚即将完美谢幕。在此，我代表××市向莅临闭幕式的各位领导、各位嘉宾表示热烈的欢迎！

××××年××市旅游文化节，既是××市人民向各界朋友的热情相邀，又是展现××丰硕发展成果的亮丽舞台。本次节会内容丰富、规模盛大。设置了文体活动、商贸活动、旅游活动三大板块，期间开展了武术表演、体育舞蹈、趣味体育比赛等文体活动，展演文艺节目×场、展播电影×部；举办了啤酒节、美食节、汽车展；举行了旅游推介会及签约仪式、旅行社××行等旅游活动。本次节会高潮迭起、成果丰硕。

华灯闪烁流光溢彩，××××年××市旅游文化节的成功召开，充分展现了全市上下团结协作、永争一流的精神风貌，展示了××的独特魅力、发展活力和巨大潜力。让我们在市委、市政府的坚强领导下，大力弘扬"坚韧不拔、创新求变、奋勇争先"的精神，顽强拼搏，开拓进取，共同谱写建设富强美丽的区域性中心大城市的新篇章！

现在，我宣布：××××年××市旅游文化节胜利闭幕！

【范例三】

【致辞人】大学领导

【致辞背景】在校园文化节的开幕式上致开幕词

各位领导、老师、同学们：

又一届文化艺术节为我们的校园披上节日的盛装——处处阳光明媚，彩旗飘扬！值此盛典之际，我谨代表学校向筹备、组织这次盛会的全体工作人员表示衷心的感谢！向赛前刻苦训练、为校园文化节积极准备的师生表示亲切的问候！今天，第四届文化节在大家的热切期待中终于来临了！有历年成功举办文化节的基础，又有全体师生的激情参与，本届文化节一定会充满活力，更加多姿多彩！

当前，我们正处在一个改革的时代、创新的时代，人的素质全面发展的时代。这就要求作为人才培养基地的学校，在致力于教育教学改革向纵深发展的同时，还要充分考虑到学生的个性发展，为学生成长营造一个良好的学习环境、积极的文化氛围，以丰富学生的课余文化生活，陶冶学生的情操，发展学生的个性特长，完善学生的健康人格，提高学生的综合素质，唤起学生对文明社会的向往与追求，达到"育德、启智、健体、树人"的目的。

面对我校自建校以来的大好形势，学校已经把新的学年确定为"管理年"。为贯彻"管理年"所确立的"以严治校、强化管理、提高素质、全面育人"的精神，我们组织举办了这次以"爱国、爱校、文明、奋进"为主题的校园文化节，目的就是想通过校园文化活动这一载体，进一步活跃我们的校园文化氛围，为广大师生提供一个锻炼能力、展示个性魅力的舞台，借此来提高我校教职员工和广大学生的文化素质、艺术素养和文明素质，促进学校各项工作理不断向更深层次推进，全面促进校园的精神文明建设。

本次校园文化节将持续一个多月。其间，我们将组织形式不同、丰富多彩的文化体育活动。我相信：同学们一定会在这些活动中进一步激发学习、奋进的动力，弘扬集体主义精神、奔放激情、增强自信，提高自律能力、规范日常行为、增进团结、体验快乐，感受艺术……提高我们的综合素质，做一个新世纪、新时代、有新特点的新青年。

校园有了文化，就有了深厚的文明底蕴；校园有了艺术，就有了灵动的精神升华；校园有了朝气，就有了生命的璀璨阳光！我校文化节是学校校园文化的浓缩，是学校办学特色的呈现，是全体师生展现魅力的一个平台。它昭示着一种朝气蓬勃、奋发进取、百折不挠的精神风貌。

我记得，哈佛大学教授加德纳曾提出一个"多元智能理论"。他认为：每一个人身上至少存在语言、数理逻辑、空间、身体运动、音乐、人际关系、自我认识等七项智能。懂得挖掘自己的智能宝库的人，才能充分发挥自身的潜能。现在，锻炼的舞台已经搭好，帷幕也已拉开，大家拿出各自的绝活，用青春、活力和激情，到舞台上尽情演绎，展现自己的特长，放大自己的亮点，就是在开发自己的潜能，就是对自己最好的历练。

让我们吹起来、拉起来、弹起来、唱起来、跳起来、舞起来！这里彩旗飞扬，这里鲜花绽放！在这个校园的舞台上，我们将大开眼界、饱享欢笑！艺术才能的真功夫，酝酿出壮美豪放的交响；暖暖的师生情，展现我校精神文明的新篇章。

预祝本届校园文化节圆满成功！

艺术节闭幕式致辞

【范例一】

【致辞人】镇长

【致辞背景】××镇第二届艺术节闭幕式

七月，带着红荔金芒的纯香，带着丰收的喜悦，走进火红；七月，捎来宜人季节的祝福，载着文化艺术的浪漫，走进辉煌。××的七月，如诗如画，如歌如梦。

××镇第二届艺术节就在七月鲜花的簇拥下徐徐启幕，又缓缓闭幕，如潮欢声给××大地带来心旷神怡的风貌，如花之舞给××大地披上斑斓多姿的盛装。

艺术节的成功举办，弘扬了中华民族精神，展现了××的传统文化，有效地配合了"打造文化新城"、"建设文化强镇"的战略部署。为我镇两个文明建设做出了新的贡献。

××镇第二届文化艺术节不但是××传统文化的推介盛会，更是今日××新气象的展示盛会，她将为××的发展拓宽起飞的跑道，为××未来的奔跑积蓄无穷的能量。

精彩的节目还在我心们耳边回响，欢乐的气氛还在我们心中荡漾，在愉快的歌声与开心的笑声中，在热烈的掌声与如海的鲜花中，××镇第二届艺术节即将落下帷幕。

历史将会记住这如歌的七月，勤劳勇敢的××人民将会把这七月之歌唱遍××大地，把创业的豪情挥洒在××的山水之间，××的明天将更加辉煌。

在春天的扉页上，我们写下与时俱进、开拓创新。在收获的季节里，我们采撷繁荣昌盛、文明富强。

××镇第二届文化艺术节及闭幕式晚会到此结束。祝朋友们晚安！

【范例二】

【致辞人】校长

【致辞背景】××大学第七届大学生校园艺术节闭幕式致辞

同志们、同学们：

我校第七届大学生校园艺术节，在全校上下的共同关注、大力支持和广大团员、青年学生的积极参与下，历时一个月，现已圆满完成了各项既定任务，今天将在这里落下帷幕。艺术节期间，全校性大型活动、学生社团巡礼月系列活动以及各学院特色活动，异彩纷呈，交相辉映，形成了健康高雅、文明和谐，独具我校特色的校园文化景观。

本届艺术节着力培养广大团员、青年学生的民族精神和人文精神，提高大学生群体的文化修养，全面提升校园文化活动的艺术品位。"唱响红五月，激发爱国情"百人大合唱、"弘扬民族精神，肩负神圣使命"艺术展演活动，"践行三个代表，勇担民族复兴重任"主题团日竞赛和"跟党走在新世纪"主题演讲等活动，充分表现了广大团员、青年学生强烈的爱国热情和历史责任感。

今年的艺术节在传统项目的基础上，仍将创新、出新作为重点。以"百部经典作品网上评选"活动为例，它是读书活动，却又突破了传统模式，充分利用网络这一现代社会最快捷、最具吸引力和影响力的传播媒介，为广大同学提供了一个学习、鉴赏古今中外社会科学和自然科学精品的崭新平台。

同学们，第七届大学生校园艺术节即将落下帷幕，但通往艺术殿堂的大门却永远为你们敞开。孔子有句名言，叫做"兴于诗，立于礼，成于乐"。希望同学们不断努力，用艺术和文化健全人格、提升思想境界；用青春和智慧、用活力和激情，创建和谐美好的大学校园，创造××大学更加美好的明天！

谢谢大家！

运动会闭幕式致辞

【范例一】

【致辞人】县领导

【致辞背景】××县"第七届××湖水上运动会"

尊敬的各位领导,女士们、先生们、同志们、朋友们:

由××省海洋与渔业局、××市人民政府指导,××省渔业协会、中共××县委、××县人民政府主办,××省渔业协会休闲分会、××镇党委、××镇人民政府、××县体育局承办的"……置业杯"××省首届"渔乐"水上运动会暨"第七届××湖水上运动会"在省市领导和有关部门的关心和大力支持下,在大家的热情参与和共同努力下,圆满完成了预定的各项赛程,马上就要落下帷幕了。

首先,我代表县委、县政府,对在本次运动会中取得优异成绩的各代表队和运动员表示热烈的祝贺!向为成功举办本届运动会付出辛勤劳动的××镇党委、政府、县直各部门、各有关单位的领导和全体工作人员、全体运动员、裁判员,向支持运动会举办的××省"……"置业有限公司、华光假日酒店、山泉酒业有限公司、××湖水上餐饮有限公司、迎客宾馆、爵士庄园等赞助单位表示衷心的感谢和诚挚的敬意!

本次运动会从筹备到举办整个过程，组委会始终贯彻了"隆重、热烈、精彩、圆满"的方针，遵循"增强体质、增进友谊、加强交流、促进发展"的原则，使运动会办得有声有色，既热热闹闹、轰轰烈烈，又扎扎实实、圆圆满满。无论是精彩的开幕式场面，还是各个比赛项目的激烈角逐，都充分展示了"海纳百川，勇立潮头"的拼搏精神。比赛过程中，运动员们不畏强手、顽强拼搏；全体裁判员兢兢业业、公正裁判；全体大会工作人员认真负责、忘我工作；各有关单位热情服务、密切配合，这一切都为本届运动会的圆满成功提供了有力的保证，同时它将成为一种宝贵的精神财富，激励我们做好今后的各项工作。

这次运动会是在全县即将完成"十一五"目标、第十届中国×××美食节成功举办的喜庆日子里举办的。运动会的准备和实施，时间紧、任务重，其中的方案设计、日程安排、场地布置、安全稳定无不倾注了各有关单位及全体工作人员和广大体育爱好者的辛勤劳动与不懈努力，同时更离不开省、市有关部门的关心支持和友邻市县的积极参与。赛前，县组委会将××湖环境整治和××湖旅游项目的规划设计，与运动会有机融为一体，使体育文化深深的植根于××县人的精神世界，以运动会为载体，大力宣传、推介美丽、富饶的××湖，力争使××湖成为金湖最靓丽的名片、力争使更多的领导和朋友关心××县、热爱××县，投资××县。

全县上下将以本届运动会为契机，全力推动全民健身运动的深入开展，增强广大群众参加体育锻炼、提高身体素质的意识，掀起全民健身的热潮，并以此与各地建立密切广泛的联系，共同拓展体育文化的空间，挖掘体育文化的资源，使体育文化在更广泛的领域里传播。

最后，再次感谢省、市领导的光临；感谢各有关部门和赞助单位的鼎力支持；感谢友邻市、县领导和运动员的热情参与；感谢新闻媒体朋友的宣传和鼓励。美丽的××湖期盼大家再次光临，文明的××县人民永远欢迎你们！

谢谢大家！

【范例二】

【致辞人】校长

【致辞背景】某校春季田径运动会闭幕式致辞

尊敬的各位老师，亲爱的同学们：

××学校春季田径运动会在全体师生的大力支持下，在全体运动员、教练员、裁判员以及工作人员的共同努力下，已实现了"文明、热烈、精彩、圆满"的目标，今天就要胜利闭幕了。借此机会，我谨代表大会组委会向取得优异成绩的各班集体和运动员表示热烈的祝贺！向为本届运动会取得圆满成功付出辛勤劳动的裁判员、工作人员表示衷心的感谢！

本届校运会，发扬了"团结拼搏"的精神，是一次团结的盛会、友谊的盛会、成功的盛会。在短短的一天时间里，比赛进程井然有序，紧凑而热烈，效率是很高的，成绩是喜人的。

现在，我校运动会的所有活动已经划上了一个完满的句号。在本届运动会的活动中，全体裁判员始终严格要求自己，认真负责，坚持标准，以身作则，以公平、公正、公开的工作作风，保证本届校运会的圆满完成。广大教师和学生在活动中积极参与、主动服务，做了大量的工作，这种团结协作、顾全大局的集体主义精神，非常可贵，希望能够在今后的教学工作与学校其他各项活动中得到大力发扬。

老师们、同学们，运动会将大力推动我校体育事业和学校整体工作的全面发展。在今后的工作中，让我们继续努力，团结勤奋，拼搏创新，为××学校创造更多的辉煌

最后，请允许我再次以组委会的名义，向参加这次大会的全体运动员和广大师生，向为这次运动会辛勤工作的老师和同学们表示崇高的敬意和衷心的感谢！

现在，我宣布，运动会胜利闭幕！

【范例三】

【致辞人】××县民政局长

【致辞背景】××县民政系统"庆五一、迎五四球类运动会"闭幕式的致辞

各位领导、裁判员、运动员们：

大家好！

在这个热情奔放、英雄竞发的五月，××县民政系统"庆五一、迎五四球类运动会"经过三天紧张、有序、激烈的比赛，终于胜利闭幕了。本次运动会的成功召开，与上级部门的大力支持分不开，与兄弟单位的团结协作分不开，更与全体民政干部和工作人员的辛勤工作、共同努力分不开。在此，我代表民政局党组，对在本次运动会中取得优异成绩的各代表队和运动员表示热烈的祝贺！向为成功举办本次运动会付出辛勤劳动的全体工作人员、运动员、裁判员，支持并积极参与本次运动会的领导表示衷心的感谢和诚挚的敬意！

这次运动会是我县民政系统首届体育盛会，也是对全县民政干

部体育竞技水平的最好检阅，更是对全县民政干部职工精神风貌的一次大展示。为参加本次运动会，赛前各代表队都经过了充分的准备，发扬了不怕苦不怕累的拼搏精神，放弃了"五一"假期休息时间全情投入筹备和训练。运动会入场仪式井然有序，各方队展现出饱满昂扬的斗志。比赛中参赛者遵循了"友谊第一、比赛第二"的宗旨，互敬互让，表现出了高尚的风格，体现出了凝心聚力、团结协作、顽强拼搏的团队协作精神。赛场上高潮迭起，捷报频传，振奋人心，赛出了团结协作的高昂士气、与时俱进的蓬勃锐气、勇夺胜利的冲天豪气。全体运动员用汗水诠释了"生命在于运动"的伟大意义，谱写了运动不止，创新不息的绚丽乐章。全体裁判员尽职尽责、公正公平，表现了较高水平的裁判技能。全体工作人员兢兢业业、任劳任怨、踏实工作，用严谨负责的态度为本次比赛提供了强有力的保障。县民政局领导自始至终坚守在赛场上关注着每一场比赛，给予了全体运动员最可贵的精神支持和鼓励。可以说，本届运动会取得了比赛成绩和体育道德风尚的双丰收！

2011年，××县民政人众志成城、开拓创新、圆满完成党交给我们的各项任务，荣获全市民政工作先进单位（综合评分名列第一）、全县目标管理考核先进单位，多项工作得到了各级领导和社会的充分肯定与赞扬。

运动会就要闭幕了，但强健民政干部身心体魄、更好地服务于民政事业的任务仍然长期而艰巨。面对新形势、新挑战，我们要把运动会激发出来的团结拼搏、一往无前的气概作为宝贵的精神财富和强大的精神动力，继续弘扬团队协作精神，继续保持旺盛的竞争态势，既挥洒个性，又协同作战，形成强大的凝聚力和战斗力，以更加饱满的热情、昂扬的斗志和敢为人先的拼搏精神,推动全县民政事业的蓬勃发展,并以此为契机,振奋精神,凝聚力量,全力做到上为国家分忧,下为百姓解难,为建设富民强县做出新的更大的贡献!

谢谢大家!

地方性节日开幕式致辞的定义及特点

地方性节日开幕式致辞是地方机关、社会团体、企事业单位的领导人,在地方性节日仪式开幕时所作的致辞,旨在说明地方性节日仪式的日程安排,举行该仪式的目的、意义和指导思想,向参加节日仪式者提出期望和对仪式的成功表示祝愿。开幕式致辞就是节日仪式正式开始的标志。

作用:

地方性节日仪式正式开始的标志。

写作指导:

一、标题、时间、称谓

闭幕式致辞的标题,跟开幕式致辞的写法类似,常见的写法是《××××开幕致辞》或《×××在××上的致辞》。

偶尔也有主副标题的写法,将主要内容或主要观点概括成一句话做标题,再用"××开幕式致辞"做副标题。

时间在标题之下正中,加括号注明节日开幕的年月日。

二、正文

1. 开头

开幕式致辞的开头,一般要用简洁的语言,介绍地方性节日的开幕。

2. 主体

开幕式致辞的主体主要是对地方性节日进行介绍,并提出贯彻地方性节日的精神要求和希望。其中概括总结的部分,要列举会议完成的任务和取得的成果,不能过于空泛笼统。

3. 结尾

开幕式致辞的结尾通常比较简单,最常见的说法是:"现在,我宣布,××××开幕。"

写作特点:

行文则要明快、流畅,要具有地方特色,充满热情,富于鼓舞的力量。

【范例一】

【致辞人】××省文化厅发言人

【致辞背景】"三月三踏沙滩"民俗文化活动开幕致辞

同志们:

阳春三月,春光无限。在这美好的季节里,我们又迎来了一年一度的"三月三踏沙滩"民俗文化活动。在这里,我谨代表××省文化厅对本次活动的顺利举办表示最诚挚和最热烈的祝贺!

近几年来,××县坚持以"三个代表"重要思想为指引,在文化大省、文化大市、文化大县建设春风的沐浴下,在各级党委、政

第一章 开幕式、闭幕式致辞

府部门的因势利导下，积极抢抓机遇，精心付诸行动，各项文化事业都呈现了良好的发展态势，尤其是民族民间文化保护工作成效显著，在全省作出了示范。目前，我县的竹根雕闻名全国，享誉世界；农民画、剪纸、渔灯等民间艺术影响也越来越大；我们的开渔节声势浩大，影响广泛，渔文化研究开创国内先河；极具地方民间民俗特色的"三月三踏沙滩"活动，约定成俗，越办越旺，等等。所有这些文化成就的取得，是××县委、县政府高度重视文化建设的结果，是社会各界、各级各部门合力精心打造的结果，也是××县文化人辛勤努力的结果。

民间民俗文化是先进文化建设的一个重要组成部分。它源于生活、源于基层，有着坚实的群众基础，有着旺盛的生命力。"三月三踏沙滩"民俗文化活动不仅是××县民俗文化工作成绩的一个缩影，而且是见证民俗文化旺盛生命力的一个典型事例。这次"三月三踏沙滩"活动与××县老街开游仪式和家庭文化艺术节相结合，突出"展示渔区风情，演绎独特民俗，推介渔港古镇"的主题，同时安排了辣螺姑娘招亲、综艺舞台、渔歌对唱、有奖拾螺、抬阁展示、民间杂艺表演和挑鱼接力、渔姑织网、滚冰桶比赛等一些浓郁地方特色的民间文体活动，这必将有力促进四方游客的纷至沓来，大大提高游人群众的参与兴致，从而达到"人人享受先进文化"的目的。民俗文化、民俗文化活动不仅需要保护传承，更需要不断创新发展。在这里，也衷心希望××县通过从节庆活动做起，引导广大的群众、游客认识内涵丰富的民俗文化艺术，把"三月三踏沙滩"民俗文化活动逐步打造成为继中国开渔节后又一个民俗文化旅游品牌项目。

最后，祝愿××县的民间民俗文化和各项文化事业乘势而上，在新的历史时期焕发出新的光彩！预祝"三月三踏沙滩"民俗文化活动取得圆满成功！谢谢大家！

【范例二】

【致辞人】市领导

【致辞背景】×××会船节开幕式上致开幕辞

尊敬的各位领导、各位来宾、父老相亲们：

阳春三月，桃李芳菲，×××中国×××会船节隆重开幕了。在此，我代表中共××市委、××市人民政府，代表××万××人民，向光临会船节的各位领导、各界朋友表示最热烈的欢迎和最崇高的敬意！

今天，十里××之上，万篙林立，千舟竞发，展示在我们面前的不仅是民俗风情的壮丽画卷，更是××儿女自强不息、奋发进取的精神风貌。

××是一个有着×千年历史的文明城市，一个正蓬勃发展的开放城市。××有连接南北、贯通东西的枢纽区位优势，××有以绿色生态为主导的自然资源优势，××有以汽车零部件为核心的产业优势，××有亲商、爱商、富商、安商的政务环境优势。热情好客、淳朴诚信的××人，正在致力打造舒适××、效率××、平安××、诚信××。

这次会船节就是一个向世界展示××的窗口，一个让××与世界零距离接触的平台。今天，我们很荣幸地迎来了各级领导和四海宾朋，你们的到来为××会船节增添了光彩。我相信，通过今天的会船节，你们一定会惊喜地发现，××热情无限、魅力无限、商机无限、好运无限、希望无限。开放的××欢迎八方宾朋观光做客、投资兴业。

各位领导、各位嘉宾、各位朋友，我们有缘相聚在这希望的春天、奋发的春天，凌万顷碧波，览千载水乡风情。最后，我衷心祝愿各位在××生活愉快，今天的会船节一定会成为我们生活中精彩而美好的回忆！

谢谢大家。

【范例三】

【致辞人】 ××县领导

【致辞背景】 "20××年民俗旅游节"欢迎晚宴

尊敬的各位领导，各位嘉宾，女士们，先生们，朋友们：

"20××年民俗旅游节"经过精心筹备，就要开幕了。在这里，我代表中共××县委、县政府、××湖旅游经济开发区和全县××万各族人民，向莅临我县的各位领导、嘉宾和新老朋友表示热烈的欢迎！向多年来关心、支持我县发展的各级领导和各界人士表示衷心的感谢！

××县历史悠久、文化灿烂、风光秀美、物产富饶，是闻名遐迩的塞上江南、鱼米之乡。××湖是大自然对××县的恩赐，是全县人民心目中的"圣湖"。通过连续三年多的积极打造，××湖旅游已经有了相当大的知名度。这次，我们以节庆为媒，以圣湖传情，举办"20××年民俗旅游节"，目的在于扩大对外开放，结交各界朋友，提高××湖旅游知名度，巩固全县经济社会发展成果。我相信"20××年民俗旅游节"一定会成为我县人民与国内外朋友加深友谊、共谋发展的桥梁和纽带，一定会成为各位领导和各位嘉宾的精神文化大餐，一定会办成凝聚人心、振奋精神、扩大开放、提升形象、加快发展的盛会。

最后，祝各位领导、各位来宾在××县生活愉快，愿××湖能给您留下美好的记忆！

现在我提议：

为"20××民俗旅游节"的成功举办，为我们的真诚友谊和真诚合作，为各位朋友身体健康、家庭幸福、事业兴旺，干杯！

谢谢大家

地方性节日闭幕式致辞的定义及特点

地方性节日闭幕式致辞是地方机关、社会团体、企事业单位的领导人及节日仪式相关领导，在地方性节日闭幕仪式上所作的致辞，旨在总结地方性节日仪式期间所呈现的过程、地方特色，举行仪式的收获和意义，是致辞人代表节日仪式组织方所发表的热情友好、感谢的言辞。

作用：

总结地方性节日仪式期间所呈现的过程、地方特色，举行仪式的收获和意义。

写作指导：

一、标题、时间、称谓

闭幕式致辞的标题，跟开幕式致辞的写法类似，常见的写法是

《×××闭幕辞》或《×××在××上的闭幕辞》。

偶尔也有主副标题的写法，将主要内容或主要观点概括成一句话做标题，再用"××闭幕辞"做副标题。

时间在标题之下正中，加括号注明闭幕的年月日。

称谓一般也跟开幕式致辞相一致。

二、正文

1. 开头

闭幕式致辞的开头，一般要用简洁的语言，先说明节日仪式或活动已经完成预定的任务，现在即将闭幕；接着简述仪式的基本情况。

2. 主体

主体是正文的重点所在，主要总结仪式的主要成果或收获，总结节日的地方特色，不要求面面俱到，但要有亮点，以让人印象深刻。

3. 结尾

闭幕式致辞的结尾要展望未来，发出号召，提出希望，表示祝愿，向为大会或活动圆满结束而辛勤服务的工作人员表示谢意。

写作特点：

注意和开幕式致辞前后呼应；补充会议内容，高度综合概括，富有鼓动性和号召力。行文要具有地方特色，充满热情。

【范例一】

【致辞人】×××××××副市长

【致辞背景】在中国×××××××文化节闭幕式上致闭幕辞

各位领导、各位来宾、朋友们：

大家晚上好！

金秋时节，硕果飘香。为期×天的第三届中国×××××××

文化节在各级领导的关心、支持下,在组委会的精心组织下,在全市各有关单位、部门和全体工作人员的共同努力下,已经顺利完成了各项任务,即将圆满结束。

开幕×天来,各项活动高潮迭起、精彩纷呈。开幕式盛大隆重,普佛法会梵呗清朗、祈愿和平;精品展宝像交辉,栩栩如生;××艺术展异彩闪烁;文化论坛、采风笔会群英荟萃,文采飞扬;各种法会、文艺活动主题鲜明,风格独特。这些精彩活动的开展再现了××的魅力风采,展示了×××的特色,体现了××文化的精华,唱响了世界和平之歌。尤为令人感动的是,这×天来,全体×××人全力以赴,倾情投入整个文化节各项活动,所表现出的良好精神风貌,更是为本届文化节增姿添彩。今天,我们在这里要特别感谢那些为本届××××文化节成功举办,从始至终流汗、默默奉献的人们。

各位领导、各位来宾、朋友们,×××第三届中国××××文化节的举办,弘扬了××精神,促进了××文化的交流,达到了以节促游、以节交友的目的,取得了预期效果。我们相信,通过这次盛会,必将进一步加快我市旅游经济的发展步伐,必将促进××××文化的进一步发展,更必将在世界范围内打响打亮×××这块品牌。我们有理由也有信心将××××文化节越办越好,共同创造普陀山美好的明天。

中国×××××文化节闭幕式到此结束。下面请各位领导、各位来宾、各位朋友观看×××××的精彩演出。

第一章 开幕式、闭幕式致辞

【范例二】

【致辞人】 县委书记

【致辞背景】 在××××节闭幕式上致闭幕辞

女士们、先生们：

大家晚上好！

今晚我们欢聚在秀丽的×××，载歌载舞，热烈庆祝"××中国·××××××节"取得圆满成功。在此，我代表中共××县委、县人大、县政府、县政协对各位嘉宾的到来表示诚挚的欢迎！向所有关心、支持、参与，并为××节付出辛勤努力的朋友们、同志们表示衷心的感谢！

本次××××节以"××××××"为主题，也正是在这一新时期××精神的鼓舞下，依托社会各界和××全县上下的积极努力，"×××中国·××××节"顺利地落下了帷幕，实现了"××××××××"的目标。这是一次展示形象、提升品牌的盛会，也是一次凝聚人心、振奋精神的盛会，更是一次融入都市、推动发展的盛会。

××节的成功举办，充分展现了××人民团结协作、勇争一流的精神风貌，展示了×××的独特魅力、发展活力和巨大潜力，也激励着全县的广大干部群众进一步增强爱护××、建设××县的责任感与使命感。我们要大力弘扬"××××××××"的精神，顽强拼搏，奋发进取，以倍加昂扬的斗志、务实的作风，谋求"××××××××"的新业绩，开创全面建设小康新××的崭新局面。我们坚信，在各级领导和各界朋友的关心、支持下，通过全县人民的共同努力，×××的明天必将更加繁荣昌盛！

现在我宣布："×××中国·××××节"胜利闭幕！

【范例三】

【致辞人】某省体育局发言人

【致辞背景】某省第×届少数民族传统体育运动会

各位来宾、同志们、朋友们：

省第×届少数民族传统体育运动会在省委、省政府的亲切关怀下，在省民委、省体育局的指导下，经承办单位市的辛勤工作和与会各代表团全体运动员、教练员、裁判员及工作人员的共同努力，开得热烈、隆重、精彩、圆满。在此，我代表省民委、省体育局向在本届民运会上取得优异成绩的运动员和代表团表示热烈的祝贺！向成功举办运动会做出贡献的市委、市政府和全市各族人民致以诚挚的谢意！向积极参与本届民族运动会的各代表团、运动员、教练员、裁判员，向付出辛勤劳动的全体工作人员、新闻记者表示衷心的感谢！

每×年一次的全省少数民族传统体育运动会，是我省一项重大的群众体育活动。通过举办民族运动会，不仅促进和发展了民族传统体育活动，也有效地推动了民族团结进步事业的发展。在本届运动会期间，各民族健儿遵循民族运动会的宗旨，发扬"平等、团结、拼搏、奋进"的精神，向全省人民展示了我省民族传统体育发展的水平，展示了我省少数民族群众和民族地区民族团结、经济发展、社会进步的精神风貌。东道主市委、市政府高度重视、精心谋划、精心组织、精心实施，发挥城市功能齐全，体育场馆建设门类全、档次高的优势，将本届民族运动会办成了有史以来组织水平最好，食宿接待标准最高，比赛场馆设施档次最高，与会人员最满意的一次民族运动会。市热情好客的人民，美丽优雅的环境，宽畅笔直的马路，井然有序的交通，文明礼貌的观众，热情周到的服务；繁荣富裕的生活，将一个欣欣向荣的现代化城市展现在了全省各族人民面前，给与会的各民族运动员、教练员、裁判员留下了难以忘怀的印象，使得他们宾至如归，留连忘返。

同志们、朋友们，几天的运动会是短暂的，而各民族之间亲如一家的友谊是永恒的！让我们牢记共同发展、共同繁荣进步的宗旨，不懈努力，奋发进取，创造更加美好的未来！在不远的将来再次相聚，再叙友情！

现在我宣布：省第×届少数民族传统体育运动会胜利闭幕。

会议主持词的定义及特点

会议主持词是会议主持者主持会议时使用的带有指挥性、引导性的讲话。一般大型或正规的会议都要有会议主持词，所以其使用频率较高。

主持词和其他公文一样，也有其特点，有其特有的写作套路，不熟悉它，不掌握它的写作规律，就难以得心应手，更难达极致。因此，有必要对其进行研究和探讨，以便使写出的会议主持词更规范、更具体。

作用：

会议主持词要根据会议的安排，对有关内容和事项作出说明，对一些重要问题进行强调，对领导讲话作出简明扼要的评价，并对会后如何贯彻落实会议精神提出要求、布置任务。

写作指导：

（一）开头部分

这一部分主要介绍会议召开的背景、会议的主要任务和目的，以说明会议的必要性和重要性。可分为五方面内容：

一是首先宣布开会。

二是说明会议是经哪一级组织或领导提议、批准、同意、决定召开的，以强调会议的规格以及上级组织、上级领导对会议的重视程度。

三是介绍在主席台就座的领导和与会人员的构成、人数，以说明会议的规模。

四是介绍会议召开的背景，明确会议的主要任务和目的，这是开头部分的"重头戏"，也是整篇文章的关键所在。介绍背景要简单明了，"这次会议是在××情况下召开的"，寥寥数语即可。因为，介绍背景的目的在于引出会议的主要任务来。会议的主要任务要写得稍微详尽、全面、具体一些，但也不能长篇大论，要掌握这样两个原则：一是站位要高，要有针对性，以体现出会议的紧迫性和必要性；二是任务的交代要全面而不琐碎，具体中又有高度概括。

五是介绍会议内容。为了使与会者对整个会议有一个全面、总体的了解，在会议的具体议程进行之前，主持人应首先将会议内容逐一介绍一下。如果会议日期较长，如党代会、人大政协"两会"，可以阶段性地介绍，如："今天上午的会议有几项内容"、"今天下午的会议有几项内容"、"明天上午的会议有几项内容"。如果会议属专项工作会议，会期较短，可以将会议的所有内容一次介绍完毕。

（二）中间部分

在这一部分可以用最简练的语言，按照会议的安排，依次介绍会议的每项议程，通常为"下面，请××讲话，大家欢迎"、"请××发言，请××做准备"、"下一个议程是××"之类的话。

有时在一个相对独立或比较重要的内容进行完了之后，特别是领导的重要讲话之后，主持人要作一简短的、恰如其分的评价，以加深与会者的印象，引起重视。如果会议日期较长，在上一个半天结束之后，应对下一个半天的会议议程作一简单介绍，让与会者清楚下一步的会议内容。

如果下一个半天的内容是分组讨论或外出实地参观，那么，有关分组情况、会议讨论地点、讨论内容、具体要求以及参观地点、乘坐车辆、往返时间、注意事项等都要向与会者交代清楚，以便于会议正常进行。会议主持词的中间部分写作较为简单，只要过渡自然、顺畅，能够使整个会议联为一体就行了。

（三）结尾部分

这一部分主要是对整个会议进行总结，并对如何贯彻落实会议精神提出要求，作出部署。

一是宣布会议即将结束。基本上是"同志们，××会议马上就要结束了"或"同志们，为期几天的××会议就要结束了"之类的话，主要告诉与会的同志们议程已完，马上就要散会。

二是对会议作简要的评价。主要是肯定会议效果，如："××的讲话讲得很具体，也很重要"，"这次会议开得很好，很成功，达到了预期目的"之类的话。

三是从整体上对会议进行概括总结，旨在说明这次会议所取得的成果：解决了什么问题，明确了什么方向，提出了什么思想，采取了哪些措施等。总结概括要有高度，要准确精练，恰如其分，它是对会议主要内容的一种提炼，对会议精神实质的一种升华。总结会议，但不是对会议内容的简单重复，而是突出重点；概括会议，但不是对会议内容的泛泛而谈，而是提升会议的主旨。这样，就使与会者对整个会议的主要内容和精神实质有一个更为清晰的了解和把握。

四是就如何落实会议精神提出要求。每次会议都有其特定的目的，为达到这个目的，会后都有一个如何落实会议精神的问题。

因此，这不但是结尾部分的重点，也是整个主持词的重点。写好这一部分，要做到以下几点：

第一，语言要简洁明了，一是一，二是二，不绕弯子，不作解释说明；

第二，要求要明确、具体，不能含糊其辞，要体现出会议要求的严肃性、强制性、权威性；

第三，布置任务要全面，不能漏项，否则，就会影响会议的落实效果；

第四，要看会议的性质和内容选取写作方式，如必须完成任务的专项工作布置可采用命令的口气、动员大会性质的可采用号召式，这当然要根据会议的性质和内容，选择恰当的写作方式；

第五，与会单位要将会议贯彻落实情况在一定期限报会议组织单位，以便检查会议落实情况。

写作特点：地位附属、篇幅短小、语言平实、重在头尾、结构独立。

第一章　开幕式、闭幕式致辞

【范例一】

【致辞人】××县常务县长

【致辞背景】××省××县环境综合整治工作会议主持词

同志们：

今天这次会议是经县委、县政府研究决定召开的，主要任务是研究部署当前我县城区环境综合整治工作，动员全县上下迅速掀起环境综合整治高潮，加快解决城市环境中存在的突出问题，努力创造优美、舒适、文明的城市环境。今天的会议议程有两项：

（一）由×××同志宣读《××县城区环境综合整治活动实施细则》；（二）由×××同志作重要讲话。

下面逐项进行。进行第一项，由×××宣读《××县城区环境综合整治活动实施细则》；进行第二项由×××作重要讲话。

……

同志们，这次会议明确了我县城区环境综合整治工作的指导思想、基本思路、目标任务和完成时限，可以说这次会议非常重要。刚才，×××同志就我县的城区环境综合治理工作作了部署，明确了各单位在这次城市环境综合整治工作中所分担的工作任务和工作责任，可以说重点突出，任务明确，责任分明，×××同志还围绕我县城区环境综合整治工作作了重要讲话，对如何做好城区环境综合整治工作提出了希望和要求，我们一定要按照这次会议的要求，认真抓好落实。下面，我就贯彻好这次会议精神提三点要求。

一是各单位要充分认识环境综合整治工作的重要性和必要性，要迅速进行再动员，再部署，提高思想认识，坚定信心和决心，尽快掀起城市环境综合整治的高潮。

二是有关部门要搞好协作配合，做好强有力的宣传教育，形成上下"齐抓共管"的局面，营造综合整治的浓厚氛围。

三是坚持整治的高标准，按照城市环境综合整治工作会议的要求，整治一片，成功一片，巩固一片，决不走过场。要建立健全综合整治责任制和失职追究制，明确分工，明确责任，落实到人，确保我县城市环境综合整治落到实处。

今天的会议议程到此结束。散会。

【范例二】

【致辞人】××县县委秘书长

【致辞背景】2009年××省×县贯彻实施行政许可法工作会议主持词

同志们：

现在开始开会。本次全县贯彻实施行政许可法工作会议是由县政府决定召开的。会议的主要任务是认真贯彻落实国务院、省、市政府贯彻实施行政许可法工作会议精神，全面安排部署我县贯彻实施行政许可法工作。参加今天会议的有：全县各乡（镇）、场长、司法助理；政府各部门主管法制工作的负责人、法制科长；副县长同志在百忙之中也出席了今天的会议。

会议的中心议程主要有三项：一是请副县长同志代表县政府作重要讲话；二是由我宣读《政府办公室关于全县开展〈中华人民共和国行政许可法〉贯彻实施情况检查工作的通知》；三是由法制办×××副主任宣读《政府关于清理行政许可项目和行政许可实施主体工作方案》和《行政执法人员培训方案》。首先，请副县长×××同志作重要讲话。

第一章 开幕式、闭幕式致辞

……

下面，由我宣读《人民政府办公室关于全县开展〈中华人民共和国行政许可法〉贯彻实施情况检查工作的通知》。

……

下面，请×××同志宣读《人民政府关于清理行政许可项目和行政许可实施主体工作方案》和《行政执法人员培训方案》。

……

方才，县长代表县政府作了重要讲话，我宣读了《人民政府办公室关于全县开展〈中华人民共和国行政许可法〉贯彻实施情况检查工作的通知》，××同志宣读了《人民政府关于清理行政许可项目和行政许可实施主体工作方案》和《行政执法人员培训方案》。县长的讲话高屋建瓴，全面准确地阐述了行政许可的概念、特征、种类、主要原则及制度，深刻分析了贯彻实施行政许可法的重大意义，并对全县如何做好贯彻实施行政许可法工作进行了全面细致的部署，落实了工作责任，提出了具体要求，希望大家能够认真学习，并结合工作实际，狠抓落实。我宣读的检查《通知》和宣读的三个《方案》里也都对各项工作提出了明确的步骤和时限要求，希望各位能够按照《通知》和《方案》中的要求，在规定的时限内做好各项工作。

就会议精神的贯彻落实，我再强调三点意见：

一是要统一思想，深刻领会会议的精神实质。思想是行动的先导，全面做好贯彻实施行政许可法的各项工作，首要一点就是要在思想上高度重视、认识上深刻领会贯彻实施行政许可法的重大意义。会后，各乡（镇）、场，县直各部门都要召开班子会、干部会，认真学习和讨论××县长的讲话，吃透精神，领会实质。要通过对领导讲话的学习和讨论，进一步加深对贯彻实施行政许可法工作的认识，坚定做好贯彻实施行政许可法的决心和信心。

二是要积极运作，真正把各项工作落到实处。现在距行政许可法正式实施还有一个月的时间，还有大量艰苦细致的准备工作要做。因此，各乡（镇）、场，县直各部门务必要按照县长的讲话和各个方案的要求，抓紧时间，积极抓好各项工作的落实。回去后，要立即向单位主要领导汇报，并向班子其他成员传达各项工作的具体要求，确保每个班子成员都能够充分了解这项工作，牢牢把握工作主动权。要安排专人负责清理审批项目和实施主体、组织执法人员报名参加培训工作，以上几项工作必须在规定的时限内不打折扣地完成。尤其是县政府组织的这次行政执法人员培训工作，各乡镇、各部门不要以经费短缺、工作人员忙为借口，不参加培训或减少应参加培训的人员，应从促进规范执法、公正执法、维护法制统一和尊严、进一步改善全县经济发展软环境的高度来认识此次培训的重要性，不要因一时的经费短缺等原因而失去这样一个很好的学习机会，对此，县长在讲话中也做了强调。报名期间，按照报名情况，县政府届时将派督查组到行动迟缓的乡镇和部门进行专项督查。同时，各乡镇、各部门还要按照《通知》要求，认真组织好贯彻实施行政许可法的自查工作，确保我县贯彻实施行政许可法工作在9月份的全省大检查中不出现差错。

三是要精心组织，加强对贯彻实施行政许可法工作的领导。开展清理行政许可项目、清理行政许可实施主体、组织人员参加行政许可法培训、开展贯彻实施行政许可法自查，这几项工作相互交织，不仅情况复杂，工作量也很大，而且政策性、专业性也都很强。因此，各乡镇、各部门一定要加强对这几项工作的领导，主要领导和分管领导都要亲自抓，亲自管，做到精心组织，责任明确，确保学习培训、审批项目和实施主体清理、贯彻实施工作的自查等各项工作任务能够如期完成，并达到理想的成效。

散会！

【范例三】

【致辞人】×县教育局长

【致辞背景】××××年××省×县教育工作会议主持词

尊敬的各位领导、同志们：

大家好！

今天，我们在这里召开××××年全县教育工作会议，主要是客观总结××××年工作，安排部署××××年工作任务，进一步统一思想，明晰思路，夯实责任，确保××××年各项教育工作的全面完成，实现办人民满意教育的奋斗目标，努力推进全县教育事业又好又快发展。

参加这次会议的县领导有：县委常委、县委宣传部部长××同志，县政府副县长××同志，让我们以热烈的掌声欢迎他们的到来！出席今天会议的还有：各乡镇政府领导，教育系统行风监督员、人大代表、政协委员，民办学校领导，教育局机关全体工作人员和教育系统各单位中层以上领导，共计×××余人。

这次会议共有7项议程：一是由教育局党委书记、局长××同志，作《××××年教育工作报告》；二是由教育局党委副书记、督导室主任××同志，宣读《关于表彰××××年度学校工作先进集体、教育工作特殊贡献单位、行风评议先进单位的决定》；三是为获奖单位颁奖；四是由县政府与教育局和乡镇政府代表签订控辍责任状、教育局与学校代表签订学校工作责任状；五是由县政府副县长××同志作重要讲话；六是由教育局人事股股长××同志，传达《国务院关于实施绩效工资的指导意见》和《教育部关于绩效考核工作的指导意见》；七是由第一中学校长××同志和第四小学校长××同志，作"一评三考"工作经验介绍。

……

同志们，××××年是我县教育科学发展、关注民生、促进公平、充满希望的一年。让我们在县委、县政府的正确领导下，解放思想，振奋精神，求真务实，奋力拼搏，圆满完成各项工作任务，为推进××教育新跨越、做出新的更大贡献！

最后，祝大家身体健康，工作顺利！

【范例四】

【致辞人】×县县委书记

【致辞背景】××省××市××县创建全国文明城市动员大会会议主持词

同志们：

现在开会。这次创建全国文明城市动员大会是经县委研究决定召开的。主要议题是动员全县人民积极参与到创建文明城市活动中去。参加今天会议的有：各镇党委书记、镇长、分管副书记、分管副镇长、宣传委员，县直党政群机关、正局级事业单位、直属机构主要负责人和中型以上企业分管政工的负责人，受表彰的先进单位和个人代表。

这次会议的议程有六项：一是表彰先进；二是县委副书记、副县长×××同志宣读《中共××县委、××县人民政府关于争创全国创建文明城市工作先进城市的实施意见》；三是表态发言；四是县委书记×××讲话；五是县委副书记×××讲话；六是县委副书记、县长×××同志讲话。

同志们，这次创建全国文明城市动员大会的议程已进行完毕。会上，对××××年度精神文明和宣传思想工作先进单位先进个人进行了表彰。×××书记宣读了《中共××县委、××县人民政府关于争创全国创建文明城市工作先进城市的实施意见》，特别是××书记对创建全国文明城市和宣传思想工作讲了非常重要的意见，希望大家一定要认真学习、深刻领会，抓好落实。

下面，我就这次会议的贯彻落实问题再强调以下几点：

一是要提高认识，抓好落实。要组织广大党员干部认真学习××书记的讲话精神，切实把思想和行动统一到××书记讲话精神上来，统一到县委对加强新形势下创建全国文明城市的部署和要求上来。树立创城工作的紧迫感和危机感。创建全国文明城市时间很紧，标准很高，创建任务非常繁重，特别是我市创建热情很高，同时与其他城市竞争相当激烈。全县上下必须齐心协力，达成共识，进一步增强紧迫感和危机感，立即行动起来，迅速掀起创建全国文明城市的热潮。

二是以创城为契机，带动和促进各项工作。要把创建工作作为全县经济和社会各项事业发展的总抓手，把各方面的任务统揽于一个总体目标之下，集中方方面面的力量，全面推进我县的城市现代化。特别是要通过创城，提高县城辐射力。要把创城工作作为改善县城环境，提高社会服务水平的助推器，作为全面提高市民文明素质的突破口，带动两个文明建设全面发展。要把创城工作落脚到为人民群众办实事上，使人民群众真正得到实惠。

三是切实加强领导，落实责任。要切实加强对创城工作的组织领导，全面落实工作责任，确保各项任务的落实。当务之急，是要下大力气抓好市容环境卫生的综合整治，为创城创造良好条件。

同志们，在党的十六大召开前，创建全国文明城市工作面临前所未有的机遇和挑战，让我们以邓小平理论和江泽民同志"三个代表"思想为指导，与时俱进，开拓创新，求真务实，真抓实干，深入贯彻好这次会议精神，确保创建全国文明城市取得成功，以优异的成绩向党的十六大献礼。

会议到此结束，散会！

【范例五】

【致辞人】××市园林局局长

【致辞背景】××省××市城市绿化动员大会主持词

同志们：

现在开会。这次城市绿化动员大会，既是新春佳节之后按照惯例召开的第一个会议，也是一个收心会议。会议的主要议题是，总结回顾去年的城市绿化成绩，安排今年的城市绿化工作，动员全市人民积极行动起来，迅速掀起春季城市绿化高潮，从而进一步改善我们的城市环境，提高城市的品位和形象，为创建国家园林城市做出更大的贡献。今天的会议议程主要有三项，第一项请××同志作动员讲话；第二项作表态发言；第三项请××市长讲话。

现在进行第一项，请××同志作动员讲话。

第一章 开幕式、闭幕式致辞

……

下面进行第二项，表态发言，首先请××发言，××作准备。

……

下面请××发言。

……

下面进行第三项，请××市长讲话。大家欢迎。

……

同志们，刚才××同志对去年我市的绿化工作作了简要总结，对今年的绿化工作作了具体安排部署，××分别作了发言，介绍了他们搞好绿化工作的经验，他们的做法值得我们各个县市区，包括市直有关部门学习借鉴。××市长也作了一个很好的讲话，对进一步做好全市的城市绿化工作提出了明确要求，希望大家结合各自实际和分配的任务，认真抓好落实。下面，根据节后的工作，我再提几点要求：

第一，要认真贯彻好今天的会议精神，切实搞好城市的绿化工作。城市绿化工作的重要意义，刚才××同志和××市长都谈得非常清楚了。城市绿化工作，是市委、市政府的一项重要工作，也是我市四创工作的重要组成部分。市委、市政府多年坚持春节后上班第一天召开城市绿化工作动员会议，就表明了我们对这项工作的认识和重视。希望大家进一步提高认识，切实加强领导，按照今天会议的统一部署，认真组织好春季绿化工作。在绿化过程中，要特别做好以下五个结合：一是专业队伍绿化与社会各界积极参与相结合。二是抓重点、出精品与整个城市的整体绿化相结合。专业队伍要抓精品抓重点，市直各个部门、各有关单位要在整体绿化上下功夫，做出自己的贡献。三是政府的投资与人民群众的广泛参与、义务植树相结合。四是加大绿化投资建设与严格的管理相结合。市政府每年都要投入大量的城市绿化经费，绿化之后，加强管理、保证绿化效果是一项很重要的内容。因此，专业队伍要加强管理，社会各界广大人民群众也要积极保护，爱护好我们的绿色家园。这二者要很好地结合。五是原则要求、严格的责任制与考核相结合。我们提出绿化工作的原则要求和严格的责任制，一定要和严格的考核统一起来，以严格的考核来检验绿化的成果。这是我讲的第一个问题。

第二，就是要收心，集中精力抓好工作。我们经常讲"一年之计在于春"，但实际上从去年农历腊月二十三之后，大家都忙着过节了，节后按照习惯，到正月十五才算正式过完年，这前后将近一个月的时间，很多人的精力都没有完全放在工作上。过春节是个传统习惯，只要没有影响到正常工作，本来也无可厚非。但是，在高高兴兴过节的同时，同志们一定要明白，今年是"十一五"规划的第一年，改革、发展、稳定的任务很重，做好今年的工作，对我市今后很长一个时期的发展，都具有十分重要的意义。因此，希望大家能够迅速地收心，尽快从过节的氛围中调整出来，集中精力抓好各项工作。明后天，市人大、政协会议就要陆续报到召开。当前，我们一定要首先集中精力把两会开好。今天参加会议的都是各单位的主要负责同志，这次会议之后，对本单位的工作，尤其是农历正月十五之前的工作都要进行认真具体的安排部署。尤其是两会期间，各单位主持工作的同志，更要把工作安排好、安排细、安排实。市直机关工委和新闻宣传部门，在这一段时间内，要注意监督检查各个单位坚守工作岗位的情况、工作开展的情况，好的要进行表扬，差的要进行公开曝光。总之一句话，希望大家把心迅速收回来，按照市委八届十一次全会精神的要求，"关注今日"，能今天干好的工作就今天干好。要从"今天"开始，切实紧张起来，做好招商引资、项目建设等各项工作。昨天已经立春，马上就要进入春季了，春暖花开，温度会上升很快，我们的很多基础设施建设工作，尤其要紧紧抓住这个时间，能开工的尽快开工，已经开工的要加快进度。

第三，要继续做好党风廉政建设工作，尤其是节日期间的廉政工作。春节之前，我们就明确提出了这方面的要求。总体上看，大家做得都不错，但还需要继续坚持。为什么这样说呢？因为按照我们的惯例，不过"十五"节日就没完，节日之前拜早年，节日中间拜大年，过了春节上班拜晚年。因此正月十五之前就容易形成一个相互走动、吃喝的高峰期。所以，大家仍然需要紧绷党风廉政建设这根弦，要始终如一地按照上级的要求，在各方面严格要求自己，继续做好节日期间的廉洁自律工作，尤其要坚决防止和反对用公款大吃大喝、用公款送礼等行为的发生。一定要严格要求自己，对党风廉政建设，一刻也不能放松。过了节后，我们还要专门召开会议进行党风廉政教育。

第四，安全稳定工作还要切实抓紧。节日期间，由于大家的共同努力，××安全稳定形势总体比较平稳，往年比较多的交通事故问题也有所下降。但是，安全的弦一刻也不能放松。大家在媒体上都已经看到了，正月初一下午两点多，××的××又发生烟花爆竹爆炸，死了30多个人，伤的还有几十个，造成了巨大的生命和财产损失。但追究这起事故的起因，仅仅就是一个小孩放鞭炮引起了仓库的爆炸。所以，大家一定要高度重视起来，继续排查不安全因素，尤其要多注意平时容易忽略的隐患部位。关于社会稳定工作，市里的两会明天就要报到召开，3月初全国两会也将召开，希望各个单位尤其是领导同志，以高度的责任心和细致的工作，继续做好各种不稳定因素的排查，把问题消灭在萌芽状态，解决在基层单位，确保安全稳定。

今天是上班的第一天，我们召开这个会议，就是希望大家能够收心。会议之后，各单位要抓紧安排好各自的工作，在集中精力开好两会的同时，保证各方面工作有条不紊地开展，为全年的工作奠定良好的基础。

散会！

【范例六】

【致辞人】某公司人事主管

【致辞背景】公司驻校代理培训会议

新同事们：

下午的培训马上就开始了，大家各就各位了，我是今天下午的主持人××！上午的培训大家的状态都非常好！那现在大家的精神状态好不好，用你们最洪亮，最动听的声音告诉我，现在的状态好不好！

经过一上午的培训，我们对中心文化有所了解，×总又给我们进行了高品质沟通的培训。

相信大家一定有很大的收获。但是我们作为中心的驻校代理这些肯定是不够的，在坐的各位

有很多是新代理，可能对一些代理知识和以后的工作以及发展有很多不懂和不太明白的。

第一章 开幕式、闭幕式致辞

那么现在有请××老师对代理职业发展规划做一个系统的讲解，大家掌声有请××老师给我们带来的代理职业发展规划。鼓掌欢迎。

……

感谢××给我们带来的关于代理职业发展规划的课程精彩讲解，希望在座的每位同事把今天所学的学以致用，让我们把热烈的掌声再次送给××老师！今天，××老师带来的都是对新员工来说非常实用的课程，现在，是一个竞争的时代，是市场的竞争，是人才的竞争，更是口才的竞争。工作和交往中，当众讲话是机遇，更是挑战，每逢这时，许多人心跳加速，紧张，不知说什么或者不知道怎么说，遭遇的是尴尬；留下的是遗憾，失去的是机会，那么大家有没有遇到过这样的尴尬？不要因为我们没有好的口才而失去表现自我的机会，不要因为我们没有好的演讲能力而错过成就自我的机会，那么下面有××老师给我们带来演讲与口才的精彩讲解。

大会第四项：大会第五项：××老师讲的好不好！精不精彩！既然我们的老师讲了这么精彩的课程，那么我们大家肯定有很多好的想法和建议，或者还有什么不明白的问题，下面的时间大家可以自由讨论，有问题的新同事可以向在场老师咨询，提问。

我们知道了如何做好高品质的沟通，了解了我们中心的文化，我相信咱们中心让好的教育没有距离的宗旨，一定会通过大家传遍××大地。经过一天的培训，到现在也接近尾声了，下面有请×××老师对今天的培训进行会终总结，大家以极其热烈的掌声欢迎××老师！

【范例七】

【致辞人】某公司工会主席

【致辞背景】公司年终工作总结大会

各位同事、各位领导、各位来宾：

大家好！

今天，窗外阳光明媚，室内暖意融融！在新春佳节即将到来之际，我们在这里欢聚一堂，召开20××年度公司总结暨表彰大会，主要目的是为了总结一年来的工作，总结经验，吸取教训，共商公司未来发展大计，并对为公司各项工作的发展做出贡献的员工、施工队进行表彰和奖励。

首先我代表××公司对市美术馆对我们会议的大力支持表示感谢！感谢工作人员提供的帮助！

为保证会议的有序进行，在会议正式开始之前，我提几条要求：

1. 请所有与会人员暂时关闭手机，不要接打电话；

2. 不要在会场内、外来回走动，大声喧哗，或与人交头接耳；

3. 不要随地吐痰，乱扔废弃物，不要抽烟；

4. 会议结束以后，先欢送领导和来宾退场，然后依次序退场。

现在正式开会：

第1项：公司总经理×××代表公司宣读对××同志任命的决定；（1分钟）

第2项：公司董事长×××为××文同志颁发聘书；（1分钟）

第3项：×总做就职发言；（3分钟）

第4项：×××代表公司宣读《公司关于颁布规章制度的决定》。（1分钟）

第5项：××代表石家庄项目部技术人员做工作总结（5分钟）

第6项：××代表大同项目部技术人员做工作总结（5分钟）

第7项：×××代表沈阳项目部技术人员做工作总结（5分钟）

第8项：×××代表哈尔滨项目部技术人员做工作总结（5分钟）

第9项：××代表女工做工作总结（3分钟）

第10项：××队长代表施工队做工作总结（5分钟）

第11项：××做哈沈线和石家庄管网工程做工作总结（10分钟）

第12项：××同志代表协作单位发言（5分钟）

第13项：××做施工管理工作总结（15分钟）

第14项：×总做20××年公司总结报告（45分钟）

第15项：×总宣读公司对优秀施工队和先进个人进行表彰和奖励的决定（3分钟）

第16项：×董事长为优秀施工队颁发荣誉证书和奖金；（3分钟）

第17项：×董事长为公司先进个人颁发荣誉证书和奖金；（10分钟）

第18项：×董事长做重要讲话；（5分钟）

今天上午的会议开的很圆满，也很成功，×总的总结报告，既对公司一年来的发展进行了全面、客观、公正的总结，也提出了公司第二个五年计划的发展思路，描绘了公司美好的未来。×董事长的讲话站的高、看的远，使我们每一个人都能感受到公司的前景光明，更加坚定了我们每个人的信心，是一个振奋人心、催人奋进的大会！

　　会后，我们要深入学习、领会这次会议的精神，在×董事长、×总的正确领导下，继续坚持"诚信做人，踏实干事"的经营理念，和"对社会负责，让员工富裕"的发展方针，团结一心，共同努力、务实开拓，不断创新，共同为力大公司的美好未来贡献我们的力量和智慧！

　　20××年总结暨表彰大会到此结束，公司董事长为表达对各位来宾及全体员工一年来为公司所做的工作的谢意，中午特意在岷江美食宴请大家。并于下午2点种举行力大公司和岷江迎新联欢会，为大家准备了丰富多才的节目，请到时欣赏。

第二章 节日、纪念活动致辞

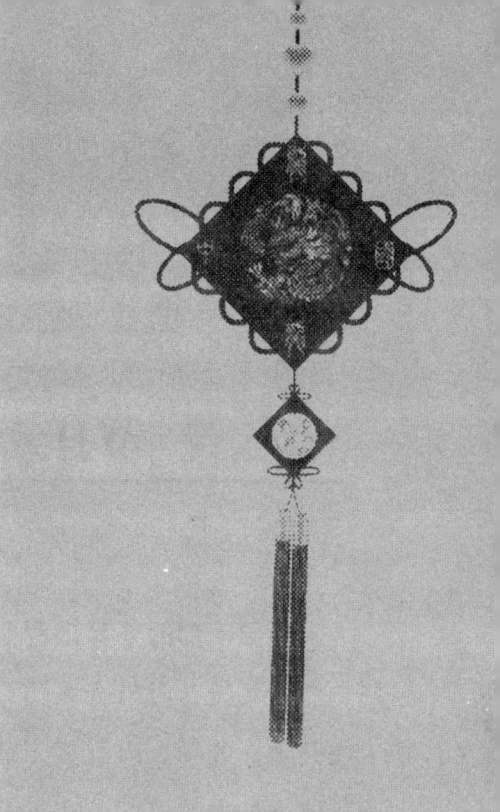

节日致辞的定义及特点

领导干部的节日致辞是礼仪致辞的一种,旨在在节日中,烘托热烈的气氛,对与会人员致以节日祝福;总结以往取得的成就,继往开来,鼓舞、激励员工或群众,在接下来的时间里努力奋斗,争取取得更大的成就。在致辞中,应结合实际情况总结上一个工作周期取得的成就,并对未来作出规划,最后表达出殷切的期望。整个致辞过程应将喜庆的情感贯穿始终。

作用:

烘托热烈的气氛,对与会人员致以节日祝福。

写作指导:

节日致辞的正文一般分为开头、中段和结尾三部分。

一、开头

开头通常应说明庆祝的节日名称以及表达对与会人员的节日问候和祝福。如:"新年钟声在耳,新春佳节又至。我们怀着喜庆的心情在此欢聚一堂,辞旧迎新,共贺佳节,备感亲切。我谨代表医院全体领导班子成员向仍然坚持在一线忙碌工作的同志们,向全院职工以及热爱、支持我们事业的职工家属们致以亲切的问候!祝大家新春快乐、身体健康、合家幸福、万事如意。"

二、中段

中段的内容一般为总结以往的工作成就，表扬广大群众、员工的上佳表现，分析在新的时期出现的新情况、新问题，继往开来，鼓励大家在新的目标和条件下，将工作做好。

三、结尾

结尾应再次表达对与会人员的节日问候和祝福，并以坚定的信心向大家寄予殷切的期望。

写作特点：

节日致辞情感应热烈、激昂，语言要真挚、诚恳。

元旦致辞

【范例一】

【致辞人】集团董事长

【致辞背景】在某集团举办的新年酒会上致辞

各位同仁、全体员工：

大家好！

风雨送春归，飞雪迎春到。值此辞旧迎新的美好时刻，我谨代表××集团董事会并以我个人的名义，向奋战在各岗位上的广大员工致以最诚挚的问候！

衷心祝愿大家新年愉快，身体健康，事业进步，合家幸福！

领导致辞全集

××××年,对于广大员工来说是值得骄傲的一年,是团结奋进的一年,是无私奉献的一年。全体员工齐心协力、苦干实干,进取中实现价值,拼搏中更显精神!集团的每一次进步、每一分收获无不洋溢着广大员工对公司的忠诚与热爱,闪耀着无数员工的汗水和智慧!

××××年,对于集团来说更是日新月异的一年,是具有战略意义的一年,是实现跨越的一年。我们的各项事业蓬勃发展,各条战线捷报频传!实践证明,我们是卓越的,我们完全可以担当行业的领跑者!

激情与汗水铸造过去,理性和坚强成就未来。××××年将是集团发展战略全面落实的一年,我们的战略更加明确,思路更加清晰,基础更加扎实,规模更加扩大,管理更加完善,执行力更加增强,企业文化内涵更加丰富。我们将续写华章,努力奋斗,缔造奇迹,勇往直前!

新绿破土春来早,建功立业正当时。××××年将是更加激动人心的一年,我们将一起见证集团事业的飞速推进,一起体验奋斗拼搏的峥嵘岁月,一起分享成功收获的喜悦激动!衷心希望每一个员工都能够精神振奋,信心百倍,步伐矫健,斗志昂扬,百尺竿头,更进一步!

号角已经响起,战鼓雷鸣不息。让我们行动起来,为了民族产业的振兴,为了公司事业的发展,为了每个员工的梦想与激情,贡献最大的力量和热情,在新的一年里,齐力协心,共创伟业!再创佳绩,再铸辉煌!

第二章 节日、纪念活动致辞

【范例二】

【致辞人】 市长

【致辞背景】 在新年对某市全市人民致以节日问候

市民们、同志们、朋友们:

再过几个小时,人类历史即将翻开激动人心的崭新一页,我们将迎来新的一年,我们所有的人都满怀着喜悦和兴奋,等待着这一时刻的到来。

在这辞旧迎新的美好时刻,在春天的脚步即将来到的时候,我谨代表中共××市委、××市人民政府,向全市人民,向所有关心和支持我市改革开放和现代化建设事业的各界朋友,向此时此刻仍然在工作岗位上履行职责、辛勤工作的同志们,致以亲切的问候和新年的祝福!

站在新旧世纪的交汇点上,回首百年沧桑,我们感慨万千、浮想联翩。中国人民历尽艰辛,在中国共产党的领导下实现了中国历史上空前的伟大变革。

伴随着共和国××年前进的脚步,××这块古老文明的土地焕发了勃勃生机,发生了翻天覆地的变化。我们生活在××的每一个人都切身感觉到了这种变化,它使我们的生活更加美好、更具活力,也使我们对未来更加充满信心。

即将过去的一年是××历史上发展比较快的一年,全市综合经济实力进一步增强,各种特色产业蓬勃兴起,改革开放取得了更大进展,人民生活继续得到改善。我们以良好的成绩,为××××年的××市划上了一个圆满的句号。

历史是人民创造的。××××万××人民是这块土地的主人,无论是××市长远的过去所创造的灿烂的文化和悠久的历史，还是最近几十年来经济建设所取得的辉煌成就，无论是××期间经济和社会的全面进步，还是即将过去的一年我们各项事业重大的突破性发展，这一切，都归功于我们勤劳、朴实、正直、刻苦的××人民。作为市长，我为此而感到骄傲和自豪。我坚信，无论是过去、现在还是将来，任何困难都不能阻挡住我们××人民追求幸福生活、实现美好理想、迈向现代化宏伟目标的坚实步伐。

旧的一年马上就要过去，新的一年马上就要来到。过去我们曾经取得了辉煌的成就，但是我们没有任何理由放松自己，没有任何理由骄傲自满，没有任何理由让自己有一丝一毫的松懈。明年，我们要坚持以经济建设为中心，着力改善投资环境，千方百计地增加城乡居民收入。尽管我们前进的道路上还会有许多曲折坎坷，尽管我们还会遇到许多意想不到的困难和问题，但是在滚滚向前的历史洪流面前，我们只有不屈不挠地奋勇拼搏，××才有新的希望，才有更加光辉灿烂的明天，××才能真正成为我国经济振兴中绚丽夺目的一颗明珠！

【范例三】

【致辞人】检察院党支部书记

【致辞背景】在某市全系统新年茶话会的致辞

同志们：

吉祥的新年钟声即将敲响，在这辞旧迎新的美好时刻，市院党组向一年来在各自工作岗位上辛勤工作、无私奉献，为检察事业发展作出突出成绩的全市广大检察干警和心系检察事业、继续发挥着重要作用的老领导、老同志们致以新年的问候，向长期以来关心、支持检察工作的社会各界朋友表示衷心的感谢！

即将过去的×××年，是××检察工作发展史上极其重要而不平凡的一年。市院党组立足全市检察工作已经基本实现"四个一流"、广大人民群众期盼进一步加强法律监督、全体干警渴望检察事业获得新发展的目标，顺应时代的召唤、人民的呼声和干警的心愿，响亮地提出了"××××××，××××××"的工作要求和奋斗目标。

×××年，是全市上下协调一致、锐意改革、不断进取的一年，是坚持创新带动、特色亮点不断涌现、品牌创建活动取得丰硕成果的一年！一年来，各级党委、人大、政府、政协，新闻媒体、社会各界关心检察工作、支持检察工作，检察执法环境进一步优化。全市检察机关围绕大局履行法律监督职责的突出成绩，赢得了党委、政府、上级检察院的充分肯定和广大人民群众的普遍好评。

这些优异成绩的取得，是市委和省院正确领导的结果，是人大、政府、政协和社会各界重视、关心、支持的结果，更是广大检察干警团结拼搏、奋勇争先、超越自我的结果。全市××××余名干警在各自的工作岗位上无私奉献、开拓进取、励精图治，为了检察事业的振兴和发展付出了忘我的劳动和辛勤的汗水。市院党组向各位基层院检察长、班子成员和奋斗在工作一线的全市检察干警表示亲切的慰问，并通过你们向长期关心、支持检察工作的各位干警家属表示衷心的感谢！

一年来的检察工作实践，我们体会最深的是：要取得新成绩，实现新突破，必须始终坚持"四个发展"的理念，真正把科学发展观的要求落实到检察工作实践中去；必须始终坚持"强化法律监督，维护公平正义"的工作主题，在全面落实总体要求中提高案件质量和办案效率；必须始终坚持把开展主题活动作为推进整体工作的载体和抓手，切实解决检察工作中的突出问题；必须始终坚持以事业凝聚人心，努力营造争先创优、干事创业的浓厚氛围；必须始终坚持以创新为主线，不断为检察工作注入新的生机和活力。

同志们，春回大地，万象更新。新的一年，为我们带来新的希望；新的起点，给我们提出新的要求。成绩和荣誉只代表过去，在新的一年里，我们要始终保持清醒的头脑，始终保持一种昂扬向上的工作状态，始终保持一种开拓创新、勇往直前的进取精神，在新的历史起点上再创新的辉煌！

最后，衷心祝愿全市检察干警在新的一年里身体健康，工作顺利，合家欢乐，万事如意！

【范例四】

【致辞人】公路局局长

【致辞背景】在某市全系统元旦联欢会上的致辞

同志们：

满怀丰收的喜悦，我们送走辉煌的××××年，迎来崭新的××××年。值此辞旧迎新之际，我代表市公路局党委给广大干部职工及家属拜年，向你们致以新年的问候！祝大家新年快乐，万事如意！

××××年，我局公路建设驶入了快车道，实现了历史性的突破，全年共计完成公路建设总里程×××公里，完成计划投资达到×××亿元，基本实现了一系列成绩的取得，既有我市经济发展的因素，也是全局广大干部职工奋力拼搏、再创辉煌的结果，更离不开广大干部职工及家属的支持、理解！

×××年是全面实施"十一五"规划的开局之年，也是进一步保持经济社会发展良好势头的关键一年，这一切都为公路事业谋求更好更快的发展提供了广阔的空间。我们将以我市经济发展、全民创业为中心，坚持科学发展观，力争完成×××公里公路建设的目标和任务；紧紧抓住公路养护、公路建设两个支点，强化六条措施，主攻二十项工程，办好十件实事，实现公路跨越式发展。

同志们，新年的钟声已经敲响。在新的一年里，我们有一种情感叫责任，有一种行动叫奋进，有一种追求叫超越，有一种发展叫创新。只要我们循着×年扬眉吐气的辉煌足迹，沐浴着×年力争上游的春风，我们就一定能把平凡的事情做得经典，把简单的事情做得精彩，把××公路的未来书写得更加美好、更加辉煌！

【范例五】

【致辞人】某学院校长

【致辞背景】学院元旦茶话会上的致辞

同志们、同学们：

转眼间，我们将送走硕果累累的2011年，迎来充满希望和更多期待的2012年。值此元旦佳节之际，我们向一年来在学院各个岗位上辛勤工作的广大党员、干部、教职员工，向刻苦求学的莘莘学子，向关心和支持学院建设与发展的各级领导、离退休老同志、广大校友和各界朋友致以最诚挚的问候和最衷心的祝福。祝大家身体健康，

领导致辞全集

工作顺利，合家欢乐！

2011年是×××学院各项事业取得重大进展的一年。一年来，学院在市委、市政府的领导下，在上级业务部门的指导下，学院广大师生员工以邓小平理论和"××"重要思想为指导，认真学习党的十七大精神，全面贯彻落实科学发展观，以教育教学工作为中心，不断加快内涵发展步伐，解放思想，务实苦干，办学水平不断提高，办学实力日益增强，规模、结构、质量、效益协调发展。

认真学习实践科学发展观，扎实有效开展了"解放思想大讨论"和"实践科学发展观，争当黄河三角洲开发建设排头兵"学习教育活动，为学院建设发展提供了坚强的思想和组织保障；专业建设和精品课程建设取得新突破，化工技术专业教学团队被评审为"省级教学团队"，成为我院第一支省级教学团队，《网络设备的安装与调试》课程被评审为国家级精品课程，实现了我院国家级精品课程零的突破，建成省级特色专业1个，省级精品课程1门，院级精品课程4门；科技与社会服务工作取得显著成绩，3项课题被列为国家级项目，13项课题被省、市科技、教育等部门立项，获得市级以上科研奖励63项，成立了"黄河三角洲旅游文化研究所"、"高等职业教育研究所"，为我院开展较高层次研究提供了研究平台；师资队伍建设取得可喜成绩，具有硕士以上学位人员占专任教师总数的44.9%；成人教育稳步发展，中等职业教育取得优异成绩，中专部在市政府对全市12所中等职业学校办学情况的评估检查中获得第一名；招生就业工作取得辉煌成绩，招生人数列全省同类院校第二位，增幅列全省第一位，在校生达13700余人，毕业生就业率达稳定在98.%

以上，各项主要就业指标均位居全省同类院校第一位；以学生为本，全面开展国家助学贷款工作，全年有1500余名在校生获得助学贷款725.46万元，发放国家、省政府和市政府奖助学金900余万元，落实奖助学金、勤工助学和学费减免等资金230余万元，发放临时伙食补助100万元；全面推进后勤物业管理改革，提高了管理服务水平；进一步完善了"学院领导联系系部，处室机关联系学生班级宿舍，骨干人员联系学生"工作机制，全面推进全员育人工作……这些成绩的取得，是全院师生员工团结奋斗、开拓创新、辛勤耕耘、无私奉献的结果，是上级领导、社会各界关心支持的结果，对此我们表示衷心的感谢！

日月开新元，天地又一春。回顾过去，振奋人心；展望未来，满怀豪情。新的一年，学院将认真贯彻党的十七大、十七届四中全会精神，以科学发展观统领学院工作全局，进一步加强学科专业建设，强化内涵发展意识，深化教育教学改革，不断提高人才培养质量；大力加强人才队伍建设，努力建设高素质师资队伍；进一步抓好科研工作，不断提升科技创新能力；继续深化产学研联合办学和学院内部管理体制改革，把一切为了师生员工，一切依靠师生员工贯彻到落实各项任务和实现办学目标的实践之中，求真务实，锐意进取，全面开创学院各项工作的新局面。

伴随着悠扬的新年钟声，让我们共同祝愿伟大的祖国更加繁荣昌盛，祝愿**职业学院明天更加灿烂辉煌！并祝全体教职员工事业进步，祝全体老同志身体安康，祝全体同学学业有成！

新春致辞

【范例一】

【致辞人】农村信用合作联社党委书记

【致辞背景】在新春佳节来临之际向某信用社全社职工及家属致辞

尊敬的各位领导、同志们、朋友们：

和着浓浓春意，伴着爆竹声声，我们带着新的憧憬和希望，迎来新的一年。在这欢乐祥和、辞旧迎新的时刻，我谨代表联社党委、理事会向奋战在业务经营一线的全体员工，向对农信社工作给予极大关注的退休、内退同志以及一贯支持农信社工作的员工家属们表示衷心的感谢，并致以最亲切的问候和最诚挚的祝福！

×××年是我社深化体制改革、转换经营机制的一年，是加强管理、加快发展的一年，是开拓创新、业绩喜人的一年。在省联社的正确领导下，在市委市政府、人民银行、银监等部门的大力支持下，我社以科学发展观为指导，坚持解放思想、更新观念、强化管理、创新发展，以改革统领全局，以构建和谐农信为目标，继续深化改革，取得了丰硕成果。

×××年是我社经营机制转换的重要年，业务发展的核心年。我们将继续坚持以邓小平理论、"三个代表"重要思想和科学发展观为指导，进一步解放思想，以大创新求得大突破，以大变革实现大跨越。在新的一年里，我们将坚定信心，以××××为中心，抓住

"改革、发展、管理"三条主线，转变增长方式，提升管理层次，创新中山农信社科学发展之路，促进中山农信又好又快发展，努力向现代银行迈进。

一元复始，万象更新。新的一年孕育新的希望，新的历程昭示新的辉煌。面对百舸争流、千帆竞发的新形势，让我们以更加饱满的热情、更加科学的观念、更加务实的态度、更加昂扬的斗志，解放思想、锐意进取，攻克票据兑付难关，勇创佳绩，用我们不屈不挠的拼搏精神，推动农信改革大业迈上新台阶！

最后，祝愿各位在新的一年里，身体健康，工作顺利，合家幸福，万事如意！祝愿××农信事业乘风破浪，再创辉煌！

【范例二】

【致辞人】公司领导

【致辞背景】在某公司迎新春员工及家属联欢晚会上致辞

各位领导、同事、敬爱的公司员工家属：

你们好！

凯歌辞旧岁，瑞雪迎新年。值此新春佳节来临之际，我代表公司董事会和全体员工向与会的各位家属致以亲切的问候和良好的祝愿！衷心祝愿你们身体健康，万事如意，家庭和睦，生活美满！

在过去的一年中，你们的家属，我们的员工，用勤劳的双手和智慧与同事们一道，共同战斗在生产经营第一线，以厂为家，任劳任怨，忘我地工作，为公司今年和将来更好地快速发展奠定了坚实的基础，为公司取得良好的业绩做出了贡献！作为他（她）的家属的你们，不辞辛苦、无私奉献，大力支持他（她）的工作，为创造我公司的美好前景做出了贡献！为此，我衷心感谢你们为公司的发展所奉献的一切，并真诚地向你们道一声：谢谢！辛苦了！

展望未来，我们信心倍增。××××年是公司实现快速经济增长的关键年，也是公司加快发展的重要一年。我们将围绕"十一五"规划战略目标，进一步强化市场竞争机制，深化内部改革，使我们的产品在本行业同类产品中处于先进或领先水平。要实现这一宏伟目标，依然需要你们的理解、支持和奉献。我相信，有了你们的全力关心和支持，我们的事业一定能再创辉煌！

再次祝愿你们身体健康，全家幸福，吉祥如意！

【范例三】

【致辞人】市委书记

【致辞背景】在春节来临之际向某市人民致辞

同志们、朋友们：

借此20××年新春佳节到来之际，我谨代表中共××市委、××市人民政府，向全市工人、农民、知识分子和各级干部，向驻×人民解放军、武警官兵、公安干警和民兵预备役人员，向全市各族人民、各界人士，致以节日的祝贺！向节日期间坚守岗位的干部职工，向所有关心、支持和帮助××建设与发展的各级领导和各界朋友，表示最衷心的感谢和最真诚的祝福！

刚刚过去的20××年，是××发展史上具有重要意义的一年。在省委、省政府的正确领导下，我们牢固树立和认真贯彻落实科学发展观，围绕"创新实干、跨越发展"的总要求，解放思想，开拓进取，国民经济和社会事业都取得了新的成绩。

这一年，我们牢牢抓住"发展"这个第一要务不动摇，强力推进经济建设各项工作，工业经济、县域经济、新农村建设、投资和项目建设、改革开放、城市建设等各项工作都呈现出新的亮色，全市经济继续保持了持续、快速、健康发展的好势头，人民生活继续得到改善。

这一年，我们积极推进三个文明协调发展和社会全面进步，思想道德建设扎实推进；以"五创"活动为载体，和谐社会建设迈出新步伐；科技、教育、文化、卫生事业全面发展，全市高考成绩继续在全省名列前茅。

这一年，我们高度关注民生、维护民利，下大力抓了关系人民群众切身利益的实际问题，农村安全饮水、中小学危房改造、外环路建设、天然气入市等一批实事基本完成，发展的成果更多地惠及人民群众。

这一年，我们以提高干部的执政能力和领导水平为根本，积极营造干事、创业、为民的浓厚氛围，广大党员干部想事、干事、干成事的激情得到焕发，工作作风明显转变，全市政治安定、社会稳定、人民安居乐业的良好局面得到进一步巩固和发展。

20××年是实现"十一五"发展目标的关键之年，也是推进××科学发展、和谐发展、跨越发展的重要一年。这一年，我们党将召开第××次全国代表大会，我省也开启了建设沿海经济社会发展强省的新征程。乘着改革开放的东风，我们要以科学发展观统领经济社会发展全局，进一步高扬"树正气、讲团结、求发展"主旋律，在全市进一步唱响"创新实干、跨越发展"主基调，深入实施"工业立市、农业强市、商贸兴市"三大主体战略，加快推进工业化、农业产业化、商贸物流现代化、区域经济一体化和城市化进程，为跨越式发展奠定坚实基础。

新的一年，我们要紧紧围绕构建和谐××这一目标，大力推进三个文明建设，积极推进科技、教育、文化、卫生、体育等各项社会事业发展，把"××××××"和"××"等活动进一步引向深入，以基层的和谐促进整个社会的和谐，为更好更快发展提供强大的精神动力和智力支持。

同志们、朋友们，盛世春潮催人进，跨越发展正当时。让我们更加紧密地团结在以胡锦涛同志为总书记的党中央周围，高举邓小平理论和"三个代表"重要思想伟大旗帜，在解放思想中统一思想，在与时俱进中快步前行，共同开创××更加美好的明天！

最后，衷心祝福全市人民新春愉快，身体健康，合家幸福，万事如意！

【范例四】

【致辞人】中等职业学校校长

【致辞背景】在新春佳节来临之际致辞

老师们、同学们：

金猪辞岁，祥鼠报福。瑞雪兆丰年，红梅迎新春。在××××年新春佳节来临之际，我谨代表学校，向辛勤工作在学校各个岗位上的全体教职员工、向广大离退休老同志、向全体同学致以节日的祝贺！感谢大家在过去的一年中对学校各项工作的支持以及为学校发展付出的不懈努力。

××××年，我校全面贯彻落实科学发展观，以××市中等职业学校办学水平评估工作为主线，以大力加强专业建设为重点，狠抓师资队伍建设，教学工作平稳推进，成绩显著；科研工作取得新突破；学校以优异的成绩通过未成年人思想道德基地、市级文明单位、普通话测试站、农民工培训基地等验收；党的建设、计划生育、综合治理、招生就业以及其他各项事业都取得较大的进步。××××年，我校×××获全国模范教师称号，学校的改革经验在××××进行了报道，学校的声誉和影响有了明显的提升。

　　回首过去，学校发展历程中的每一次闪光令我们欢欣和鼓舞；展望未来，宏伟的目标和社会的重托令我们深感任重而道远。春风吹放花千树，务实创造新未来。××××年我们要以党的××大精神为指导，全面落实以人为本的科学发展观，坚持以专业建设为龙头，以课程改革为基础，以师资队伍建设为核心，以改革创新为动力，以党的建设与思想政治工作为保证，以××经济社会发展需求为导向，全面提升人才培养、服务社会的水平与核心竞争力，努力培养德、智、体美全面发展的，具有较强实践能力和敬业意识的技能型、应用型人才，为××经济社会发展提供人才支撑，为实现学校第二次腾飞而奋斗。

　　最后，再次祝大家新春愉快，身体健康，合家欢乐！

【范例五】

【致辞人】总经理

【致辞背景】春节公司联谊活动上的致辞

尊敬的全体员工、朋友们：

　　日月开新元，天地又一春。伴随着新春的喜庆气息，我们正跨步在20××年的希望大道上。过去的20××年，源于全体##人的辛勤努力与工作奉献以及各位朋友的帮助，公司保持着健康、稳步、持续的发展势头。在此，向全体员工及付出的辛勤劳动和帮助的各位朋友表示衷心的感谢，并致以最诚挚的新春问候及最崇高的敬意。

20××年，全体员工一道精诚合作，兢兢业业，谱写了公司发展的新篇章。增强新品开发实力、较好地提升了企业的竞争力，为公司的发展夯实了基础。这些成绩的取得，是全体##人集体智慧、汗水和奉献的结晶，充分展现出##人的创业精神和拼搏作风，实践着员工与企业的和谐进步！

成都##过滤设备制造有限公司是一家生产滤油机的企业，公司的发展、壮大与各位从事生产、、研究朋友的大力协助是分不开的。在此新的一年来临之际，成都##过滤设备制造有限公司的全体员工祝：同行的各位朋友身体健康！事业如意！并对过去一年予以我公司帮助的朋友带上最真挚的新年祝福！

20××年，公司将进一步深入体制改革，推进多元化产品经营，寻求更大的发展空间。同时，公司把人才战略放到更加重要的位置，努力引进更多的技术人才并提供更为广阔的发展舞台。

展望20××年的奋斗目标与发展蓝图，我们坚信：新的一年、新的希冀、新的耕耘，通过全体员工的共同努力，成都##过滤设备制造有限公司一定能实现新的飞跃、新的辉煌！

亲爱的朋友，成都##过滤设备制造有限公司的不断成长得益于诸位长期以来的奉献与支持。站在新的起点上，我们携手20××年，凝聚我们共同力量发展事业，团结一致开创新的辉煌。最后，再次祝福大家春节愉快、身体健康、合家欢乐、虎年吉祥！

　　律回春晖渐，万象始更新。我们告别成绩斐然20××，迎来了充满希望的20××，值此新春到来之际，我谨代表成都##过滤设备制造有限公司，向全体职员的努力进取和勤奋工作，中外客户的热情支持致以深深的谢意！祝大家在新的一年里和气致祥、身体健康、家庭康泰，万事如意！

国庆节致辞

【范例一】

【致辞人】市领导

【致辞背景】在庆祝国庆节的宴会上致辞

女士们、先生们，同志们、朋友们：

　　今天，我们大家欢聚一堂，隆重庆祝中华人民共和国成立××周年。在此，我代表×××市委、市政府，向辛勤工作在各条战线的全市各族人民致以节日的祝贺！向为×××的繁荣和进步做出杰出贡献的离退休老干部、老同志致以亲切的问候！向外国专家和留学生代表，向所有关心、支持×××建设和发展事业的国际友人，表示衷心的感谢！

　　今天是新中国成立××周年华诞。××年来，在中国共产党的领导下，全体中华儿女团结一心、艰苦奋斗，建设了一个人民生活水平不断提高、各项事业蓬勃发展的新中国。特别是改革开放以来，在邓小平理论和"三个代表"重要思想的指引下，开辟了一条中国特色社会主义道路，综合国力显著增强，国际地位日益提高。我们伟大的祖国欣欣向荣、蒸蒸日上，巍然屹立在世界东方。

伴随着共和国前进的步伐，在中国共产党的领导下，××市彻底摆脱了帝国主义侵略和封建农奴制的羁绊，开辟了从黑暗走向光明、从落后走向进步、从贫穷走向富裕、从专制走向民主、从封闭走向开放的新时代。现在的××市，经济发展，社会进步，局势稳定，民族团结，边防巩固，人民安居乐业。这些成就的取得，是党中央英明领导的结果，是中央关心、全国支援的结果。××市的发展印证了一个伟大真理：只有在中国共产党的领导下，只有在祖国大家庭的怀抱中，只有坚定不移地走建设中国特色社会主义道路，××市才有繁荣进步的今天和更加美好的明天！

回顾共和国走过的光辉历程，我们感到无比的骄傲和自豪；展望未来，我们充满必胜的信心。我们坚信：在邓小平理论和"三个代表"重要思想的指引下，在以胡锦涛同志为总书记的党中央的坚强领导下，我们一定能够战胜各种困难，实现跨越式发展和全面建设小康社会的宏伟目标，为中华民族的伟大复兴做出应有的贡献！

最后

祝愿祖国繁荣富强，各族人民生活幸福！

祝愿在座的各位来宾和同志们身体健康！

【范例二】

【致辞人】企业集团领导

【致辞背景】在某企业举办的国庆晚会上致辞

同志们：

今天，我们欢聚一堂，以联欢会的形式欢庆中华人民共和国成立××周年，歌颂××年来我国社会主义现代化建设取得的辉煌成就，表达××集团全体员工对我们伟大祖国的良好祝愿。在此，我谨代表公司党委和集团公司，向到晚会现场的观众同志们致以节日的问候，向晚会的组织者和全体演职人员表示深深的谢意！

回顾××集团发展的历程，我们也经历了从无到有、从小到大、从弱到强的过程。我们从建厂初期产值不足百万元的小厂，发展壮大成为年产值××亿元、年创利税几千万元、员工××名的大型企业。在近年来纺织行业不景气、同行企业纷纷破产倒闭的情况下，××却能立稳脚跟，不断取得胜利，连续×年跻身全国××百强企业，确属难能可贵。这是××几代人汗水与心血的结晶。

鉴往而知今。今天，我们重温这一段历史，就是要让大家时刻牢记，我们前进的道路并不是一帆风顺的，我们所取得的成就凝聚了几代人的心血与汗水，今天的大好局面我们应当加倍珍惜，加倍努力工作以回报祖国、回报社会。

金风迎盛世，丽日焕新天。同志们，在建国××周年之际，我们祝愿伟大祖国更加繁荣昌盛，祝愿××的明天更加灿烂辉煌！让我们放声高歌、热情欢唱吧！

【范例三】

【致辞人】县委书记

【致辞背景】在庆祝国庆的宴会上致辞

尊敬的各位来宾、各位朋友、同志们：

大家好！

××年前，中华人民共和国宣告成立，开辟了中国历史的新纪元。新中国成立以来，特别是改革开放以来，我们国家发生了翻天覆地的变化，把四分五裂、贫穷落后的旧中国建设成为人民生活水平不断提高、正在蓬勃发展的新中国，取得了举世瞩目的成就。当今之中国，到处充满勃勃生机，各项事业蒸蒸日上，中国特色社会主义事业显示出强大的生命力。

今天，我们在这里欢聚一堂，隆重庆祝中华人民共和国成立××周年。在此，我谨代表县委、县人大、县人民政府、县政协，向全县各族人民致以节日的祝贺！向驻军部队指战员、武警官兵、政法干警，致以亲切的问候！向出席招待会的朋友们、同志们，表示热烈的欢迎！向所有关心和支持我市经济建设和社会发展的各界人士，表示衷心的感谢！

今年以来，在上级党委、政府和县委的正确领导下，我们认真贯彻落实党的××届×中全会精神、中央经济工作会议和全区县域经济发展工作会议精神，树立全面、协调、可持续的发展观，充分发挥我市×××优势，进一步增强机遇意识和发展意识，坚持运用市场理念抓工业、用工业理念抓农业、用经营城市理念抓城镇建设、用创新理念抓招商，不断改善投资环境，加大招商引资力度，狠抓重大项目建设，优化经济结构，实现了国民经济保持较快增长、经济总量不断增大、经济效益进一步提高、招商引资取得新进展等目标，各项社会事业全面协调发展。

今年以来，我们取得的成绩固然可喜，但要实现今年国内生产总值增长××、达到××亿元，财政收入增长××、达到××亿元的预期目标，还面临着不少的困难和问题。我坚信，只要我们坚持以邓小平理论和"三个代表"重要思想为指导，坚持以人为本，牢固树立全面、协调、可持续的科学发展观，紧紧抓住××面临的发展机遇，始终坚持以经济建设为中心，坚定不移地推进改革开放，聚精会神搞建设，一心一意谋发展，扎扎实实做好各项工作，就一定能够战胜前进道路上的任何艰难险阻，就一定能够实现今年各项经济和社会发展的目标和任务，就一定能够实现经济和社会发展的新跨越！

各位来宾、各位朋友，同志们！让我们共同祝愿：祖国繁荣富强，各族人民幸福安康！我县经济腾飞，社会文明进步！在座的各位来宾、各位朋友和同志们身体健康！

【范例四】

【致辞人】 油田公司领导

【致辞背景】 在庆祝国庆节的文艺晚会上致辞

各位领导、各位来宾、同志们：

值此公司"夺油上产"会战取得全面胜利之际，我们迎来了共和国的第××个生日。在这里，我代表厂党委、厂行政向各位来宾、全体演员、全厂和××公司的全体员工及家属表示节日的祝贺和诚挚的问候！

回首我们今年走过的九个月，经过全厂上下一心、卓有成效的努力，我厂各项工作都取得了丰硕的成果。不仅实现了原油稳产和天然气产量的持续增长，而且企业的综合管理水平和地位都得到了全面提升。今年我厂业绩考核指标名列油田公司第×名，员工收入也得到了大幅度提高。

　　成绩的取得来之不易，归根结底是我们目标明确、思路清晰、措施得力有效、狠抓落实的结果，是我厂各级管理干部和广大员工顽强拼搏、锐意创新、开拓进取的结果，是我们与××公司两家携手共进、互惠互利、共同发展的结果，同时也是地方政府、兄弟单位鼎力支持的结果。在这里，我再次代表厂行政、厂党委向地方政府、兄弟单位、全厂和××公司的全体员工及一直默默支持我们工作的家属们表示最衷心的感谢！

　　展望今后的工作，我们要以创新为动力，以维护稳定为前提，以减少亏损、改善员工生产生活条件、提高员工收入为目标，同××公司携手共进，再铸新的历史篇章，为公司实现新发展献上一份厚礼。同时，也真心祝愿我们的友邻地方政府的经济更加繁荣，人们生活更加富裕。

　　最后，预祝晚会圆满成功，祝大家度过一个轻松、愉快的国庆节！谢谢。

【范例五】

【致辞人】某公司总经理

【致辞背景】国庆节前夕工作大会上的致辞

公司的各位精英们：

　　大家好！

　　刚刚过了中秋佳节，而共和国×××周岁生日也即将来临。值此举国欢庆之际，我谨向公司全体员工及你们的家人、亲朋致以节日的祝贺和亲切的慰问！对大家长期以来为公司付出的辛勤劳动和大力支持表示衷心的感谢！

我们公司长期以来弘扬"自信、进取、乐观"的文化理念，奉行"崇信、崇德、共创、共赢"的经营理念，经历了10年的辛勤播种和汗水浇灌，由小到大、由弱到强，如今，公司未来大发展的框架已经基本形成，前途一片光明。在企业大发展的同时，我们也不断提高员工的物质和精神生活水平，厂区自然环境的美化、新厂区的兴建以及配套设施的完善，都体现了公司以最大限度的满足员工的需要为目的的发展目标。这些成绩的取得得益于公司各级管理人员的辛勤工作，得益于广大员工的艰苦努力，得益于全体家属的无私奉献。这些成绩无不饱含着广大员工的心血和汗水！在此，向你们致以崇高的敬意！

今年对我公司来讲是不寻常的一年，经历了20××年的经济危机，20××年的市场低迷，一年来，我公司在全体员工的努力下，克服了经营和发展中遇到的种种困难，各项工作取得明显成效，企业经营保持稳步发展。在这企业生存发展的关键时期，我公司各级领导班子齐心协力，广大职工同舟共济，一手抓经营管理，一手抓制度改革，企业改革制度平稳有序地推进。

在为我们取得的佳绩感到自豪的同时，更希望全体公司员工能够在这秋收季节里，继续发扬团结协作、开拓奋进的精神，真抓实干，再接再厉，再创辉煌，实现企业发展和个人价值实现的双赢！

我们坚信，有广大客户的鼎力支持，有各级管理人员高瞻远瞩的战略决策，有公司全体职工的精诚团结，我们一定能够再创新辉煌。让我们携手并肩，同心同德，不屈不挠，为打造卓越的公司品牌而共同奋斗！

最后祝愿大家身体健康、节日愉快！工作顺利、阖家幸福！

其他节日致辞

【范例一】元宵节致辞

【致辞人】银行行长

【致辞背景】在元宵节灯展上致辞

尊敬的各位领导，企事业界及新闻界的朋友，父老乡亲们：

你们好！

我代表××银行××分行全体干部给大家拜个晚年，祝大家万事如意，喜上加喜，好运连连！并向大家表示衷心的感谢，感谢你们对××银行××分行的关心、支持和帮助！

××××年，紧跟着全市经济发展的步伐，我们××银行××分行主要业务快速发展。

任何企业的发展都离不开良好的外部环境，没有××诚信的政府形象、蓬勃发展的经济氛围和社会各界的关心、支持，××银行××分行不可能取得今天的进步和发展。"滴水之恩当涌泉相报"。我们这次协助市委、市政府举办元宵灯展，成为××近年来首家冠名灯展的企业，就是为了尽我们的微薄之力回报社会。去年我们投资××万元参加元宵灯展，今年我们的投资比去年翻了一番。××

银行××分行的灯展要继续做得规模大、有创新，轰动大、有效果，形势大、有内容，成效大、有收获。我们要以灯展丰富全市人民的精神文化生活，以灯展庆贺我市经济建设取得的辉煌业绩，以灯展感谢政府和社会各界对××银行××分行的帮助、支持和厚爱，以灯展彰显我行的文化底蕴和经济实力。

流光溢彩、美轮美奂的花灯昭示喜庆、安康、创新，更预示着××经济持续快速发展的良好势头和我们在市委、市政府带领下的美好明天。朋友们，让我们徜徉在灯海中，互动在××银行××分行的感激中，乐在元宵，喜在元宵，笑在元宵。

谢谢大家！

【范例二】"三八"妇女节致辞

【致辞人】××职教中心校长

【致辞背景】在庆祝妇女节的大会上致辞

各位女教工：

今天是国际劳动妇女节。首先，我代表学校党政班子向全体女教职工表示节日的祝贺！祝你们身体健康，家庭幸福，永葆青春！

我校有女教职工××人，占全校教职工总数的近××%。你们在各自的工作岗位上，以"办人民满意的学校，做人民满意的教师"为目标，坚持崇高理想，牢记历史责任，爱岗敬业，无私奉献，团结奋斗，努力工作，为学校的发展作出了积极的贡献。正是由于你们的努力，学校各项工作取得了显著成绩：学校发展迅速，办学规模迅速扩大，成为××市第一大校；学校的办学规格不断提升，被教育部命名为国家级重点职校；学校加大教育投入，深化教育改革，办学条件得到了充分改善；教育质量稳步提高，办学特色日益鲜明，社会声誉不断提升，得到了上级主管部门的充分肯定和社会的广泛认可。学校的发展无不闪烁着女教工们挥洒的辛勤汗水，留下了女教工们忘我工作的坚实足迹。

在座的女教师中，有像×××、×××老师这样的××市学科带头人，×××、×××老师这样的××市教坛新秀……在我校，这样的优秀女教师还有很多。女教职工是我校改革、发展、建设的重要力量。是你们在自己平凡的工作岗位上，用高尚的职业道德和主人翁的责任感，撑起了职教中心的"半边蓝天"。

作为母亲、女儿、妻子，你们把勤俭和爱心献给了家人；作为教师、职工，你们把智慧和热情献给了学校。你们用汗水铸成了职教中心发展的丰碑。在此，让我代表学校对广大女教师表示衷心的感谢并致以崇高的敬意！

新的一年，我们学校面临着新的机遇与挑战，又将处在新的发展时期。××××年，学校要以贯彻落实新一轮"××省职业教育六项行动计划"为抓手，以"培养技术能手，打造职场能人"为办学目标，以"围绕就业根本，深化教育改革，提升办学内涵，打造职教品牌"为工作主题，坚持教育创新，坚持加快发展，努力办出高品质的职业教育，全方位提升职业教育服务地方经济发展的能力。为此，我们希望全体女教职工在新的一年里，一要紧跟时代步伐，肩负学校改革和发展的重任，尽心竭力地完成教育教学工作任务，做师德建设的楷模，行风建设的表率，家庭美德的模范，做到身在职教，心系职教，热爱职教，奉献职教。二要继续发扬我们女教职工的优良传统和作风，进一步增强主人翁责任感，正确处理好事业与家庭的关系，自尊、自信、自强，积极投身到学校的各项工作中去，发挥自身潜能和主观能动性，创造性地完成学校交给的各项工作任务。三要提高自身素质，加强师德修养，更好地履行教书育人、管理育人、服务育人的光荣职责。

各位女教职工，世界因你们的存在而精彩，职教中心因你们的存在而和谐，家庭因你们的存在而幸福。让我们共同努力，百尺竿头，更进一步，共创美好的生活，共创职教中心新的辉煌。

最后，祝愿大家家庭和睦，生活幸福，工作顺利，节日快乐！

谢谢大家！

【范例三】3.15 致辞

【致辞人】县消费者协会秘书长

【致辞背景】在庆祝"3.15"国际消费者权益保护日活动仪式上的致辞

同志们、朋友们：

春暖花开，惠风和畅。今天，我们迎来了新一年的3.15国际消费者权益保护纪念日。在此，我代表县消协向全县广大消费者致以节日的问候，向辛勤工作在保护消费者权益岗位上的全体干部职工致以崇高的敬意！

过去的一年，×县消费者协会在县委、县政府的正确领导下，在各有关部门的大力支持下，突出"消费与权益"的主题，以规范市场主体经营行为、创造放心消费环境为目标，认真贯彻《消费者权益保护法》，加大市场秩序整治力度，严厉打击损害消费者权益行为，引导消费者崇尚节约，反对浪费，保护环境，全县消费环境不断改善，有效维护了消费者的合法权益。

县委、县政府一直高度重视消费者权益保护工作。在全县又好又快发展大会上，县委、县政府提出要大力实施以提高人民群众生活水平与质量为主要内容的"民生工程"。全县各级各有关部门一定要积极履行职责，充分发挥职能作用，大力开展以"消费与"为主题的系列活动，建立健全商品和服务社会监督网络，加强日常市场监管和行政执法，积极处理、调解消费纠纷、投诉，及时化解社会矛盾，维护社会稳定，促进社会和谐，切实保护消费者的合法权益。

同志们，朋友们！随着经济快速发展和社会不断进步，广大消费者对消费环境的要求也会逐步提高。营造健康的消费环境是渐进的、动态的过程，将贯穿我们全面建设小康社会、实现经济又好又快发展的整个进程，是一项长期的、艰巨的、复杂的工程，需要全社会共同参与。县委、县政府号召，全县各行各业和广大消费者要共同行动起来，加强自律，守法经营，自觉抵制假冒伪劣商品。我们相信，在各级各部门、广大经营者和消费者的共同努力下，我县消费维权工作一定能够取得更大的成绩。

谢谢大家！

【范例四】"五一"劳动节致辞

【致辞人】××金属集团董事长

【致辞背景】在"五一"国际劳动节来临之际致辞

员工朋友们：

五月是激情的花海，用青春拥抱时代；五月是初升的太阳，用生命点燃未来；五月是温婉的微风，使心灵轻轻地敞开；五月是飞翔的鸟儿，用奔放诠释天地之间的风采……站在这个美好季节的起点，值此"五一"国际劳动节和"五四"青年节来临之际，我谨代表集团公司向辛勤工作在各个岗位上的全体员工和青年朋友，致以亲切的问候和衷心的感谢！

集团公司从小到大、由弱到强的发展历程，印证了每一位员工的功劳；集团的每一个进步、每一次成长，都凝结着大家的智慧、心血和汗水。步入×××年的××金属集团正以优异的工作成绩和市场业绩昂首阔步，有志于献身集团事业的××员工正用自己的无私付出、辛勤奉献默默地践行着"做稳做强"的忠贞承诺。在这个属于劳动者的节日里，我脑海中浮现的是风吹日晒、酷暑严冬里坚守岗位的一张张坚毅而又执著的面孔。"一分耕耘，一分收获"，最有资格分享集团发展过程中每一颗胜利果实的是你们！是你们的辛勤耕耘，换来了集团公司的累累硕果！

"××××××××，××××××××××。"我将这副对联送给集团公司的全体员工，特别是坚守、奋斗在第一线岗位上的员工们，并向最亲爱的同事们道一声：你们辛苦了！祝愿大家"五一"劳动节快乐，合家幸福！

谢谢大家！

【范例五】"六一"儿童节致辞

【致辞人】 幼儿园园长

【致辞背景】 在庆祝"六一"儿童节的文艺汇演上致辞

尊敬的各位领导、来宾，亲爱的小朋友们：

大家好！

送走五彩斑斓的五月，我们迎来了"六一"儿童节。这是孩子们的盛大节日！气球带着心愿迎风飞扬，礼花带着希望尽情绽放。在这个阳光灿烂、姹紫嫣红的日子里，请允许我代表幼儿园的全体教职员工向你们表示热烈的祝贺。祝小朋友们节日快乐！向辛勤哺育你们健康成长的父母、老师致以衷心的感谢和崇高的敬意！

是啊，"六一"是孩子们的节日，而"六一"的快乐却是属于我们大家的。今天，是我园第十五届"六一"文艺汇演，我园的每名幼儿都将登台亮相，展风姿、献才艺。让歌声与微笑同在，祝福与快乐同行。欢庆的锣鼓洋溢着喜庆，优美的舞姿抒写新的篇章，亮丽的歌喉唱响人生的起点。朋友们，让我们与孩子同唱，让我们和家长共舞，让美丽的梦想从这里起航。

最后，预祝××幼儿园庆"六一"亲子文艺汇演取得成功！祝大家身体健康，合家幸福，万事如意！

谢谢大家！

【范例六】 教师节致辞

【致辞人】××市委教育工委、市教育局领导

【致辞背景】在庆祝教师节的大会上致辞

各位老师、同志们：

金风送爽，硕果飘香。我们共同迎来了我国第××个教师节。在此，我谨代表市委教育工委、市教育局向全市广大教师、教育工作者和离退休教师致以节日的问候！向今年教师节期间受到各级党委、政府、教育主管部门表彰的各类优秀教师、优秀教育工作者以及××市教育世家表示热烈的祝贺！向长期以来关心、支持教育事业的各级党政、社会各界表示衷心的感谢！

教师的职业普通而崇高，教师的工作平凡而伟大。古往今来，人们把教师比做蜡烛，比做春蚕，比做人梯，比做园丁。没有其他任何一种职业，能在人身上留下这么深刻的烙印；没有其他任何一

种职业，能对人的灵魂产生这么大的触动；没有其他任何一种职业，能对人类未来产生这么深远的影响。长期以来，我市广大教师、教育工作者，以振兴××教育为己任，立足岗位，兢兢业业，精心育人，无私奉献，培养了一批又一批的优秀人才，也涌现出了许许多多的优秀教师、优秀教育工作者。正是有了这样一支爱岗敬业、诲人不倦的优秀队伍，正是有了这样一种辛勤耕耘、奋发有为的团队精神，我市的教育事业才有今天这样一个可喜的局面。

在这样一个喜庆的日子里，我代表市委教育工委、市教育局再次向全市广大教师、教育工作者和离退休教师致以崇高的敬意和衷心的感谢！

当前是我市加快发展、科学发展、奋力推进现代化城市建设进程的关键时期，也是加快教育强市建设进程、大力实施教育事业发展"十一五"规划的关键时期，形势的发展对教育工作提出了新的更高的要求。

希望全市广大教师、教育工作者一定要切实增强加快教育发展的责任感、使命感和紧迫感，抢抓机遇，再接再厉，奋发有为，争取再创佳绩，再铸辉煌；要按照"当人民满意的教师"要求，树立正确的教育观、质量观和人才观，树立继续教育、终身学习的理念，通过持续不断的学习来提高自身的知识水平和业务能力，以全新的教育思想、教育理念、教育方法和教育手段，积极投身于基础教育课程改革实验，全面推进素质教育；要自觉加强师德师风修养，努力学习优秀教师敬业如牛的精神风貌、爱生如子的高尚师德、艰苦奋斗的优良作风，坚持以德修身、以德治教、以德育人，在思想政治上、道德修养上、学识学风上，都要身体力行、率先垂范，用自身良好的道德潜移默化地影响感染学生，争当学生健康成长的指导者和引路人，努力成为无愧于党和人民的人类灵魂工程师。

老师们、同志们，国运兴衰，系于教育；教育振兴，教师为本。特别是在我市加快发展、奋力崛起的关键时期，大家一定要当仁不让、勇挑重担，肩负起时代赋予的光荣而艰巨的历史使命，继续发扬兢兢业业、无私奉献的精神，全面贯彻落实党和国家的教育方针，为加快××教育事业的改革和发展，为推进现代化城市建设进程，作出新的更大的贡献！

最后，祝全市广大教师、教育工作者和离退休教师节日愉快，身体健康，家庭幸福！

【范例七】中秋节致辞

【致辞人】公司领导

【致辞背景】在某集团公司"迎国庆庆中秋"联欢晚会上致辞

各位朋友、各位嘉宾、同志们：

大家晚上好！

时间过得真快，转眼之间，中秋来了。值此喜庆之际，公司在这里举办联欢会，大家济济一堂，品茗言欢。借此机会，我代表××公司向在座各位，并通过你们向你们的亲人、朋友致以节日的问候和美好的祝福！

今晚，我们借××礼堂这块宝地举办联欢会。一同参加联欢的还有×××公司、×××公司、×××公司的领导和员工们，让我们以热烈的掌声对他们的到来表示欢迎！

"海上生明月，天涯共此时。"在这个花好月圆的夜晚，大家能在这里相聚，共同联欢，我甚感荣幸。这正是一种缘分。在这样一个快乐而且温馨的节日里，希望大家能共同度过一段美好的时光。

一朵鲜花的绽放需要无数汗水的浇注，一份伟大事业的成就需要无数人的共同努力。××公司的建设与发展，离不开大家的共同努力。可以说，这朵××之花的盛开，正是在座各位同仁共同辛勤劳作的结果。历史将永远不会忘记你、我以及各位开拓者的身影和汗水。

每逢佳节倍思亲。在这个全家团圆的日子里，在座的各位都远离亲人，相聚在这座美丽而富饶的城市，为××公司的建设与发展默默地奉献着，辛勤地耕耘着。借此机会，我代表股东感谢你们，感谢你们能在节日里还坚守岗位、辛勤工作！感谢你们为公司建设付出的辛劳和汗水，才华和激情！感谢你们对××倾注了无限的热情与希望！

当前，××公司外出学习的员工已全部归来。大家经过认真的学习，刻苦的实践，不但提高了自我的素养，也为不久后开始的新工作做好了充分的准备。中秋节之后，公司将进入紧张的试验阶段，希望大家树立以企为家的归属感和献身企业的责任感，团结一心、步调一致，鼓足干劲、振奋精神，全身心地投入到公司各项建设中，把各项具体工作认真做好，为实现我们公司的既定目标而不懈努力！

同志们、朋友们，衷心感谢一年来大家心系公司、辛勤劳作，为公司建设做出的突出贡献！

最后，祝在座各位节日愉快，身体健康！

谢谢大家！

【范例八】母亲节致辞

【致辞人】妇联领导

【致辞背景】在妇联纪念母亲节系列活动中致辞

各位母亲、各位朋友：

今天是母亲节，省妇联在这里举行纪念活动。我谨代表省妇联向各位母亲致以节日问候，并向前来参加我们纪念活动的各位朋友表示热烈的欢迎和衷心的感谢！

据说母亲节起源于古希腊，这一天古希腊人向神话中的众神之母赫拉致敬。现代意义上的母亲节起源于美国，由安娜·加维斯等人发起，1913年由美国国会通过议案，将每年5月的第二个星期天作为法定的母亲节，并流传到各地，目的在于唤起人们铭记母亲的恩情。

我们每个人都是沐浴着母亲的恩情长大。她们十月怀胎，经历生产的剧痛，又把我们从呱呱坠地的婴儿抚育成人，其中多少艰难困苦，真是难以尽诉。古人说寸草春晖，母亲确实是最值得我们感谢、最值得我们尊重的人。对于社会来说，母亲担负着人类再生产的重任，而且用最博大无私的情怀哺育一代代人成长，使人类生生不息，不断发展壮大。从这个角度说，母亲也是最值得社会尊重的。

省×××会议提出要把我省建成文化大省，当前各条战线、各部门都在为之努力。我认为，母亲也是建设文化大省的一支很重要的力量。在每个家庭中，母亲的人生观、价值观，母亲的文化素质，往往直接影响着家庭生活方式的选择，影响着子女甚至其他家庭成员的成长和生活的方向。母亲文化在家庭文化中所起的是主导和核心的作用。家庭又是社会的细胞，是每个社会成员成长的摇篮。

从这种意义上说，母亲对于社会文化的创造和影响是最基础、最不可或缺的。著名的母亲教育研究专家王东华在他的《发现母亲》一书中说道："推动世界的手是推摇篮的手。"我以为这样评价母亲的重要作用并不为过。

省妇联希望，今天前来参加座谈会的母亲以及全省的母亲要自强不息，把全省人民对你们的关爱化成战胜困难、发展生产的动力，勇敢地挑起家庭和生产两副重担；孩子们要积极向上，勤奋努力，刻苦学习，锻炼身体，早日成长为家庭、国家的栋梁。

希望社会给母亲更多的关爱，也希望母亲们多加珍重，用强健的体魄去创造更加美好的未来！

祝母亲们节日愉快，万事如意！

【范例九】 父亲节致辞

【致辞人】 美国前总统乔治·W. 布什

【致辞背景】 在父亲节当天致辞

亲爱的兄弟姐妹、亲爱的朋友们：

父亲节是感恩的日子。学会感恩，尤其不要忽略最重要的家人。不要以为父母的爱是理所当然的。让我们一起郑重地对这份最无私、最伟大的爱表示深深的感激。

父亲在孩子的生命中扮演着许多不可或缺的重要角色：供养人、保护者、养育者、导师和朋友。每一个体贴的父亲都无条件地爱着他的子女，并为了孩子的将来力求做到最好。为了给孩子谋求成功的机会，父亲给予了孩子们所需要的力量、指导与纪律。

父亲教给孩子许多生活中最基本的事情：如何读书，如何投球，如何打领带，如何骑自行车。更重要的是，父亲还把一些传统美德灌输给孩子,例如努力工作、尊重、诚实和良好的公民意识。透过他们的话语、行为,以及所作出的牺牲,父亲在子女的性格塑造中起到举足轻重的作用。

父亲给予孩子的时间和关注是不可取代的没有什么可以取代一个负责的父亲的参与和投入。父亲不仅对孩子的健康至关重要,还影响着家庭的维系和社区的稳定。

这个父亲节,我们赞美许许多多成为孩子偶像和楷模的父亲。我们鼓励更多的男同胞们承担起这个责任,全身心地关爱他们的子女,并每天都向子女表达关爱。让我们一起努力来鼓励父亲们做得更好,以此来让我们的社会变得更加强大,让我们所有子孙的幸福能够得到保障。

【范例十】八一节致辞

【致辞人】常务副县长

【致辞背景】在结对共建文化社区暨庆八一联欢晚会上的致辞

尊敬的各位领导、各位嘉宾、同志们、朋友们:

晚上好!

今天是 8 月 1 日,是中国人民解放军建军××周年纪念日。在这特殊的日子里,我们欢聚于文化广场,一起参加文化社区、人武部、县委大院各部门、县政府大院各部门、县人大办、县政协办、县法院、体育局、水保局等共同举办的结对共建文化社区暨庆"八一"联欢晚会。这是我县开展庆"八一"活动的重要内容之一。同时,也是开展社区结对共建,提高社区党建工作水平的重要举措。通过开展结对共建庆"八一"活动,将有利于提升社区干部群众对人民子弟兵的崇敬之情,进一步加深军民渔水之情。

今年是我县开展县直、驻县单位与××镇社区结对共建活动的第一年。开展此项活动，是贯彻党的十六届六中全会精神，推进社区建设，构建和谐社会、和谐社区的重要举措；是落实中央保持共产党员先进性长效机制文件精神，加强县直、驻县单位机关党员干部联系和服务群众工作的重要载体。通过开展社区共建活动，将有利于调动社会各方面的力量加强社区党建工作，有利于推动驻社区单位自身党的建设，有利于打破条块束缚促进社区和谐，对于推动我县社区党建工作全面深入发展，建设和谐龙南，具有十分重要的意义。

今天的晚会由文化社区、人武部及驻社区相关单位经过一个多月认真编排，精心准备。晚会的节目安排紧凑，内容丰富，精彩纷呈。相信今天这台晚会，不仅是对建军××周年的隆重纪念，也是社区军民共建、驻社区单位结对共建的充分体现。晚会一定会给我们大家带来美的享受，留下永远的回忆。

借此机会，祝人民子弟兵节日快乐；祝各位领导、嘉宾、同志们、朋友们身体健康，工作顺利；祝文化社区各项事业蒸蒸日上。

最后，预祝晚会取得圆满成功！

【范例十一】 **重阳节致辞**

【致辞人】 文化局局长

【致辞背景】 在重阳节文艺活动上致辞

各位老领导、老年朋友，各位来宾、同志们：

"金秋送爽，丹桂飘香；岁岁重阳，今又重阳。"今天，我们在这里隆重举行"庆重阳老年广场文艺活动"。首先，我代表市文化体育旅游局，向全市老年朋友致以节日的祝贺和亲切的问候！祝全市老年朋友节日愉快，身体健康！向长期坚守在老年文艺、体育工作战线、辛勤耕耘和默默奉献的同志们表示衷心的感谢！

近年来，全市广大老年人，特别是老党员、老干部积极发扬老有所为、无私奉献的精神，坚持科学文明健身的正确方向，踊跃参加各种社会活动，老年组织层出不穷，老年活动形式多样，老年群众精神面貌焕然一新，尤其是老年文体活动非常活跃，已经成为我市群众文化的中坚力量和城市繁荣一道亮丽的风景线，极大地增进了老年人的身心健康，推动了我市群众文化和全民健身运动的深入发展，对稳定社会和支持社会经济发展做出了重大的贡献。

"盛世心映夕阳美，老树逢春更著花。"作为我们文化体育部门，在今后的工作中，将要积极组织老年人开展丰富多彩、形式多样的文体活动，多为老年人办实事、办好事，切实维护老年人的合法权益，让广大老年人老有所养、老有所乐、安享晚年。同时，衷心希望全市老年朋友在科学安排好自己的晚年生活的同时，与时俱进，有所作为，一如既往地关心和支持我市的文化、体育、旅游事业，继续开展一些有益于身心健康的活动，不断提高生活质量；继续发挥余热，多做些贡献社会、有益家庭、教育青年、促进稳定的工作，在三个文明建设中发挥积极作用，为实现我市全面建设和谐社会做出更大的贡献。

最后，再次祝广大老年朋友节日愉快，合家欢乐，健康长寿！

【范例十二】护士节致辞

【致辞人】 兄弟单位领导

【致辞背景】 在欢庆护士节的活动上致辞

护士朋友们：

春光明媚，鸟语花香。在这春意盎然，气象万千的美好季节里，我们满怀喜悦地迎来了护士姐妹们自己的节日——国际护士节。

值此"5·12"国际护士节即将到来之际，××××公司全体同仁，向××医疗集团的全体护士姐妹们致以节日的祝贺和崇高的敬礼！祝大家节日愉快，合家欢乐，事业进步，万事如意！护士，是天使的化身。正如西方有句格言所说：上帝不能亲自到人间施予爱心，所以派来了护士。人们把你们称为白衣天使，不仅是对你们美丽、善良、灵巧的概括，更是对你们崇高的职业精神的赞誉。

护士，是友爱的象征。因为生命在你们的双手中诞生，疾病在你们的抚慰下消退，痛苦在你们的笑容中减轻。你们陪伴着人的一生，生老病死都离不开你们，你们施予了人间爱心。

护士工作集艰辛、劳累和烦琐于一身，虽是绿叶，却从不吝啬对红花的衬托。你们用可人的微笑，给病人带去医护人员的关切；你们用细碎的脚步，送走太阳又迎来曙光的降临。

护士职业融友爱、责任和道义于一身，虽然沉重，却深感光荣而又无怨无悔。你们无法与恋人、丈夫花前月下，却把患者当成亲人细心呵护；你们没有更多的时间为双亲尽孝，却对每一位病人关怀备至。

在我们众多的护士姐妹中，涌现出的可歌可泣的动人故事不胜枚举。以医院为家，以患者为亲人，以优质服务为宗旨，以救死扶伤为最高准则的敬业精神蔚然成风，为各行业树起了一座亮丽的丰碑，成为大家学习的楷模。

我们衷心地祝愿大家在新的征程中，努力实践南丁格尔精神和××医疗集团的理念，团结奋斗，励精图治，脚踏实地，开拓进取，用你们的智慧不断提升护理事业的价值，铸就医疗集团明天的辉煌！

【范例十三】记者节致辞

【致辞人】市委常委、宣传部部长

【致辞背景】在某市举办的记者节纪念晚会上致辞

记者朋友们、同志们：

大家晚上好！

今天，是一个特殊的节日，是一个不放假的工作节日——中国记者节。借此，请允许我代表中共××市委、××市人民政府和出席晚会的各位领导，并以宣传部部长的名义，向辛勤工作在新闻战线上的全市广大新闻工作者致以节日的祝贺和亲切的问候！

新闻记录历史，反映现实，探索未来。一直以来，你们不辱历史使命，心系时代走向，传播科学理论，宣扬先进主张，反映百姓心声，匡扶人间正义，讴歌时代精神，为改革造势，为发展鼓劲，为稳定减压，极大地凝聚了人心、鼓舞了士气、营造了氛围，为促进我市经济社会发展做了大量卓有成效的工作。回眸过去，××的每一项工作，都离不开新闻工作者的耕耘与努力；××的每一点成就，都饱含着新闻工作者的智慧和汗水。在这里，我要深深地道一声：记者、编辑们，你们辛苦了！

实践证明，我们的新闻队伍是一支经得起各种考验、党和人民信任的队伍，是一支敢担责任、敢打硬仗的队伍，是一支充满朝气、充满活力的队伍。当前，我们正处在一个体制转轨、经济转型的重要历史时期。全面推进小康建设，构建和谐社会，任务繁重而艰巨。市场经济的深入发展，信息传播的日益现代化，大众文化消费的多重性，给新闻舆论工作提出了更新更高的要求，也为广大新闻工作者提供了大显身手的广阔舞台。因此，我们一定要牢牢把握正确的舆论导向，始终坚持"团结、稳定、鼓劲"和"正面宣传为主"的方针，把促进发展作为新闻宣传的重头戏，把维护稳定作为自己的重要职责，把党和政府的工作重点作为舆论引导的切入点，努力营造健康向上的舆论氛围，鼓舞广大人民群众建设更加美好的新生活。

新闻工作是一项充满挑战性的工作，需要责任、激情和奉献。希望大家时刻铭记党和人民赋予的神圣职责，充满激情地做好每一天的工作，不断地自我激励，自我加压，自我提高，贴近实际，贴近群众，贴近生活，不断探索新的报道形式，不断采用新的报道手法，不断写出反映时代的优秀作品，努力使自己成为立场坚定、视野宽广、知识丰富、作风扎实、纪律严明的新型新闻人才，让自己的人生价值在服务人民、奉献社会的伟大实践中得到实现和升华。

谢谢！

纪念活动致辞的定义与特点

纪念活动致辞是指领导干部在纪念名人、纪念日或纪念历史事件的活动中所发表的致辞。纪念活动致辞讲究言辞严谨、情感真挚，旨在表达对人、事等的纪念，其语言应朴实，但在朴实的同时，要充分表达对故人、历史事件的纪念之情。

作用：

表达对人、事等的纪念。

写作指导：

纪念活动致辞对于写作上没有严格的要求，只需要表达出对故人或者某事件的纪念之情即可。

写作特点：

纪念活动致辞言辞严谨、情感真挚，情感应热烈，语言应朴实。

纪念名人致辞

【范例一】

【致辞人】活动主持人

【致辞背景】河南蒙古族纪念成吉思汗诞辰850年祭祀活动致辞

蒙古族同胞们，大家好！

去年在郑州举办了纪念我们的圣主－代天骄成吉思汗诞辰849周年活动，有30多位同胞参加，他们代表了近20万河南蒙古族同胞。当初大家都是怀着非常激动和虔诚的心情参加了这个活动，至今仍回味无穷，那是640多年来河南蒙古族同胞首次举办的庄严而神圣的祭祀活动，意义极其重大，影响深远。

今天又是一个十分特殊的日子，我们河南各地的同胞及内蒙古、新疆蒙古族在郑州的大学生们在这里欢聚一堂，隆重纪念我们的圣主成吉思汗诞辰850周年。请记住今天这个历史时刻，通过这个不一样的祭祀活动，让我们感受和体会到圣主的伟大以及他给我们带来的无尚荣耀。

850年前的今天，也就是公历1162年5月31日，农历4月16，我们蒙古族的圣主，被尊为成吉思汗的奇翰温—勃尔只斤—帖木真就诞生在今天蒙古国境内斡难河右岸迭里温孛勒塔合。成吉思汗不仅是蒙古族的圣主，还是中华世纪伟人，被世界公认为上个千年风云第一人，是世界上享受祭祀最多的帝王。

正是因为有了成吉思汗，亚洲北部的各游牧部族结束了几个世纪的厮杀，从一盘散沙变成了一块坚硬的石头，进而无坚不摧。马蹄所至，上天入海，建立了人类历史上的最大帝国；正是因为有了成吉思汗，华夏中国才有了今天的版图。成吉思汗不仅创造了一个新的民族共同体－蒙古族，还为这个民族创造了文字，把蒙古高原上强悍的草原游牧民族带进了世界先进民族之林。成吉思汗的远征开阔了中国人的视野，提高了当时的中国在世界上的地位。

成吉思汗带给了中国全新的政治理念，那就是用草原一样宽广的政治胸怀去包容。中国人的眼光首次从陆地投向广阔的海洋，将与世界各地的交流贸易推向巅峰。一个团结、统一、发展、前进的理念使得中国此后再未分裂。

蒙古族是一个具有世界性影响的伟大民族，许多民族和国家的历史发展进程与历史上蒙古民族的活动有着程度不同、性质各异的联系。同时，蒙古民族在历史上极其充分的彰显出游牧文明的优越性，成为游牧文化的集大成者，在人类历史上创造了辉煌的奇迹，造就了世界的新格局。

蒙古族在世界历史上的这些作用，都是圣主成吉思汗带来的。圣主去世前曾预言：他去世后，会给全体蒙古人带来世代荣耀的。果不其然！圣主还对当时的蒙古人说：如果你们忘记了自己的文明、语言、文字，乃至民族，那么我将会随时回来再次统一你们的！这就是圣主对我们这些后代的要求，我们没有任何理由违背他的意愿的。

今天我们在这里祭祀圣主就是要弘扬我们的民族文化、不忘根本、做真正的蒙古人！为中华民族的繁荣富强尽民族之力！

【范例二】

【致辞人】清涧县县长

【致辞背景】路遥逝世十五周年纪念活动

各位来宾：

今天，是我国著名作家路遥逝世十五周年纪念日。为了缅怀这位深受广大群众喜爱的作家，我们在这里隆重举行路遥逝世十五周年纪念活动。此刻，我谨代表路遥家乡——清涧县委、县人民政府及全县22万人民对出席此次活动的各位领导、嘉宾、学者和社会各界朋友，表示诚挚的感谢，对英年早逝的路遥表示深切的怀念！

路遥在他短暂而不平凡的一生中，以惊人的毅力和顽强的意志构筑他的精神高地，实现了人生的价值和意义。在文学创作中，他贴近现实生活，坚持走现实主义创作道路，创作出了以《人生》、《平凡的世界》为代表的文学巨著。尤其是他在长达6年的时间里完成的长篇巨著《平凡的世界》，以恢弘的气势和史诗般的品格，成为中国当代文学史上的一座里程碑。

清涧是路遥的故乡。有着深厚文化底蕴的清涧，哺育了路遥观察和理解世界的灵性，赋予了路遥创作的才情。我们为从清涧这块土地上走出这样一位文学巨匠而感到自豪。他不仅是清涧的骄傲、陕北的骄傲，更是我们中华民族的骄傲！

路遥是清涧的一个符号、一张名片，一笔宝贵的精神财富。他"像牛一样劳动，像土地一样奉献"的博大胸怀，时刻激励着清涧人民。当前，我们全县上下万众一心建设百万亩红枣基地，全力打造"中国西部红枣第一县"。我们要大力弘扬路遥精神，学习他自强不息的拼搏精神，学习他甘于吃苦的进取精神，学习他牺牲自我的奉献精神，学习他与时俱进的创新精神。我相信，在路遥精神的感召下，我们一定能够克服发展中的各种困难，把清涧的经济搞上去，把路遥的家乡建设得更加美好！

【范例三】

【致辞人】学生代表

【致辞背景】国旗下的讲话

各位老师、同学们：

早上好！今天我国旗下讲话的题目是"纪念屈原，传承文化"。

刚过完端午节，同学们还沉浸在节日的喜悦中，陶醉在粽子的清香里。但是，同学们知道端午节的由来吗？为什么要把农历五月五日作为端午节呢？因为这是纪念我国著名诗人、爱国主义者屈原的节日。

屈原是我国古代伟大的爱国诗人，出生在2000多年前战国时期的楚国。他因出身贵族，又明于治乱，为人正直，学识渊博，娴于辞令，很有才干，早年深受楚怀王的宠信。后来由于在内政外交上与楚国腐朽贵族集团发生了尖锐的矛盾，屈原后来遭到诬陷和疏远，还被赶出了朝廷。屈原悲愤欲绝，在流放途中写下了《离骚》等许多爱国诗篇。后来，秦国军队攻占了楚国都城，眼看自己一度兴旺的国家已经无望，屈原心如刀割，他不愿意看到国破家亡的惨景，于悲愤交加之中就在农历五月五日这一天，怀抱石块，跳进了汨罗江，时年62岁。

百姓们爱戴屈原，当听到他自杀的消息后，纷纷划着船奔向江中打捞屈原的遗体，但没能找到。他们怕江中的鱼虾会咬食屈原的遗体，又纷纷把江米装进竹筒扔到水里，想用江米喂食鱼虾来保护屈原的遗体。从此，每年的五月初五，人们都会自发地来到江边，悼念屈原，还要划着船冲进汹涌的波涛，象征人们争相打捞屈原遗体，以此寄托对屈原的哀思。久而久之，我国南方就形成了端午节赛龙舟的习俗。因此，端午节又成了纪念屈原的节日。

屈原的这一片冰心，穿透了两千年的时空，依然光耀在中华大地。两千年之后的今天，我们纪念屈原，倡导的是什么呢？倡导的是屈原热爱自由、和平的精神，是面对危机以天下为己任的高度的责任感，是面对强权宁折不弯的精神，是对于国家人民的深厚感情。

同学们，和屈原不同，我们身处在幸福的新时代，我们更应该学会爱国，知道自己胸前的红领巾来之不易，学会珍惜我们大好的学习机会，学会珍惜我们幸福的美好生活。

最后，我想用一句屈原的话送给所有的同学"路漫漫其修远兮，吾将上下而求索"。希望我们珍惜今天的生活，彼此共勉，努力为中华之崛起而读书。

纪念日致辞

【范例一】

【致辞人】清华大学校长

【致辞背景】清华大学 100 周年校庆纪念日

春花漫校园，和风拂紫荆。在喜庆清华大学 100 周年校庆之际，请允许我代表学校和校友总会，向全校师生员工，向祖国各地和旅居海外的广大校友，向长期以来关心和支持清华发展的各界人士，致以亲切的问候和良好的祝愿！

过去的一年里，我校全面落实科学发展观，积极稳步地推进"十五"计划和"211工程"二期与"985工程"二期建设，在创建世界一流大学"三个九年，分三步走"的征程上，迈出了新的步伐，取得了令清华人自豪的骄人成就。学科建设方面，进一步完善学科布局，努力提高学科水平，在教育部组织的全国80个一级学科评估中，有13个学科整体水平名列第一，位列全国高校之首；教学方面，着力探索研究型大学的人才培养体系，分别有17门和13门课程被评为北京市和国家级精品课程，9篇论文被评为全国优秀博士学位论文，在总共六届全国优秀博士论文评选中我校共有48篇获奖，获奖总数居全国高校第一；科研方面，大力推进科技创新体系的建设，最近又获10项国家科技奖，被SCI、EI和ISTP收录论文数继续保持全国高校第一位，SCI论文的引用篇数首次居全国高校第一；队伍建设方面，坚持培养与引进相结合的方针，又引进了包括世界著名学者姚期智院士在内的200余人来校工作；国际交流方面，进入全方位、高层次、重实效的新阶段，全年接待海外来宾16000多人次，包括9位国家和国际组织首脑、49位政府部长或驻华大使、7位诺贝尔奖获得者、169位大学校长和45位大公司总裁等；后勤和基建方面，努力建设和谐校园，新竣工的教学、科研等设施面积近26万平方米；思想政治工作方面，学生德育和毕业生就业指导等工作都取得新的进展，为国家经济、科技、教育、文化、国防等各部门输送了大批优秀人才，校党委被评为北京市先进基层党组织。

回顾过去的可喜成绩，其中凝聚着全校师生员工的智慧与汗水，也离不开了海内外校友和社会各方面的支持与帮助。校友是母校建设与发展的重要力量。清芬挺秀，华夏增辉，正是广大校友对社会的无私奉献和工作的卓著业绩才会使母校有越来越好的社会声誉。校友们的奋斗精神、成长之路，也为在校青年学生走好人生之路提供了极其生动的教材。更为可贵的是在学校的科研开发、对外交流、队伍建设等方面，不少校友也尽己所能，提供信息，牵线搭桥，为母校的工作献计献策。校友们还以各种方式资助母校，自2003年开始启动"校友年度捐款"活动以来，已有两万多校友踊跃参与，体现了清华校友强大的凝聚力。在此欢度校庆的日子里，我谨向各地校友会和各界校友对母校的关爱和支持，表示衷心的感谢和诚挚的敬意！并衷心祝愿各级、各界的校友们保重身体，开拓进取，在各自的人生征途上，不断创造新的业绩。

让我们牢记"自强不息、厚德载物"的校训，发扬"爱国奉献、追求卓越"的精神，保持"行胜于言"的作风，为清华创建世界一流大学，为中华民族的复兴，做出新的贡献！

【范例二】

【致辞人】××区区委

【致辞背景】中国共产党建党周年纪念日

各位来宾，同志们：

大家好！

今年的7月1日是中国共产党建党××周年纪念日。今天，我们怀着无比喜悦的心情在这里隆重举行"×××××""七一"文艺汇演活动，就是要通过这种丰富多彩的文艺形式来庆祝党的生日，弘扬主旋律，歌颂党、歌颂祖国、歌颂人民。在这个喜庆的日子里，我谨代表区委、区政府向战斗在全区各条战线上的广大共产党员和党务工作者，致以节日的问候！向参加演出的各位演职人员表示衷心的感谢！

中国共产党从诞生到现在，已经走过了××年的光辉历程。中国共产党领导人民经过艰苦卓绝的武装斗争，建立了社会主义新中国，从根本上改变了中华民族的命运，写下了彪炳千秋的光辉诗篇；是中国共产党领导人民与时俱进、开拓创新，改变了"一穷二白"的落后面貌，走上了改革开放、全面建设小康社会的征途，开创了亘古未有的宏图伟业。历史和现实充分证明，我们的党是富于创新精神，不断开拓进取、与时俱进的党；是经得起各种考验，勇于在困难和挫折中奋进的党；是忠实实践"三个代表"，脚踏实地为人民群众根本利益奋斗不息的党。每一名共产党员都应为此而感到光荣和自豪。

我们今天庆祝党的华诞，既要缅怀先辈的光辉业绩，发扬党的好传统、好作风，更要准确把握我们所处的历史方位，时刻牢记我们所肩负的历史重任。当前，我区已进入全面建设小康社会的关键时期，全区广大党员要紧紧围绕"××××××××"的奋斗目标，切实增强忧患意识和紧迫感、责任感，进一步解放思想，干事创业，加快发展步伐，争当建设小康社会的排头兵。

共产党员要做解放思想的表率。全区广大党员要结合正在开展的保持共产党员先进性教育活动，进一步解放思想、更新观念，始终保持与时俱进的精神状态，牢固树立与社会主义市场经济相适应的竞争意识、机遇意识、效益意识和开放意识，做到发展有新思路，改革有新突破，开放有新局面，各项工作有新举措，以思想的大解放、观念的大更新，促进全区经济的大发展、社会的大进步。

共产党员要做干事创业的表率。全区广大党员要发扬不怕吃苦、敢打硬仗、勇于奉献、争创一流的优良作风。在各自的岗位上，勤奋学习，拼搏奉献，以实际行动为党的事业增光添彩；要苦干实干，奋勇争先，在干事创业中始终保持一名共产党员的先进性，以模范行动影响和带动群众，凝聚广大人民的智慧和力量，在全区掀起干事创业促发展的热潮。

共产党员要做加快发展的表率。发展是硬道理。解决我们前进道路上的一切矛盾和问题，最终要靠发展。全区广大党员要坚定自觉地站在时代的前列，立加快发展之志，谋加快发展之策，鼓加快发展之劲，求加快发展之效，把全部心思和精力集中到加快×××发展上，把各方面的力量凝聚到加快×××发展上，把共产党人的先进性体现到加快×××发展上，在招商引资、民营经济发展、农业结构调整、企业改革、城市建设以及软环境建设等方面，充分发挥先锋模范作用，形成坚定不移抓改革、千方百计促开放、聚精会神搞建设、一心一意谋发展的浓厚氛围，推动我区经济超常规高速度跨越式发展。

历经年的征程，我们党正进入一个更加辉煌的历史发展时期，××已站在一个新的历史起点上，振兴×××的重任历史地落到全区×××名共产党员的肩上。广大党员一定要切实增强使命感，以奋发有为的精神状态和干事创业的工作作风，再造经济发展新优势，再创各项事业新辉煌，为实现全面建设××小康社会的目标而不懈奋斗！

【范例三】

【致辞人】董事长

【致辞背景】某公司成立×周年纪念日致辞

各位股东并全体员工：

×××年×月×日是公司成立×周年纪念日，值此之际，我代表公司向全体股东及员工致以诚挚的问候和感谢，向多年来给予公司大力支持的各位用户和朋友表示衷心的感谢，衷心祝愿我们之间的合作更加密切。

回顾×年的发展历程，公司在各位股东的支持下，经过全体员工的努力，已顺利地走过了企业的初创期，大步迈向了蓬勃发展的成长期。×年来，我们从创业时的几名员工发展成为有几十名员工的一家中型科技型环保公司，我亲眼目睹了公司×年来的巨大变化，并从内心深处为公司的快速发展而骄傲。所有的这一切，都来源于全体员工的共同努力。我发自内心地感谢大家，正是有你们的全心努力、任劳任怨、积极进取，公司才能取得今天的成就！

环保产业作为一门新兴的、集多专业而成的产业，在中国的快速发展也只有短短十几年的时间。随着工业的发展，大量的污染源在增加，对环境危害日趋严重，尤其是对水体和大气的污染已严重的影响了人民的生活质量，因此公司成立之初的定位就是要发展成为一家致力于水和大气污染治理并资源化利用的高科技公司。为此，×年来公司坚持走科技发展之路，在环保产业领域走出了一条崭新的道路，开发出了多项高新技术，为公司的迅猛发展打下了坚实的基础。

我们所开发的××××技术系采用高分子纳米材料制作而成，

充分解决了皮质曝气膜片易撕裂的问题，较一般曝气技术节能30%以上。此项技术被国家知识产权局授予两项专利，已广泛用于工程实践。

×××技术是一项传统的好氧技术，但技术水平参差不齐。为此公司自主开发了更加高效的×××技术。目前已广泛应用于各种行业的污水处理工程，使好氧负荷有所提高，是目前最适用的××××技术，为用户节省大量的投资。

为适应国家对污水排放标准不断要求严格及企业自身发展的需要，我们组织了对污水深度处理开发的课题小组，先后开发了×××、××××、××××、××××，用于污水深度处理并取得显著成果，积累了大量的试验数据，为今后深度处理工程创造了条件。

作为一家集科研、设计、施工为一体的高科技环保公司，我们取得了国家住建部颁发的设计专项资质污水处理乙级证书，并多次被××高新区管委会和××高新技术创业服务中心评为先进单位和先进个人。

在公司取得较好成绩的同时，我们也必须认识到自身的不足。目前公司员工多为近几年毕业的新员工，技术力量还比较薄弱，独立承担工作的能力还不够，严重制约了公司的发展。实验室条件尚未完善，科研开发能力受到一定程度的制约，技术储备、拓展市场方面还有差距。市场开发队伍还有待扩大。随着公司的迅猛发展，各项管理制度及分配体系、内部质量管理和控制制度有待加强。

各位同仁，公司已走向快速发展的轨道，为各位搭建了一个施展才华的平台，同时创建一种和谐的企业文化是每位员工都应尽的职责。我相信随着企业的不断发展壮大，公司员工会随着企业一起成长。努力吧，同仁们，公司的明天一定会更加美好，待到公司十周年庆典之时，公司一定会成为国内、国际环保产业的名牌企业。

【范例四】

【致辞人】××水利厅

【致辞背景】在××县水土保持站建站××周年纪念会上的致辞

各位领导、各位专家、同志们：

今天，省水土保持委员会办公室、××县委、县政府隆重举行××县水土保持站建站××周年纪念会，溯往事，展今朝，总结过去，规划未来。水利部水土保持司的领导和省内外水土保持专家以及省市水土保持部门的领导欢聚×××××，共商新时期××水保防治工作良策。在此，我谨代表××省水利厅，向会议的胜利召开表示衷心的祝贺！向远道而来的各位领导和专家致以诚挚的谢意！

100多年前，××××是一个山清水秀、土地肥沃的地方，既是有名的"×××"和"××××"的第一站，也是"××"首府和发祥地。境内森林茂密，柳竹成荫，河深水清，舟楫畅行。由于长期的人为破坏造成×××严重水土流失，从此成为我国极强度水土流失区之一，被称为"红色沙漠"和"火焰山"。从此，×××人民世世代代饱尝极强度水土流失之苦。

新中国成立之后，在党和政府的重视下，组建了水土保持机构，动员和带领××人民做了大量的工作。

在历届县委、县政府的正确领导下，经过水保科技人员和流失区群众的多年努力，×××县河田开始由红变绿，生态环境明显改善。昔日的火焰山已经披上了绿装，初步控制了水土流失，农业生产条件明显改善，土地利用结构趋向合理，经济面貌发生巨大变化，人民生活水平不断提高。但我们必须清醒地看到，××县水土保持工作局面仍然十分严峻，水土流失治理任务依然十分艰巨。水土保持是协调人与自然和谐相处的最重要手段之一，搞好水土保持，加强生态环境建设，是中华民族生存与发展的长久大计，可以说，没有良好的生态环境，就不可能有社会经济的可持续发展。

面向新世纪，我们衷心希望××人民在各级党委、政府的领导下，在各有关部门的支持下，与广大水保科技工作者共同拼搏，努力开创××乃至我省水土保持生态环境建设的新局面。谢谢大家！

【范例五】

【致辞人】 某县长

【致辞背景】 在××中学建校91周年庆典大会上的致辞

尊敬的各位领导、各位来宾，老师、同学们：

在全国上下深入学习、宣传、贯彻党的＊＊届＊＊中全会精神之际，我们迎来了××一中的91周年校庆。在这喜庆的日子里，我谨代表中共××县委、县人大、县政府、县政协，向××一中全体师生员工和新老校友表示诚挚的祝贺！向前来参加校庆的海内外嘉宾表示热烈的欢迎！

91年来，××一中饱经沧桑，形成了热爱祖国、坚持真理的光荣传统，崇尚一流、追求卓越的办学品格和"勤、严、实、勇"的优良校风，先后培养了近三万名高、初中毕业生，造就了以卢衍豪、沈铭贤为代表的专家学者，以姜成康、游宁丰为代表的政界精英，以黄剑忠、卢宪光为代表的商界骄子，以熊长羚、胡芝兰为代表的文体专才以及其他各行各业的优秀人才，他们为祖国的社会事业发展作出了重要的贡献。悠久的建校历史，辉煌的育德工作，过硬的教学质量，使××一中成为驰名海内外的省重点中学。去年被确定为"福建省首批示范性普通高级中学"，成为全省办学条件最先进、办学质量最好的学校之一。今年高考又喜获丰收，在全市8所重点中学中，上本一、本二、本三线人数均居首位。这些都为××一中迈向国家级示范性高中打下坚实的基础，为全县各类学校教育和教学质量的提高，提供了借鉴的范本。

百年大计，教育为本。当前，我县正处在建设海峡西岸经济区山区强县的关键时期，需要全县上下的团结奋斗，需要全县人民的艰苦艰业，更需要教育与人才的全力支撑。我们殷切希望××一中要91周年校庆为契机，认真总结办学经验，继续发挥××教育"领头羊"作用，创造更加辉煌的业绩，为建设"实力××、魅力××、活力××"作出更大的贡献；希望全体同学认真学习，增长知识，成为国家和社会建设的栋梁之才；同时，也希望广大校友一如既往地关心支持母校，关心支持××发展事业，内外同心，共创伟业，推进××各项事业全面协调发展！

最后，祝××一中91周年校庆取得圆满成功！

祝老师、同学们工作顺利，学习进步！

祝各位来宾身体健康，万事如意！

谢谢！

纪念历史事件致辞

【范例一】

【致辞人】校长

【致辞背景】纪念"12·9"学生爱国运动××周年歌咏比赛致辞

老师们，同学们：

下午好！

昨天早晨，学校团委书记作了题为"弘扬'12·9'爱国精神，争做新世纪四有新人"的主题讲话，带领大家共同回顾了××年前那个不平凡的日子，重温了那段不能忘却的历史。早在1939年，毛泽东主席在"12·9"运动四周年纪念大会上就指出——一二九运动是与五四运动同样伟大的历史事件。

今天，还是为了纪念12·9，我们再次隆重集会，即将举行"铭记传统，歌唱未来"为主题的歌咏比赛。

一年一度的纪念12·9歌咏比赛是我们××中学大型传统主题德育活动——×××文化艺术节的重头戏，是所有比赛项目中参与面最广、影响力最强、意义最为深远的一项活动，也是文化艺术节中投入精力最多、组织难度最大的一项活动。在此，我代表学校向全体师生和各部门为此次活动所作出的辛勤付出表示衷心的感谢。

第一，感谢你们的热情参与。从×月×日文化艺术节开幕以来，高一高二年级各班和"大爱之声"教师合唱队老师利用业余时间充分准备、紧张排练，校园内乐曲激昂，歌声嘹亮，安静的校园变成了沸腾的剧场，历史的钟声撞击着每个人的胸膛。

第二，感谢你们的高度重视。从大家略带疲惫但兴奋的表情可以看出，你们非常投入。大家克服了许多困难，投入了大量时间、人力和物力，各位班主任为了这次演唱，动了很多脑筋，想了很多点子，有的还请来了我校的资深退休老师进行辅导排练。但你们无怨无悔，这是对学校工作的大力支持，更是对学生健康成长的高度负责。

每纪念一次这样的日子，就意味着我们成长的足迹多一步，心中的责任多一分，肩头的任务重一点。

回望历史的天空，我们不忘国耻；放眼未来的蓝天，我们信心满怀。祖国在腾飞，社会在进步，学校在成长。

最近几年，在所有师生员工的艰苦努力下，××中学蒸蒸日上，屡创佳绩：×××区中考状元、高考文理科状元是我们的骄傲，翱翔蓝天的飞行员是我们的骄傲，全国优秀教师是我们的骄傲，××市五一劳动奖章是我们的骄傲……我们用出色的业绩证明了我们的实力，我们用优秀的表现赢得了社会的认可。

但成绩只代表过去，放眼四周，教育的竞争日趋激烈，生存的空间日益紧张。希望大家认清形势，牢记使命，明确责任，团结一心，勤学苦练，用更加优异的成绩将前人留给我们的宝贵精神财富发扬光大，用我们的智慧和汗水铸就美好的明天！

最后，预祝本次歌咏比赛圆满成功！

第二章 节日、纪念活动致辞

【范例二】

【致辞人】某纪念馆馆长

【致辞背景】辛亥革命100周年的纪念日

亲爱的各位来宾、各位同仁：

2011年10月10日，是辛亥革命100周年的纪念日。这是一场空前绝后的革命，在中国历史舞台画上了浓墨重彩的一笔。今天，我去回顾它、铭记它，并必将把它给我们传递的一种精神和历史使命延续到以后的无止境的全心全意为人民服务中去。

当轰轰烈烈的洋务运动失败之后，当转瞬即逝的戊戌变法落幕之时。资产阶级一场救国图强的立宪运动在当时外寇横行、内政腐朽的历史背景下有条不紊地开展起来。废帝制促共和为民族民权民生担起天者大任；兴同盟倡博爱号联俄联共联心创生国之新元。一大批知识分子和有识之士怀着满腔热血，用生命谱写着一段可歌可泣的光辉篇章。那一腔不畏艰难、不怕牺牲的热忱，值得我们去学习、去敬畏。

它推翻了中国2000多年的封建统治，给水深火热的中国燃起了新的希望；它推动了中国资产阶级先进力量的进步，为新思想与新文化的传播奠定了基础；它让民主共和的思想深入人心，不论之后何人再复辟帝制，人们都会拿起武器去战斗，去维护自己的利益，去捍卫自己的尊严。

一个世纪的光阴弹指一挥间，历史不容假设，所以我很难想像，如果100年前，没有这样一部分人为了心中的信念、自己的理想用抛头颅洒热血的方式执著地追寻新的希望，那么如今的中国该是怎样的一种场面？不过，既然历史没有留给我们血雨腥风的生活，没有留给我们戎马疆场的机会，那么我们就该以新的方式开拓进取，去寻找利国利民的新道路。

以铜为鉴，可以正衣冠；以人为鉴，可以明得失；以史为鉴，可以知兴替。古人云：生于忧患而死于安乐。如今的我们要做的已不是追寻梦境中童话般的天真，而是在现实世界里脚踏实地的去践行党和国家赋予的光荣使命！要将孙中山先生"博爱"的思想发扬光大，即使道路崎岖、布满荆棘，也该微笑着握紧拳头前进。

【范例三】

【致辞人】学校党支部书记

【致辞背景】某校纪念"五四"爱国运动92周年致辞

尊敬的各位领导、老师们、同学们：

大家好！

今天，我们在这里集会，纪念"五四"爱国运动92周年。首先，我代表学校党支部和行政向辛勤工作在学校各个岗位的全体员工致以衷心的感谢、向广大青年团员致以节日的问候和良好的祝愿！

我校在加强青少年思想道德建方面的卓越成绩得到了上级主管部门的赞赏和肯定，喜获了市"××××××"光荣称号，并正在创建省级"××××××"，这次"××××××"荣誉的获得，是对我校走"特色之路"，施"素质教育"，立"成人成才"之道教育理念一种肯定，同时也展示同学们积极向上、奋发进取的精神风貌，展示龙中人"敢与高的攀，敢与强的比、敢与好的赛"的精神；也更是对我们未来工作的一种鞭策和一种强劲的动力！学校修建性详细规划方案已完成；投资约×××万元的综合大楼，即将建成；这一切为我校全面实现教育现代化创造了良好的发展条件，打下了坚实的发展基础，预示着××中学大发展的春天已经来临。

过去的几年，充满了跋涉的艰辛和奋斗的坎坷，但更满载着胜利的喜悦和拼搏的豪情。我们始终秉承"以人为本，以学生发展为本，加强思想道德建设，培养创新型人才"的办学理念，为了全面提高学生的思想道德素质，采取了切实有效的措施，充分发挥学校在学生思想道德建设中的主渠道、主阵地、主课堂作用，广泛开展精神文明创建活动和形式多样的道德实践活动，积极营造有利于学生健康成长的良好舆论氛围和社会环境，构建学生热爱祖国、积极向上、团结友爱、文明礼貌的精神世界，从而初步打开了我校思想道德建设的局面，构建了一个和谐的校园。

老师们，同学们！回顾过去，我们骄傲自豪；展望未来，路漫漫其修远兮。为了迎接时代的挑战，为了构建和谐校园，让我们精诚团结，锐意进取，开拓创新，与时俱进，向着更高、更强的目标迈进，为实现龙中的新跨越，再铸××辉煌而继续奋斗！

谢谢大家！

【范例四】

【致辞人】某高等学院校长

【致辞背景】纪念中国人民抗日战争和世界反法西斯战争胜利××周年歌咏比赛致辞

各位老师、同学们：

晚上好！

今年是中国人民抗日战争和世界反法西斯战争胜利××周年。为了弘扬民族精神，唱响和平与发展的时代主旋律，今天，我们以演唱爱国主义歌曲为生动载体，对大学生进行思想政治教育，举办这次纪念抗战胜利××周年歌咏比赛。这是继我院首届春季田径运动会、"激扬青春"诗歌朗诵比赛、大学生生活技能比赛等活动之后，又一次大型活动，这是一次贯彻落实中共中央、国务院《关于进一步加强和改进大学生思想政治教育的意见》的生动的思想政治教育活动。

同学们，××年前的世界反法西斯战争是人类历史上正义与邪恶、光明与黑暗的一场殊死搏斗。在世界的东方，我国人民最早举起了反法西斯的旗帜，展开了艰苦卓绝的抗日战争，为世界反法西斯战争胜利做出了巨大的民族牺牲和重要的历史贡献。今天，我们回顾这段历史，就是要总结经验，吸取教训，深刻铭记：落后就要挨打，发展才能强大；只有以史为鉴，才能面向未来。愿同学们能从今天的活动中，采撷到人生的启迪，萌发出理想的新芽，更加发奋学习，强健体魄，苦练专业技能，努力成长为建设家乡、回报社会的合格人才，为中华民族的伟大复兴做出应有的贡献。

同学们，为了筹备这次活动，院宣部的同志、全院的音乐教师、各班班主任以及全体同学们，都付出了辛苦的劳动。在此我代表院党委对你们表示衷心的感谢和诚挚的问候！希望全体同学们在此次比赛中赛出水平，赛出风格，赛出友谊，赛出新时代大学生特有的风采！

预祝歌咏比赛圆满成功！

谢谢！

【范例五】

【致辞人】奥巴马

【致辞背景】2009年美国独立纪念日的致辞

先生们,女士们:

今天,我们受到这个日子的感召,不仅纪念我国诞生的那一天,而且需要继承建国初期美国公民不屈不饶的精神,是他们使这一天成为值得纪念的日子。我们应该记住,当年的这一切多么来之不易。我们进行创建美国的试验,结果获得了成功;为数不多的爱国者宣布独立,脱离了帝国强权的统治;他们还在新世界建立了旧世界不可思议的事物——民有、民治、民享的政府。

正是这种顽强的精神构筑了美国人的特征。正是这种精神指引一代又一代先驱者开拓西进之路。正是这种精神指引我们的祖祖辈辈,以坚韧不拔的毅力渡过了大萧条,战胜了专制暴政。正是这种精神指引世世代代的美国劳动者建成全世界无可比拟的工业经济。正是这种精神始终指引全体美国人民在时局艰难的时刻永不气馁,永不退缩,敢于经受任何考验,迎接任何挑战,因为我们知道美国的命运有待于我们每一个人为之努力。

在这一天到来的时候,我们还不应该忘记,在我国最紧要的关头,勇敢无私的男女军人不辱使命,保卫我们的国家,忠心为国效力——为实现和平奔赴战场;为赢得机会不辞劳苦;有时还为捍卫自由付出极为高昂的代价。正因为他们为国效力——陆军、海军、空军、海军陆战队和海岸警卫队士兵做出的奉献,我们才有可能每年庆祝这个节日。这种为国效力的精神说明,在进入建国后第三个百年之际,我国的建国理想仍然长盛不衰,生气勃勃,永远保持第一个7月4日的活力。这种为国效力的精神保证美利坚合众国永远是地球上最后、最大的希望。

为了迎接我们这个时代的挑战，我们大家都必须发扬这种为国效力和献身的精神。我们正在参与两场战争。同时我们也在抗击严重的衰退。我们长期拖延了旷日持久的问题：持续上升的医疗成本、学校设施的欠缺和对外国石油的依赖，导致问题日益恶化，我国经济以及国家本身正面临着危难。

迎接这些巨大的挑战要求每一位美国人付出巨大的努力。我们应该牢记，我们作为一个国家取得这样的成就，是因为我们在变革的时期没有故步自封。我们取得这样的成就，是因为我们没有避难就易。正是因为如此，原来的13个殖民地才能共建美利坚合众国。

我国人民敢于面对未来。我国人民敢于创造未来。在今年7月4日到来之际，我们必须再次振奋233年前独立厅（Independence Hall）凝聚的精神。

唯有如此，这一代美国人才能在历史上留下自己的印记。唯有如此，我们才能最有效地把握当前的重要关头。唯有如此，我们才能为伟大的美国历史书写新的篇章。

我谨祝愿大家7月4日节日愉快。

第三章 欢迎辞、欢送辞

欢迎辞的定义与特点

欢迎辞是指客人光临时，主人为表示热烈的欢迎，在座谈会、宴会、酒会等场合发表的热情友好的讲话。也用在行政机关、企事业单位、社会团体或个人接待或招待客人的正式场合，发表的表示欢迎之意的致辞。

作用：

欢迎词是礼仪演讲词的一种，使用比较多，旨在对来宾表达一种欢迎，拉近与来宾的距离。

写作指导：

欢迎词的结构由标题、称呼、开头、正文、结语、署名六部分构成。

一、标题。标题有两种形式。

二、称呼。提行项格加冒号称呼对象。面对宾客，宜用亲切的尊称，如"亲爱的朋友："、"尊敬的领导："等。

三、开头。用一句话表示欢迎的意思。

四、正文。说明欢迎的情由，可叙述彼此的交往、情谊，说明交往的意义。对初次来访者，可多介绍本组织的情况。

五、结语。用敬语表示祝愿。

六、署名。用于讲话的欢迎词无须署名。若需刊载，则应在题目下面或文末署名。

写作特点：

1. 称呼要用尊称，感情要真挚，要能较得体地表达自己的原则、立场；

2. 措辞要慎重，勿信口开河，同时要注意尊重对方的风俗习惯，应避开对方的忌讳，以免发生误会；

3. 语言要精确、热情、友好、温和、礼貌；

4. 篇幅短小，言简意赅。一般的欢迎辞都是一种礼节性的外交或公关辞令，宜短小精悍，不必长篇大论。

现场会欢迎辞

【范例一】

【致辞人】银行行长

【致辞背景】某行岗位风险防范工作现场欢迎会致辞

尊敬的各位领导、各位来宾，大家好：

今天，各位在这秋高气爽、硕果累累的金秋时节，来到我们这里参加岗位风险防范工作现场会。我谨代表××县支行党组和全体干部职工向参加会议的各位领导、各位来宾表示最诚挚的欢迎！向长期以来关心、支持××支行建设与发展的各位领导、各位朋友表示崇高的敬意和衷心的感谢！

××地处××市区正西××公里，人口×××万，总面积×××平方千米，历史悠久，山川秀丽，交通便利，物富民丰。县内风景名胜、文物古迹众多，国家重点文物保护单位——××××、×××××等珍稀文物享誉海内外。被称为"一早"（也就是草莓）、"一晚"（也就是雪桃）、"一硬"（也就是花岗岩）、"一软"（也就是磨盘柿）、"一卷"（也就是卫生纸）成为了××资源和特产的写照。号称世纪工程，也是历史上又一条"万里长城"——南水北调中线过境××，又给我县增加了新的亮点。正在兴建的3条高速公路，纵穿全境，将为我县四通八达的便利交通增添新的光彩。

经济建设的持续快速发展也为金融事业的繁荣创造了基础。我县不仅有工、农、中、建四家商业银行、农业发展银行和农村信用社等比较齐全的机构布局，而且业务发展十分迅速。今年上半年，全县各项存款余额达到了×万元，各项贷款余额达到了×万元。全县上下呈现一派金融稳定、经济发展、政通人和、万象更新的大好局面。

与此同时，我县支行在中心支行党委的正确领导下，以践行"三个代表"重要思想为指导，以转变观念，履行职责为中心，以提高素质，创新局面为目标，全行扎实工作，拼搏进取，支行建设与发展取得了一定成绩，比较圆满地完成了各项工作任务。特别是内部管理及岗位风险防范工作，在中心支行纪委的关心和支持下，从制度建设入手，从规范操作着眼，以明确职责为根本，对新形势下如何加强支行岗位风险防范工作，防止事故案件发生，进行了积极的尝试与探索，总结了一些做法，也悟出了一些体会，我们愿意将这些做法或体会与大家共享；同时，我们深知，由于水平所限，我们的工作距上级领导的要求和各位来宾的期望还有相当距离，需要我们努力的空间依然很大。所以，也诚恳地希望各位能对我们的工作提出宝贵意见或建议。对此，我们一方面表示衷心地感谢，另一方面，我们也将在今后的工作中结合你们的意见或建议，认真改进，不断完善，争取取得更大成绩。

最后，预祝会议取得圆满成功！

【范例二】

【致辞人】厂长

【致辞背景】×××厂30周年庆现场会致辞

女士们、先生们：

值此×××厂30周年厂庆之际，请允许我代表×××厂，并以我个人的名义，向远道而来的贵宾们表示热烈的欢迎。

朋友们不顾路途遥远专程前来贺喜并洽谈贸易合作事宜，为我厂30周年厂庆更添了一份热烈和祥和，我由衷地感到高兴，并对朋友们为增进双方友好关系作出努力的行动，表示诚挚的谢意！

今天在座的各位来宾中，有许多是我们的老朋友，我们之间有着良好的合作关系。我厂建厂30年能取得今天的成绩，离不开老朋友们的真诚合作和大力支持。对此，我们表示由衷的钦佩和感谢。同时，我们也为能有幸结识来自全国各地的新朋友感到十分高兴。在此，我谨再次向新朋友们表示热烈欢迎，并希望能与新朋友们密切协作，发展相互间的友好合作关系，发展相互间的友好合作关系。

"有朋自远方来，不亦乐乎"。在此新朋老友相会之际，我提议：为今后我们之间的进一步合作，为我们之间日益增进的友谊，为朋友们的健康幸福，干杯！

【范例三】

【致辞人】香港宗教界人士代表

【致辞背景】香港宗教人士庆祝中华人民共和国成立×周年现场会致辞

尊敬的各位先生们、各位主礼嘉宾、社会贤达、宗教界朋友、传媒朋友：

欢迎大家莅临"香港宗教界人士庆祝中华人民共和国建国×周年大会"，本人很荣幸担任今年香港宗教界人士庆祝国庆筹备委员会主席，今天大家聚首一堂，为庆祝国家生辰的大喜日子，喜悦之声，满载心内，各位的参与正显示宗教界同心同德，彼此目标一致。在此，就让我们祝愿祖国永远繁荣昌盛，中国的国运日益昌隆，人民的努力获得丰硕成果。

春光似海，盛世如花，今天中国发展迅速，一日千里，八月初，一份外国刊物发布了20××年全球65五个城市的排名榜；而本港在祖国大力支持下，荣获第五名之列，可见回归13年来，香港在中央政府带领，特区政府依法施政下，卓然有成。此外，重庆也是入选城市之一，该杂志更称之为"扬子江上的芝加哥"，显示国内发展有序，由沿海城市逐步延伸至较内陆之城市。更令人可喜的是，国内城市获选的消息，得到本港电子传媒及各大报章头条报道，反映港人日益关心国家发展。

现正举行的上海世界博览会，超过二百个国家、城市及国际组织确认参加，中央政府投入不少资源建立平台，让参展方展示崭新的城市构思，吸引了内地及世界各地数以千万计的游客前往参观。反映祖国除了把握经济势头外，更不遗余力在文化一面，就如何优化城市发展，担当传载角色，更将城市建设与保育理念发放全球，促进各国交流，为未来实践上佳家居及工作环境打好基石。

本人相信在祖国的大力支持下，我们宗教界一起共同努力，携手向前，弘扬正道，令大众坚守正确的人生价值观，以应付将来的各项机遇和挑战，造福社会，写下炎黄子孙更辉煌的一页。

最后，谨祝各位福慧增长，如意吉祥，谢谢！

【范例四】

【致辞人】校长

【致辞背景】××市××中学家长会致辞

尊敬的各位家长：

大家好！

在这春夏之交的美好日子里，我们怀着一个共同的目标——为了孩子的健康成长，我们相聚一堂。借此机会，请允许我们代表全体师生对各位家长的到来表示最热烈的欢迎，对你们能放下手中的工作、放弃休息的时间来参加这次家长会，表示最真诚的感谢！你们的到来，是对我们的最大关心，是对学校工作的最大支持！作为子女，会感到莫大的喜悦和骄傲，我们的老师会感到无比的欣慰和振奋！

父爱如山，母爱如海。你们像大海，宽广、深沉，容纳着孩子们的悲伤和欢乐；你们像丝丝细雨，轻柔、细腻，包含着孩子的脉脉深情。在孩子漫长的人生之旅中，是你们给予了他们关怀和启迪；在他们的人生之旅中，是你们给予了孩子力量和信心；在寒风凛冽的日子里，是你们为孩子打破冰天雪地，让阳光温暖孩子的心房；在艰难困苦的季节中，是你们为孩子披荆斩棘，与你们的孩子一道冲锋陷阵。

是你们！一切都是你们！点滴全是你们！没有你们，就没有了家的气息，没有你们，就没有了爱的延续！

如今又是一个春夏秋冬，又是一年日月轮回，转眼间，我们迈上了新一级台阶。你们在孩子身上灌注了心血和汗水，你们在孩子身上寄托了希望和梦想。

学习生活有苦也有累；是紧张的，也是易逝的。但请你们相信，是涌浪，我们就决不会畏惧山涧的狭窄；是雏鹰，我们就决不会害怕无垠的天空；是海燕，我们就决不会担忧前方的激浪；是劲草，我们就决不会惧怕暴雨狂风。你们的儿女，是困难挫折所吓不倒的；你们的儿女，是狂风暴雨所打不倒的；你们的儿女一定会勇敢地扛起肩上的重任，坚持不懈地走向成功；你们的儿女一定会化失败为动力，化苦累为信心；你们的儿女一定会一步一个台阶一步一个脚印扎扎实实走好人生的每一步。

请你们放心，孩子们已经下定了决心要在这片沃土上，铺就他们无悔的青春！请你们相信，孩子们会用汗水与勤劳回报你们的付出，铸造他们五彩的梦，他们会用拼搏换取你们灿烂的笑颜！请给予孩子力量与信心，你们的孩子将会沿着这条散满关爱鼓励的道路走向明天，他们将让青春的光芒照亮学校的每一个角落，照亮他们每个人的心房！

但这一切，都离不开亲爱的家长们的支持，更离不开亲情的关爱。学校的各项工作离不开家长的大力支持，请您留下对学校及老师的建议。

世间剪不断的是亲情，世间冲不淡的也是亲情，因为有了你们的爱，你们的孩子才会变得如此完美；因为有了你们的爱，孩子才有徜徉于学海的欲望；因为有了你们的爱，孩子才有翱翔蓝天奋飞的向往；因为有了你们的爱，你们的孩子才能走向成熟，迈入成功！

天下多少惊人事，莫过人间父母情！自古亲情感天地，涌泉难抱父母恩！千言万语，道不尽你们孩子心中的感激！孩子唯有在心中默默为你们祝福，用行动来证明，他们是你们最好的儿女。

最后，祝愿所有的家长身体健康，所有的家庭幸福！

【范例五】

【致辞人】××××公司工会主席

【致辞背景】互联互通联席会欢迎致辞

尊敬的各位领导、各位来宾、朋友们：

上午好！

今天可谓是室内高朋满座花更艳，窗外红日高照天更蓝，在风和日丽、春意盎然的时候，我们有幸与来自远方的朋友们相聚在峨眉红珠山宾馆，感到非常高兴。×××分公司受省分公司的委托，十分荣幸的协办这次联席会，借此机会，我代表分公司全体员工，向尊敬的省通管局××局长、省通管局的其他人员、移动、电信、联通、网通、卫通各位同行们、以及×××公司的同仁们表示热烈的欢迎和诚挚的问候。

×××分公司与××××公司一起，经历了5年的发展，在各级政府和各位同行的大力支持下、在×××总部、×××公司的正确领导下，全体员工精诚团结、顽强拼搏、无私奉献，从无到有，不断发展，取得了不错的经营业绩，客服工作赢得用户好评。在2005年全国通信行业服务质量评比中，被评为全国通信行业用户满意企业；在全国质量协会服务质量评比中，荣获全国用户满意企业称号；涌现出了全国通信行业劳动模范、服务明星、四川省劳动模范等一批优秀员工。在这里，我要感谢省通管局、市委市政府及相关部门，由于你们在宏观上给我们以指导，在政策上给我们以优惠，在困难时给我们以关怀，从而使我们把握住了发展的机遇，更使我们增强了信心和责任感。我还要感谢×××地区的通信同行们，有了你们的支持和帮助，×××分公司才有发展立足的根本。我们将继续以×××总部三年发展战略为统领，坚持科学发展观，走有铁通特色的发展之路，为分公司的发展作出不懈努力，为打造效益、活力、和谐的×××做出自己应有的贡献。

人无信不立，商无信不兴，国无信不强，构建和谐、有序、法制的市场经营环境，需要我们进一步加强互相沟通、互相交流、互相支持。我们坚信，只要我们携手并肩，团结一致，就一定能够克服发展道路上的一切困难，创造通信行业更加灿烂辉煌的明天。×××公司愿与各位同行一道，在上级主管部门的领导下，诚信经营，守法经营、共同维护和谐的市场环境。

春天的峨眉山，百鸟和鸣，山花烂漫，群猴腾跃，各种动物、植物给自然山水赋予动感，给人们以无穷的野趣和遐想。愿氡气温泉洗净你身心的疲惫，报国寺的钟声激发你对佛的向往，日出云海带给你对大自然的渴望、金顶祥光带给你美好祝愿，灵猴嬉戏使你心情愉悦，让你在这里充分领略大自然的鬼斧神工，佛教文化的神圣悠远。

在会议期间，如有招待不周之处，请大家予以谅解。我们会在今后的工作中加以改进。

最后预祝大会取得圆满成功。愿各位领导、各位来宾工作愉快、身体健康，万事如意。

【范例六】

【致辞人】 晚会主持人

【致辞背景】 公司洽谈晚会欢迎致辞

尊敬的女士们、先生们，尊敬的农化界朋友们：

大家好！

天高云淡，金风送爽——这是喜获丰收的季节！

渤海之滨，黄河岸畔——这是人杰地灵的土地！！

在这美好的时节里，在这片金黄的土地上，××人与新朋故友共同迎来了公司××产品洽谈盛会。××××集团董事长××*先生、总经理××*先生以及全体员工对远道而来的各位朋友表示热烈的欢迎，并致以诚挚的问候！

在即将过去的一年里，在各地朋友的大力支持与配合下，本着"诚信务实、互惠互利"的原则，我们进行了愉快而卓有成效的合作。展望即将到来的一年，尽管形势严峻，但商机仍旧无限。为图更好的发展，我们诚邀五湖四海的朋友相聚滨州，畅谈未来，共谋大计。

通过考查生产基地，审视"××"产品以及心贴心的座谈与交流，进一步加深了相互的了解和信任。中国人有句古语"海内存知己，天涯若比邻"，尽管我们相隔千山万水，但我们的心是紧密相连的，我们谋大业的目标是完全一致的。我们相信今天的汇聚，一定会为明天更好的合作奠定坚实的基础。

为感谢各位的光临，我们特地准备了一场"乡土晚会"。虽然水平有限，但真情无限。在这短暂的时光里，让我们共同分享浓郁的乡情、亲情和友情，让我们的友谊像陈年老酒一样，散发出诱人的香气。

结识新朋友，不忘老朋友。天高地也老，山高水长流。让我们大家携起手来，齐心协力，同舟共济，容纳百川、汇聚江河，共同迎接更加美好的明天！

好，下面就请各地的亲朋至友与好客的××人同娱同乐，度过这个美好夜晚！！

考察、检查活动欢迎辞

【范例一】

【致辞人】××市领导

【致辞背景】在上级考察欢迎会上致欢迎辞

各位领导、各位嘉宾：

你们好！

××欢歌迎远客，相如盛装待嘉宾。正值清秋时节，金风送爽，丹桂飘香。××山水有幸，人民有幸，迎来尊贵的客人再次光临！"我有嘉宾，鼓瑟吹笙"，佳山佳水，饱含××殷殷迎客情；丽日丽景，充满××款款待客意。今天，百姓奔走相告，人人击节志庆。秋水凝眸，真情萦怀；绿满山川，情溢××。××，汉代大辞赋家司马相如的故乡。

这里，源远流长，钟灵毓秀。公元507年置相如县，至今1500载，史册浩瀚，相如之赋、道子之画，意蕴犹在。我们的母亲河××江，89公里河岸，逶迤蜿蜒；南海波光、白云松涛，两个省级风景区，美轮美奂。这里，人心思进，负重奋飞。2000年上下求索，薪火相传；廿余载改革开放，负重登攀。千里××第一坝屹立，马回电站、金溪枢纽两颗明珠镶嵌；锦橙100号四获金奖，富民强县。达成铁路穿越东西，一级公路缩短时空。沐发展之春风，承各级领导之关怀，××拥抱一个又一个春天！这里，民风淳朴，至诚至性。一句问候，暖透人心；一条毛巾，洗尽铅尘；一杯热茶，漱齿余香；一盏淡酒，倾尽衷肠。古道热肠，云天高谊，尽现于斯；民心剔透，磊落坦荡，莫胜于斯！68万××人民，个个都有一颗火热的心，人人都有一腔滚烫的情！今天，尊贵的客人光临，更是让我们如沐春风，如沐春雨，如逢甘霖。

我们感谢母亲河，是她孕育了丰富的资源，带给我们希望。我们更感谢你们，是你们，给我们带来了象征幸运、吉祥的橄榄枝，让我们充满了希望和梦想；是你们，给我们的希望插上了翅膀，让我们的梦想一步步走向现实。我们不会忘记：烈日下，你们翻山越岭，汗湿重衫；风雨中，你们走村串户，考察风土人情；你们不舍昼夜，无论晨昏，不辞辛劳，无怨无悔。这一切，众口交赞，历历在目；这一切，长存民心，回味隽永。在我们发展的史册上，将永远记载你们的名字，铭刻你们的功绩！

在这里，让我们以无比崇敬的心情，再道一声：尊贵的客人，你们辛苦了！亲爱的朋友，××人民欢迎您！

领导致辞全集

【范例二】

【致辞人】质检中心领导

【致辞背景】在计量认证检查活动中致欢迎辞

尊敬的各位领导、专家：

大家好！

非常高兴各位领导、专家在百忙之中莅临×××检查指导工作。我们十分重视这次对×××的机构审查认可和计量认证复审，××要求要全力以赴，抓好这次双认证复审工作。各位领导、专家的到来不但是对我们工作的检查，更是为我们提供了一次极好的学习机会。在此，我代表×××对各位表示最真挚的感谢和最热烈的欢迎。

××是农业大省，粮棉油、果茶菜、肉蛋鱼等主要农产品总产量大、商品率高。因此，保护农产品生产力水平，保障农产品质量安全是我省"三农"工作的重中之重。

我省历来高度重视农产品质量安全工作，不断加强监管能力建设。《农产品质量安全法》的出台，对全面提高我省农产品质量安全水平，进一步增强我省农产品市场竞争力，提升全省农产品质量安全检测监管能力起到了积极作用。

×××于×××年通过国家双认证。近五年来，农业环境质检中心在×××及在座各位专家的精心指导和大力帮助下，始终坚持"廉洁、高效、服务"的质量方针，不断加强能力建设，提高服务水平，已经成为我省农产品质量安全体系的重要支撑和排头兵，在提高我省农产品质量与安全水平方面发挥着极其重要的作用。

×××承担的任务很重，质量要求也很高，中心工作人员始终以饱满的热情、高度的敬业精神、求真务实的作风出色地完成了各项任务，得到了服务对象和上级业务主管部门的好评。同时，我们也应该看到，人民群众对农产品质量要求的不断提高和频频发生的农产品安全事故，也对我们的检测部门提出了更高的要求。我们的检测方法、技术都要随着生产的发展不断更新，检测人员要不断地加强交流学习。所以，这几天的复审工作，××××的同志们一方面要积极配合，拿出真实水平，以饱满的热情和过硬的本领迎接专家组的检查；另一方面，同志们还要把这次双认证复审当做一次宝贵的学习机会，虚心向专家学习，学习技术，学习方法，学习专家们严谨的态度。通过这次评审，我们要进一步加强质量管理体系建设，力争将×××建设成为全国一流的部级质检中心，为保障农产品质量安全和人民身体健康提供更好的服务。为此，恳请各位领导、专家多指导、多帮助、多提宝贵意见。

最后，祝各位领导、专家和来宾身体健康，工作愉快！

【范例三】

【致辞人】电力局领导

【致辞背景】在迎接检查验收组的会议上致欢迎辞

尊敬的各位领导、各位专家：

你们好！

春意浓浓，春光无限。在这万象更新的新春时节，我们非常兴奋地迎来了省电力公司对我局安全文明生产"双达标"创建工作的正式验收，这是我们××县电力局的一件盛事，标志着我局安全生产、文明生产的工作已经步入了科学化、标准化、规范化的轨道。我们深深地感到了上级领导对我局工作的无限期望和信任。在此，我代表××县电力局对省、地两级的各位领导和各位专家的莅临表示热烈的欢迎！

××××年，我局就在××电力局的正确领导下，开始了安全、文明生产"双达标"创建工作。经过全局职工半年多的不懈努力，在各个方面取得了前所未有的进步，取得了较好的成绩，通过了省公司的正式验收。

××××年，我们在××××年工作的基础上，认真反思挫折，总结经验，全面开展了安全、文明生产"双达标"创建工作。从建章立制、加强治理、严格落实规章制度入手，努力消除安全生产治理不实、安全责任落实不力、职工安全意识淡薄的现象；从购置微机等先进设备、加强职工培训入手，努力提高全员素质；从建设营销网络、实施微机开票、增设营业网点入手，加强行风建设工作，不断提高服务质量，努力营造一个宽松有利的电力营销环境。同时，补充完善了××××年"双达标"创建工作中的不足之处。通过"双达标"创建工作，有效地促进了我局安全生产各项工作的顺利进行和经济效益的增长。这一切，都离不开省公司和××电力局的正确领导，我们在此表示衷心的感谢。

目前，我局正处于发展建设的重要时期，省公司各位领导和专家的光临指导，必将给我局的发展建设带来不可估量的推动力量，使我局的安全生产和文明生产更加科学、规范、标准。作为创建单位，我们的工作还有很多问题，离上级要求和省颁《标准》还有很大的差距，我们真诚地欢迎各位领导、专家对我们的工作给予批评指正，提出宝贵意见。我们将认真贯彻落实，深入整改，不断完善，使我局的安全、文明生产工作更上一个台阶。

最后，祝各位领导××之行一帆风顺、万事如意！

【范例四】

【致辞人】县委书记

【致辞背景】在迎接上级领导检查教育工作之际致欢迎辞

尊敬的厅长，尊敬的省市领导、教育专家：

阳春三月，和风丽日。在这美好时节，各位领导和教育专家亲临我县检查调研，这既是对我县教育事业的关心和厚爱，也是对我县广大教育工作者的鞭策和鼓舞。在此，我代表县委、县人大、县政府、县政协对×厅长一行的到来表示热烈欢迎和衷心感谢！

××县是一个教育大县，县委、县政府历来十分重视发展教育。近年来，我们坚定不移地实施"科教兴国"战略，逐年加大教育投入，积极改善办学条件，中小学教育质量稳步提高，高中教育质量在全市一直处于领先水平。特别是×××年我县被确定为省首批基础教育课改实验区后，县委、县政府高度重视，确立了"抢抓机遇、乘势而上，扎实搞好基础教育课程改革实验，以课改实验推动基础教育改革、推进素质教育、提高教师素质、促进教育事业发展"的工作目标，提出了"多方投入、保障有力、全面规划、稳步推进，只许成功、不许失败"的工作要求。四年来，我县课改实验工作稳步推进，并取得了一定成效，课改经验多次在省市课改工作会议上进行交流。××××年，我县被省教育厅评为课改先进集体。

发展信息技术，改进教学手段，既是国家教育发展的大趋势，也是我县教育发展的必由之路。××××年，在县财政十分困难的情况下，县委、县政府拿出××万元的配套资金，实施了现代远程教育试点示范和试点工作项目两大教育工程，使我县95％的中小学校享受到了优质教育资源，教育信息化提前了5~10年，为农村中小学校教师探究新课程改革与创新实践提供了更大的空间和条件，更使我县中小学校从教育观念到教学方式、从评价体系到管理体系都发生了质的变化，为提升中小学教育教学质量发挥了重要作用。

我县课改实验工作所取得的成绩和现代远程教育项目的实施，与×厅长和省市教育主管部门的关心和支持是分不开的。今天，×厅长一行亲临我县调研指导，这既是对我县基础教育工作的一次检阅，也是对我县各项教育工作的有力促进。我们将严格按照×厅长一行的新要求，求实创新、锐意进取、狠抓落实、扎实苦干，努力把××县教育工作提高到新水平。

我再一次提议：让我们以热烈的掌声对尊敬的×厅长，尊敬的各位省市领导、教育专家，表示衷心的感谢和热烈的欢迎！

【范例五】

【致辞人】某下属公司总经理

【致辞背景】上级领导检查欢迎致辞

尊敬的×副总经理和专项检查组各位领导：

上午好！

金秋时节你们不辞辛劳，莅临××市分公司检查指导工作，这是对我公司最大的关怀和鼓励，有了您们的检查指导，××市分公司各项管理工作将迈上更高的台阶。在此我代表××分公司全体员工向专项检查工作组成员表示热烈的欢迎和诚挚的问候。

下面我简要介绍一下××分公司的发展概况和治理商业贿赂专项工作的开展情况。

第三章 欢迎辞、欢送辞

××分公司成立于2002年5月，员工总数138人，含20名内部退养人员；其中大专以上学历占员工总数的70%，中专学历占员工总数的30%，平均年龄32岁。

十年来，全体员工顽强拼搏，艰苦创业，从无到有，不断发展，取得了不错的经营业绩。经营区域从早期铁路边上的一个小镇，发展壮大为三个地级市共计16个区县；城域网络覆盖16个区县城区，建成交换端口13万线，宽带端口5万线，城区内用户接入能力达到了80%以上。在网固话用户达到9万户，宽带达到3万户，电信市场收入从500万元/年、1010万元/年、2050万元/年、3418万元/年、4500万元/年，逐年翻番。完成利润从-43.86万元、10.13万元、126万元、437万元、逐年增加。截止到××年××月，分公司的投资总计为1.9亿元，其中有分摊的2353万元铁路专网资产，已经转固1.7亿元，尚未转固的资产仅2000万元。

良好的投资控制和规范的管理，以及自主经营的发展模式，使公司迅速抓住了发展的机遇，实现了盈利目标，步入了良性的发展轨道，这些成绩的取得，都得益于总部和省分公司的正确领导，得益于健全的管理制度和卡控机制，得益于全体员工顽强拼搏和共同努力。目前我们正积极按照总部及省分公司的要求，以开展"增收节支当先锋""创建四好领导班子，提高执行力"等主题实践活动为契机，努力完成分公司全年经营任务为目标，形式多样的开展创建活动，促进公司稳定、持续健康发展。

本次治理商业贿赂专项工作，是按照省分公司总体部署，于××年××月××日省分公司专项治理动员大会后迅速展开的。我们按照"三到位""三结合""两个有利于"的指导方针，查纠并举、量质并重，统筹安排，周密部署，扎扎实实的开展了自查自纠活动。分公司召开了两次动员大会和五次专题工作会，针对自查自纠"6+5"的重点内容，制定并下发了治理商业贿赂专项工作实施方案，明确分工，逐级负责，对自查和补强、检查验收等工作进行了重点部署。在工程建设方面从查清"三个数"着手，自查了×1年四类工程179项，×2年四类工程133项，总投资3837万元的工程档案；物资管理方面查合同、查渠道、查单价、查台帐、查管理制度等；经营代理方面查制度、查流程、查台帐、查客服等；"三重一大"看标准，查执行，合同管理看制度、查规范等；通过对189类物资进行了清查，对45份经营代理协议进行"回头看"，对"三重一大"制度进行修订，对593份合同进行检查，存在的问题和不符合要求的都进行了整改。

通过本次治理商业贿赂自查自纠专题活动，找出了问题，完善了制度，提高了认识，分公司广大员工，特别是各部门、各经营部的负责人，受到了一次深刻的组织纪律教育和法制法规教育，前期存在的一些突出矛盾和问题得以解决，个别管理混乱、作风松散的现象得到了整顿，思想上存在模糊意识、工作上存在松懈情绪的人员受到了批评教育。在工程建设、经营代理、物资管理、财务管理及小金库、三重一大制度执行等重点环节上，从人员任用、制度执行、行为监控等方面，进一步采取了有效措施，建立并完善了防治体系，总体来看，我们感觉达到了预期的效果和目的，取得了阶段性成果。

虽然我们取得了一定成绩，但仍然存在诸多不足，下一步我们将把本次检查验收作为促进公司经营管理工作新的动力，严格按照专项检查组提出的要求进行整改和完善，把××分公司的各项工作做实、做细、做好，为公司的发展做出应有的贡献。

最后我们再一次用热烈的掌声，欢迎×副总经理和检查组的各位领导来××市检查指导工作。

【范例六】

【致辞人】 ××县招商办主任

【致辞背景】 欢迎致富项目考察组再次光临致辞

尊贵的客人：

你们好！

嘉陵欢歌迎远客，相如盛妆待佳宾。

正值清秋时节，金风送爽，丹桂飘香，××山水有幸，人民有幸，迎来尊贵的客人再次光临！

"我有嘉宾，鼓瑟吹笙"。佳山佳水，饱含××殷殷迎客情；丽日丽景，充盈××款款待客意。今天，百姓奔走相告，人人击节志庆。秋水凝眸，真情萦怀，绿满山川，情溢嘉陵。

××，汉代大辞赋家司马相如的故乡。

这里，源远流长，钟灵毓秀。公元507年置相如县，至今一千五百载，史册浩瀚，相如之赋、道子之画，意蕴犹在。我们的母亲河——嘉陵江，89公里河岸，逶迤蜿蜒；南海波光、白云松涛，两个省级风景区，美仑美奂。

这里，人心思进，负重奋飞。两千年上下求索，薪火相传；甘余载改革开放，负重登攀。千里嘉陵第一坝屹立，马回电站、金溪枢纽两颗明珠镶嵌；锦橙100号四获金奖，富民强县。达成铁线穿越东西，一级公路缩短时空。沐发展之春风，承各级之关怀，××

拥抱一个又一个春天!

这里,民风淳朴,至诚至性。一句问候,暖透人心;一根毛巾,洗尽铅尘;一杯热茶,漱齿余香;一盏淡酒,倾尽衷肠。古道热肠,云天高谊,尽现于斯;民心剔透,磊落坦荡,莫胜于斯!××万××人民,个个都有一颗火热的心,人人都有一腔滚烫的情!

今天,尊贵的客人光临,更是让我们如坐春风,如沐春雨,如逢甘霖。我们感谢母亲河,是她孕育了丰富的资源,带给我们希望。我们更感谢你们,是你们,给我们带来了象征幸运、吉祥的橄榄枝,让我们充满了希望和梦想;是你们,给我们的希望插上了翅膀,让我们的梦想一步步走向现实。

我们不会忘记:烈日下,你们翻山越岭,汗湿重衫;风雨中,你们走村串户,考察风土人情;你们不舍昼夜,无论晨昏,不辞辛劳,无怨无尤。这一切,众口交赞,历历在目;这一切,长存民心,回味隽永。在蓬安发展的史册上,将永远记载你们的名字,铭刻你们的功绩!

在这里,让我们以无比崇敬的心情,再道一声:

尊贵的客人,你们辛苦了!

亲爱的朋友,××人民欢迎您!

节庆活动欢迎辞

【范例一】

【致辞人】××市××区人民政府区长

【致辞背景】在第×届××旅游节开幕式上致欢迎辞

尊敬的××××主席，尊敬的各位领导、各位嘉宾，女士们、先生们，朋友们：

胜地逢盛事，佳节迎嘉宾。今天，我们相约××、欢聚××，共庆第×届××旅游节隆重开幕。值此喜庆之际，我谨代表中共××区委、××区人民政府和热情好客的××人民，向前来参加旅游节的各位领导、各位嘉宾和朋友们表示热烈的欢迎！向本届旅游节的主办、协办单位以及全体筹委会工作人员表示衷心的感谢！向所有关心、支持××经济社会发展的各级领导、各界朋友、海内外乡亲致以崇高的敬意和诚挚的谢意！

××区是××市政治、经济、文化、科教中心，是台湾汉族同胞的主要祖籍地和全国著名侨乡，是国务院首批公布的××个历史文化名城之一，素有"××""××"的美称，被誉为"××××，××××"。这里演绎了××××多年的鼎盛文明，东西方文明在这里融汇集聚。无论是吸纳中原文化、古越文化、海洋文化的精华而形成的多元文化，还是独具特色的××、闻名遐迩的独特民居、异彩纷呈的戏曲艺术、说不完道不尽的民俗民风，都揭示了××的深厚底蕴，诠释了××"××"的深刻内涵。这里自古就是一方商贸活跃、生机勃勃的热土，是孕育古代×××××的摇篮，历史上的"××××××""××××"和"××××"等生动写照，无不述说着曾经的辉煌。

勤劳而智慧的××人民，一代一代地谱写着骄人的创业篇章，生生不息地创作着美丽的××故事。改革开放以来，我区加快市场取向改革，走出了一条以民营企业为主体、多种经济成分共同发展的独具特色的经济发展路子，综合经济实力跃居全国中上水平，进入省经济强区前列，成为××省沿海经济社会发展最为活跃、最具潜力的中心城区之一。××××年×月××行政区划调整后，特别是×××年底区直机关跨江南下以来，我区立足新的区情，以"××××、××××"为己任，全面实施"××××××、×××、××××"三大战略，经济和社会各项事业在原有的基础上大步前进，呈现了前所未有的蓬勃局面。

"八闽形胜无双地，四海人文第一邦"。历史文化的厚重，现代文明的激扬，共同烘托了一个独具魅力的××。第×届××旅游节为××打造了一个"展示多元文化，彰显名城风采"的大舞台，我们将诚邀四海嘉宾一起行××之路、听千古传唱、赏名城佳景。衷心希望朋友们在本次旅游节期间能够尽情尽兴地领略千年名城的人文底蕴，尽情尽兴地融入各项文化、经贸、旅游推介及观光活动，尽情尽兴地感受富有××特色的旅游资源、旅游产品。相信第×届××旅游节一定能成为我们友谊的彩带，合作的金桥。

各位领导、各位嘉宾、朋友们，××正面临着新一轮大开放、大开发、大发展的难得机遇，蕴藏着无限的商机。"海纳百川，有容乃大"，××人正敞开博大的胸怀喜迎天下客。走进××，你将品味无穷的韵味；投资××，你将得到殷实的回报。我们竭诚欢迎区内外、海内外各界人士游览××，开发××，建设××。我们将努力为各界朋友在××的投资兴业提供一流的服务，打造最佳的发展平台。

最后，祝第×届××旅游节圆满成功！祝各位领导、各位嘉宾、各位朋友身体健康，事业发达，万事如意！

谢谢大家！

【范例二】

【致辞人】县领导

【致辞背景】在农民××节开幕式上致欢迎辞

各位领导、各位嘉宾、朋友们：

近年来，在市委、市政府的正确领导下，××镇农村工作紧紧围绕农民增收这个中心任务，深化改革、扩大开放、开拓创新、加快发展，使××镇的经济持续、快速增长，农民收入连续几年以较大幅度递增，崇尚文明、富而思乐成为××镇农民的新追求。在各级党委、政府的关心和支持下，××镇农村的精神文化生活也在不断丰富，基础设施不断完善。

步入新世纪的××更加强烈地迸发出与时俱进的勇气和智慧，举镇上下呈现出开拓创新的宏大气象。为贯彻落实中共中央关于解决"三农"问题的有关精神，活跃农村文化生活，繁荣农村书画艺术，促进××书画院的形成与发展，由××市文化体育局、××市文学艺术界联合会、××镇人民政府联合主办，××市文化馆、

××镇文化体育服务中心具体承办，××市书法协会、××市美术协会联合协办的××市首届农民××节今天开幕了。

首届农民××节得到了各级党委、政府和有关部门的高度重视和大力支持，基层文化工作者和基层群众对农民××节表现出极大的热情，社会各方形成合力，文化参与和文化创造空前活跃，在更广泛的领域和更深入的层面充分调动了文化工作者的积极性，共同建设先进文化，进一步推动文化创新和文化繁荣。广大文艺工作者坚持"二为"方向和"双百"方针，深入生活，深入群众，在与广大人民群众的水乳交融中激发艺术灵感与冲动，创作出一批思想性艺术性统一、深受广大群众欢迎、符合人民群众审美需求的优秀作品。

××镇政府将以此为契机，继续把繁荣发展文化事业作为文化工作的第一要务，积极实施精品战略，大力发展先进文化，支持健康有益文化，努力改造落后文化，坚持抵制腐朽文化；着眼于全市文化发展的前沿，不断推进文化工作的创新；牢牢把握先进文化的前进方向，大力弘扬和培育民族精神，发展面向现代化、面向世界和面向未来的、民族的、科学的、大众的社会主义文化，以不断丰富××镇农民群众的精神世界，增强××镇农民群众的精神力量。

最后，祝广大文艺工作者身体健康，祝我们的文化事业繁荣兴旺！谢谢大家！

第三章 欢迎辞、欢送辞

【范例三】

【致辞人】××市市长

【致辞背景】在××××寻根祭祖节上致欢迎辞

尊敬的各位领导、各位来宾，女士们、先生们，朋友们：

天下同根系古槐，四海一脉祭亲魂。在这春回大地、万物葱茏、百花争艳、清风徐徐的清明时节，中国××××又一次迎来了神圣的寻根祭祖大典。在这里，我代表中共××市委、××市人民政府及×××万××人民，向参加祭祖大典的各级领导和各位来宾，表示热烈的欢迎！

××古称××，素有"××××"之称，是中华文明的发祥地之一。境内名胜古迹星罗棋布，自然资源得天独厚。××××，古朴苍幽；广胜飞虹，流光溢彩；巍巍××，层峦叠翠；××瀑布，气势磅礴；××××，唱响神州。优越的自然条件和丰富的人文景观荟萃相融，使文明古老的××充满了无限生机和发展活力。

××××是海内外数以亿计的××后裔寻根祭祖的圣地。×××根祖文化是华夏文明的精髓，民族精神的载体。×××寻根祭祖园是××根祖文化旅游的龙头景点，是凝聚血脉亲情、民族感情，激发爱国之情的平台。我们举办这次活动，就是要进一步弘扬古槐根祖文化，打造旅游文化品牌，促进根祖文化与旅游经济相融合，扩大××的对外交流与合作，推动经济发展和社会进步，加快构建和谐××。

真诚地欢迎各位嘉宾常回"家"看看，更多地了解××、关爱××、支持××，希望××之行能给大家留下一个美好的回忆。

预祝"中国·×××××寻根祭祖节"圆满成功！

祝各位领导、各位嘉宾身体健康，万事如意！

【范例四】

【致辞人】酒店集团董事长

【致辞背景】在某酒店开业典礼上致欢迎辞

尊敬的×××副部长、×××区长，尊敬的各位来宾，女士们、先生们，朋友们：

大家上午好！

值此×××酒店开业之际，我谨代表×××公司，向今天出席开业典礼的领导、嘉宾和所有朋友表示衷心的感谢和热烈的欢迎！

×××公司自成立以来，一直受到部局领导、属地各级政府和社会各界朋友的关心和支持。正是有了这些关心和支持，×××才从无到有，不断发展壮大，逐渐形成了产学研齐头并进、学术交流活跃的大好局面，在业务活动中不断取得良好的业绩。在此，我代表×××同仁向所有关心和支持我们的朋友表示最诚挚的谢意！

×××正处于跨越式发展阶段，显现出强劲的发展势头。近年来，我们实施人才战略、品牌战略和科技产业化战略，为促进业务发展方式和管理方式的根本性转变，孜孜以求，奋力拼搏，业务发展呈现崭新的局面，职能优势、结构优势、局部优势逐渐向技术优势、综合优势和体系优势转化，为事业创新进步构建了良好的发展舞台。在这个发展过程中，我们积极倡导"友谊、竞争、交流、合作"的共事理念，全力塑造团结奋进的知识团队，为人才的成长创造了富有活力而又宽松祥和的人文环境。×××酒店，正是我们顺应时代要求，不断提高人才创业环境水平，适应国内外学术交流活动频繁的形势，以人文关怀为目的，以拓展服务水平为目标，竭诚为专家学者创造的一个交流场所。它的建立和开业，使×××的功能更加完善，使高新技术、人文关怀与环境生态更好地融为一体。它将与×××有机结合，成为我市一个标志性建筑和开展对外交流活动的一个窗口，为我市未来的旅游休闲度假基地增添新的色彩。

今天，我很高兴地看到×××酒店能够顺利开业！在此，我真诚地感谢为它付出辛勤汗水的各级领导和各界朋友。也真诚地期盼，在未来的日子里，各级领导和社会各界朋友，特别是部局领导、属地各级领导和朋友，能一如既往地关心和支持我们，扶持和帮助×××酒店不断发展壮大，共创辉煌未来！

最后，我预祝×××酒店开业庆典圆满成功，也衷心地祝愿它能拥有一个灿烂的明天，为开发区的繁荣昌盛竭尽所能，贡献自己的力量！

谢谢大家！

【范例五】

【致辞人】×××中心校校长

【致辞背景】两校联谊活动致欢迎辞

尊敬的××中心校各位同仁：

你们好！

昔日牛年贵校之行，陡增学识，多长见闻，一度欢歌笑语，依依惜别。今日春意盎然，万物生机。美丽的××河上游河畔迎来了我们期待已久的远方客人：

攀折杨柳赠远客，持添美酒祝贤君。

×××中心校欢迎你们的到来！

×××乡全体师生欢迎你们的到来！

各位来宾，我们虽然各属一省，实属毗邻。对教育的执着与热爱是我们共同的追求。我们两校在国家基础教育的改革与发展中一路走来，其间必然充满着艰辛与付出，饱含着责任与关怀。我们彼此都有一个坚定的信念，那就是：

情系中华教育——你们责无旁贷！

爱洒××山区——我们无怨无悔！

今天，我们在这里再次聚首，共谋教学之计，共悟育人之道。愿你们不吝言词，给我校管理、教学等方面提出宝贵意见，我们将虚心接受，坦诚交流。群山见证，你们的××之行一定会给我校带来前进的动力；碧水陪行，我们两校的联谊在岁月长河中必将成为珍贵的永恒。

衷心祝愿你们××之行愉快！祝愿你们及你们的家人幸福、安康！

【范例六】

【致辞人】××大学校长

【致辞背景】人才交流活动致欢迎辞

尊敬的各位领导，各位来宾：

大家好！

值此丹桂飘香时节，××大学-××人才合作活动拉开了新的序幕。首先，我谨代表××大学对×市高新区的领导及××软件园的各位来宾，表示热烈的欢迎和衷心的感谢！

作为教育部直属全国重点大学，××大学始终致力于为社会培养优秀的电子信息类高素质人才，并在校地合作上有着丰富的经验和良好的基础，近年来，一直与全国各大产业园区保持着良好的交流与合作。××软件园是国家科技部授予的"国家信息安全成果产业化基地"，国家发改委授予的"国家软件产业基地（×市）"。作为全国重点建设园区，它有着良好的企业氛围和广阔的发展前景，每年以快速的速度在成长，先后有三十多家世界500强企及跨国软件企业、数十家国内电子百强企业及本土企业落户园区，为吸引优秀人才创造了良好的环境。

××大学是一所完整覆盖整个电子类学科，以电子信息科学技术为核心，以工为主，理工渗透，理、工、管、文协调发展的国家重点建设的多科性大学，在学科建设与人才培养、科学研究与服务社会等方面实现了卓有成效的发展。××大学作为国家"211工程"、"985工程"重点建设高校，始终把人才培养、科学研究和社会服务作为学校的根本任务，在培养高素质人才、出科技创新成果、服务国家和地方经济发展上取得了有目共睹的成绩。学校坚持以服务为宗旨，在贡献中求发展，在校地合作上有着丰富的经验和良好的基础。

我校毕业生的就业率一直保持在全国高校的前列，近年，学校毕业生整体就业率达95%以上，并逐年提高。长期以来，我校毕业生在业界有着良好的口碑，用人单位对我校学生在单位的表现有着积极的评价。

毕业生分布在全国各地，主要集中于珠江三角洲、长江三角洲、京津地区以及成渝地区，为各地的经济发展做出了卓越的贡献。随着经济形势及产业结构的变化，近年来，我校留在成渝地区的毕业生比例逐渐提高，由2008届的28%上升至2009届的近40%，并成为我校毕业生就业的主阵地。由此，此次活动对我校与××软件园的合作将有着积极的促进作用。

在此，我衷心预祝本次活动圆满成功！

谢谢大家！

欢送辞的定义与特点

欢送词是行政机关、企事业单位、社会团体，或个人在公共场合欢送客人回归，或亲友同事出行时致辞的讲话稿。会议闭幕、学生毕业、客人结束访问等，都要表示热烈欢送。欢送词的格式和写法，一般与欢迎辞相同，只是正文部分的内容有所区别。

作用：

对客人表示热烈的欢送，并对客人在这一阶段取得的成绩予以肯定。以生动感人的语言对客人表示希望和勉励并表现出惜别的感情。

写作指导：

一、标题

一般要标明谁在什么会上的欢送词，例如"向警予在欢送第八届留法勤工俭学学生会上的致词"；外交场合，特别是重要外事活动中的欢送词，一般均采用这样完整的标题。一般社交场合中的欢送词，标题可省去演讲者，只标明在什么会上的欢送词。

二、称呼

外交活动中的欢送词，对主宾的称呼用全称，即姓名后加职位、职称，以示尊重，社交场合中的欢送词，对主宾的称呼一般不提职位、职务，以示亲密友好。有时，在被欢送者的姓名前加上"亲爱的"、"尊敬的"等修饰语。

三、正文

一般的内容构成是：开头，直接表达欢送之情意，有时也可对被欢送者表示祝福；主体部分，或对来宾访问成功和会谈成功表示祝贺与感谢，评价来宾访问与会谈的意义和影响；或回顾友好交往、合作的以往，评价被欢送者的工作、学习成绩和个人品格，表达惜别之情；或说明被欢送者所面临的新的工作、学习的意义等等。

四、结尾

向被欢送者表示祝愿。

写作特点：

措词要注意礼貌、委婉，篇幅不宜过长，以情动人。

毕业欢送辞

【范例一】

【致辞人】 某军校班主任

【致辞背景】 致军校毕业学员欢送辞

同志们：

明天你们就要离开××学院，在短暂的四个月时间相处的日日夜夜，我感到和大家在一起共同学习、工作和生活非常愉悦，同时打心眼里舍不得大家。俗话说"天下没有不散的筵席"，你们即将奔赴各自所在部队的工作岗位，履行军人的使命和责任，续写军旅生涯新的篇章。在此，我谨代表队领导对大家圆满地完成学业表示热烈的祝贺！

同志们，你们是经过各部队组织的筛选，带着组织的重托和亲属的叮嘱，来到××学院学习，可以说，你们是部队领导和同志们认可的佼佼者，从你们到来的那一天起，我就从你们身上的一言一行中看出了你们对知识的渴望，对工作的态度，对纪律的要求，我和队长为带你们这批学员而感到荣幸，正是因为你们的到来，你们的存在，我队取得了一个又一个的荣誉，为队里的全面建设发展贡献了自己的力量。在此，我衷心感谢大家！下面，我提以下三点希望，与大家共勉：

第三章 欢迎辞、欢送辞

一是要牢固树立终身学习的观念。不管你们是在院校，还是在部队都要加强学习，这样不仅可以武装自己的头脑，也有利于日后工作的开展。你们要把在院校所学到的知识灵活运用到部队实际工作中去，做到以理论指导实践、推动工作，不管回去在什么岗位上，都要尽快进入角色，适应工作岗位，努力工作，刻苦钻研业务技能，高标准、高质量地完成上级赋予的各项任务。

二是要提高"能说会写"能力。你们要想成为称职的政工干部，说和写是基本功。要注重在说和写上狠下功夫，在部队不能局限于忙些事务性的工作而忽视学习，要做到不管工作多忙，尽量挤出时间给自己充电，平时养成收集资料的好习惯，坚持做到多看、多学、多写、多练，使自己真正成为行家里手。

三是要注重发挥自身优势。从四个多月时间相处中，我看到了你们每个人身上的闪光点，希望你们以后在部队工作中要把自身优势突现出来，同时要学会扬长避短，积极向好的同志学习，从他们身上吸取精华，不断完善自我，使自己真正在部队这个大舞台演绎更加精彩的军旅乐章。

同志们！我相信咱们全队的每位同志明天会更加美好！

最后，祝同志们一路顺风，事业有成，身体健康，生活美满！

【范例二】

【致辞人】校长

【致辞背景】致×××× 届毕业生欢送辞

亲爱的×××× 届毕业生们：

伴随着金灿灿的太阳，伴随着老师和同学们的祝福，伴随着依依惜别之情，你们即将满载累累硕果，告别辛勤耕耘的大学老师、告别朝夕相处的大学同学、告别丰富多彩的大学生活、告别共同建设与发展的母校，就要踏上新的征程、开辟新的航道、拥抱新的希望、创造新的辉煌。

光阴似箭，日月如梭，几年的大学生活转瞬即逝。回首当年，你们那一张张稚嫩的脸庞写满了对大学美好生活的憧憬，你们带着亲人的嘱托，怀揣着崇高的理想踏进了××范学院这片美丽的沃土，在这片土地上，你们开始了新的生活。宽敞明亮的教室、藏书丰富的图书馆里有你们专心致志的身影，丰富多彩的文体活动中有你们无限的青春与活力，夕阳晚照的林荫道上留下了你们探求知识、思索人生的足迹……再看今朝，你们个头长高了，思想成熟了，知识丰富了，每个人的脸上都平添了几分自信。

现在，你们将挥挥手，告别母校，踏上新的征程。值此依依惜别之际，学校党政领导和全校师生员工，热烈欢送×××届全体毕业生，祝愿你们圆满完成学业，去开辟新的天地，去播种新的希望，衷心希望全体毕业生在未来的日子里，走好人生之路，再创骄人业绩，为国家的繁荣富强和民族的伟大复兴做出更大的贡献。大学毕业既是终点，也是起点。

×××届毕业生入校时，适逢学校各项事业蓬勃发展的大好时期，广大同学抓住机遇、刻苦学习、加强锻炼，专业水平和综合素质明显提高，部分同学还在某些方面取得了突出的成绩，为走向社会、谋求更好的发展奠定了良好的基础。为此，全校老师为你们取得的成绩感到骄傲，为你们的成人成才成熟感到欣慰。同时，广大同学在校期间通过不同的渠道参与学校的建设，为学校的发展做出了积极的贡献。为此，学校为你们的良好表现感到自豪，对你们的贡献表示衷心的谢意。

同学们，就要告别母校，去开辟新的天地，而学校将时刻牵挂着你们，关注着你们。党和国家对当代大学生寄予了殷切的期望，当代大学生理应成为有远大理想的一代、艰苦创业的一代、道德高尚的一代。母校希望你们在党的正确领导下，在今后的日子里满怀豪情，谱写更加优美动听的乐章，书写更加辉煌的诗篇，共同走向更加光辉灿烂的明天，共同拥抱更加充满希望的未来！

亲爱的××××届毕业生们，天下无不散之筵席，有今日分别的不舍才有明日重聚的欣喜，既然分别不可避免，就让我们将满怀的思念，托付给明朝重逢的喜悦吧！学校的领导、老师，你们的学弟学妹们将时刻等候着你们成功的喜讯、胜利的捷报！"今天你们以母校为荣，明天母校以你们为荣。"祝你们在新的工作岗位上施展自己的才华，争取早日成才！祝你们在未来人生旅途中一帆风顺，身体健康，合家幸福！

【范例三】

【致辞人】班主任

【致辞背景】在××××毕业生毕业典礼上的欢送辞

亲爱的同学们：

今天，你们要告别几年的师范生活离我们而去了。见时容易别时难，这时我们难免有几许凄凄，几许依恋。然而，当我想到你们告别了母校将走向高山，走向平原，走向碧波荡漾的水乡，去开辟你们崭新的生活的时候，我又有几分释然，几分激动，我祝福你们走向新的生活。

几年来，同学们在教师的摇篮里，在老师们的辛勤培育下，刻苦学习，成了德、智、体、美全面发展的新人。我永远忘不了你们运动场上龙腾虎跃的英姿，忘不了你们挑灯夜战的身影，忘不了你们展现在母校的美好的心灵。此时此刻，我想起了：你们被白色领奖台托起的健美的身躯；想起了变幻的彩灯下，你们踏出的青春的旋律；想起了你们在奖学金领奖大会上，送给校领导羞涩而自豪的一笑；想起了更多的同学，那默默无声却沉稳有力的身影；我还想起了你们有时皱起的眉头，我更想起了你们渴求未来的闪着异彩的眼神。啊，一切都过去了，一切都那么刻骨铭心。亲爱的同学们，你们的汗水浇灌过母校美丽的玉兰，你们的脚印深深地刻在母校厚实的土地上，作为母校的老师，我祝贺你们取得的成绩，也感谢你们为学校做出的贡献。

同学们喜欢唱"我们今天是桃李芬芳，明天是国家的栋梁"。我亲眼看到你们从带着泥土气息的农村娃子变成了健壮的小伙子、亭亭玉立的大姑娘。变化的不仅是你们的外表，知识的琼浆玉液，滋润了你们的心灵，使它日益成熟，日益深邃。你们将给广袤的大地，带去青春的朝气和时代的气息。新的事业在召唤你们，千百双渴求的眼睛在企盼着你们，像那天上的明星。在这片闪烁的星光里，你们将找到清澈如山泉的真、善、美。你们像那饱满的种子播在祖国的山山水水，我敢相信，春风化雨，你们会生根、发芽、开花、结果。征程漫漫，我不能廉价地断言你们的未来一切如意，也许校舍是破旧的，桌椅是粗糙的。但我要说：坐享其成，只能是纨绔子弟的品性，在没有路的地方最容易踩出令人惊奇的新路。让我们坚信："艰难困苦，玉汝于成。"

这几天同学们忙着写毕业留言，字里行间流动着行将离别的缠绵悱恻，作为刚送走第一届学生的我，其心情又何止惘然若失呢？但我知道羽翼已成的小鸟是属于蓝天白云的，我深情地目送你们离去，我更盼着听到你们成功的喜讯。

最后送大家两句诗："莫愁前路无知己，天下谁人不识君。"

【范例四】

【致辞人】班主任

【致辞背景】致×××届毕业生欢送辞

亲爱的×××届毕业生同学们：

葳蕤生光月亮岛，碧波荡漾浐水河。时光匆匆，岁月悠悠。夏日的××又迎来了一年一度的欢送季节。充满青春活力、结满累累硕果的你们，将要告别美丽的××学府，走出诗画的岛上校园，奔赴全国各地，踏上人生新程。此时此刻全校领导老师和学弟学妹们百感交集，依恋难舍，万语千言化作一句话：×××是你们人生航程的起点，也是你们强健身心的基地，更是你们规避风浪的港湾。

踏莎行歌，青春浩荡。回首过去，你们专心致志，勤奋学习；你们团结互爱，奋进拼搏。各类丰富多彩的活动，展示着你们充满青春活力的风采；各式林林总总的奖状奖杯，镌刻着你们才华出众的优胜；晨曦夕晖映照的林荫大道，铺满着你们思索探求的足迹……你们在学校发展的历史画卷中又增添了可歌可赞的崭新一页。

登高伤远别，鸿雁几行飞。话别今天，执手已凝语，冰心在玉壶。告别母校，希望你们鼓起昂扬斗志，更加自信自立，更加勇敢坚强，积极面对到来的困难；告别母校，希望你们领悟珍惜和感激，珍惜师生情、朋友情、同学情，感激父母以及所有对你有帮助的人，做传播爱与文明的使者；告别母校，希望你们正确处理好就业、择业和创业的关系，脚踏实地走好每一步。通向成功的路有千万条，俯下身去，凝视脚下的大地，你们会感到今天的世界布满多少关爱！昂起首来，仰望头上的星空，你会发现明天的人生充满何等希望！相信吧，你们的未来一定会更加灿烂辉煌！

别浦盈盈永又波，凭栏渺渺思如何？展望未来，我们深情伫望，伫望你们张开隐形的翅膀，翱翔蓝天，放飞梦想；我们热切期待，期待你们面带成功的欣喜，荣归母校，畅叙情怀。

祝你们一帆风顺，一路欢歌，早日实现宏图大志，拥有更加美好的未来！

【范例五】

【致辞人】某校校长

【致辞背景】××届毕业生欢送会致欢送辞

亲爱的××届毕业生同学们：

数年寒窗苦，莘莘学子情。忆往昔，峥嵘岁月，感慨万千；望未来，意气风发，前程似锦。时光荏苒，转眼间你们又要奔赴各地，满载着知识和收获，为了理想踏上新的漫漫征程。

同学们，无论你们走到天涯海角，别忘记，母校是你们永远的港湾！所有的校友是彼此永远的朋友！

离开母校，希望同学们秉承母校薪火相传的精神，积极地去思考、去创造、去烙印未来旅程中每一步坚实的脚印，发扬光大"志存高远、自强不息、乐于奉献、团结奋进"的宜宾市三江学校校园精神。踏出校园的你们，背负着社会的责任，凝结着母校和亲人的殷殷期盼，你们的每一次成功，都会使母校的荣光更加夺目灿烂。同学们，努力吧！为祖国的建设奉献青春，也为你们的人生构筑新的高度！

离开母校，希望同学们胸怀"正气"，更加领悟珍惜和感激。在课堂上倾心讲述的老师，迷惘时互相鼓励朋友，几年里共同成长的同学……这些人，这些事，曾为你们的心灵撑起一片晴朗的天空，迈入社会的大家庭后，希望同学们做传播爱与文明的使者，用你们的正义和善良谱写和谐社会的乐章。

离开母校，希望同学们昂扬志气，更加坚强和勇敢。志气是拼搏的决心和奋斗的勇气，志气意味着对目标的追求和对困难的征服。走出象牙塔的你们，正如一叶扁舟驶入大海，未知的航线、无情的风浪，也许会是横亘在前方的艰难。但是，请你记住，唯有矢志不渝的决心、天生我才必有用的信念方能成就顽强的意志和坚强的品格，唯有顽强的意志和坚强的品格方能成就辉煌的人生。同学们，前方的道路也许曲折，但未来一定属于你们！

亲爱的毕业班同学们，在你们离校之即，我们真诚地欢迎大家为母校的发展献言献策，为母校的建设贡献一份力量。一朝师生情，终生缅于怀。在这个离别时分，相信同学们心中都有一种深深的惜别和眷恋，关于母校、关于老师、关于同学、关于朋友、关于自己的青少年时光…这是一种无法替代的情感，也是一份永难磨灭的记忆。群鸿飞四海，爱心留故园；海阔凭鱼跃，天高任鸟飞。在这离别的时分，请同学们面带丰收的微笑，轻轻告别安详而宁静的校园，留下美好的回忆，踏上崭新的征程！

祝所有毕业班同学一帆风顺，鹏程万里！

【范例六】

【致辞人】某乡党委书记

【致辞背景】在乡镇党校入党积极分子培训班结业典礼上的欢送致辞

同志们：

××乡党校入党积极分子培训班今天顺利结束了。在此，我代表乡党委向参加培训的同志们表示热烈祝贺！

对于本次培训，乡党委高度重视，党校精心组织，各党支部积极配合，培训工作进展顺利，成效显著，总结起来有四个方面的特点。一是静下心来学。参加培训的同志都是各村各单位的骨干，工作忙，事情多，可能会对培训有一些影响。但大家都珍惜这样集中培训的机会，克服各种困难，大家静下心来，认真学习，切实提高了自己的理论水平和政治素质。二是相互交流学。由于大家的工作经历、所处行业、所在岗位以及年龄、文化等不尽相同，学习过程中对知识的消化程度、对问题的理解程度等也不尽相同，因此各位党员在学习中能抓住机会，多沟通、多交流、多探讨，拓宽知识面，达到相互促进，共同提高的目的。三是严守纪律学。培训期间自觉遵守纪律，严格遵守作息时间，创造了一个良好的学习环境。大家自觉服从教学安排，认真听课，认真思考，认真记笔记，独立完成理论考试，检验自身的学习成果。四学习成绩突出。本次培训班内容丰富，形式多样，通过集中授课、讨论、考试活动等多种方式，大家不但系统地学习了党的性质、指导思想、基本纲领、基本路线，党员的权利与义务等内容，而且重点学习了'三个代表'重要思想、科学发展观等马克思主义中国化的最新成果，普遍接受了一次系统的马克思主义教育，进一步增强了党性修养和党性锻炼，进一步端正了入党动机，进一步坚定了永远跟党走、为党的事业奋斗终身的信心和决心。刚才进行了理论考试，我简单地看了一下，大家考的成绩比较不错，基本掌握了所学内容。

同志们，短期集中培训的结束，并不意味着学习的终止，大家要以此为新的起点，不断加强学习，努力提高自身的政治素养和理论水平，认真践行"三个代表"重要思想，自觉贯彻落实科学发展观，积极投身于全面建设新农村特区的伟大实践中，为我乡的建设和发展勤奋学习，努力工作，以实际行动争取早日成为一名中国共产党党员。在此，我提三点希望：

第一，不断加强理论学习，做到学习党的基本理论与学习科学文化知识的统一。

第二，理论联系实际，切实发挥好模范带头作用，做到认识与实践的统一。

第三，进一步端正入党动机，不断加强党性锻炼，做到思想上入党和组织上入党的统一。

希望同志们在平时的学习和工作中，积极相应党的号召和要求，做"三个代表"重要思想和科学发展观的践行者，树立高尚的道德情操，准确理解和把握中国特色社会主义的历史特征，肩负起振兴中华民族伟大复兴的时代使命，用科学的理论武装自己，用高尚的精神充实自己，坚定理想信念，提高综合素质，努力把自己培养成为社会主义事业的合格建设者和可靠接班人，争取早日在思想上、组织上加入党的行列。

最后，祝大家在今后取得更大进步、争取更大光荣！

入伍欢送辞

【范例一】

【致辞人】某市副市长、征兵工作领导小组组长

【致辞背景】冬季新兵欢送大会上的致辞

同志们：

今天，市委、市政府在这里隆重举行欢送大会，热烈欢送今年冬季应征入伍的××名新兵。在你们即将奔赴军营，肩负起保卫祖国重任之际，我谨代表中共××市委、××市人民政府，向你们致以崇高的敬意！并向积极送子参军保卫祖国的广大家长同志们表示衷心的感谢！

今天，可以说是这××位适龄应征青年人生的一个重要转折点。从今天开始，你们就由一个普通的老百姓转变为一名光荣的革命军人，成为人民子弟兵的一员。一个全新的军旅生活将在你们面前展开。在你们身着绿色军装，即将告别朝夕相处的亲人，离开养育生长的故土，踏上新的人生旅程之际，作为家乡的父老乡亲，我们殷切地期望着你们：

一要珍惜荣誉，牢记使命。当代青年选择军营，成为一名光荣的人民子弟兵，这是一种崇高的荣誉，是祖国和人民赋予适龄青年的神圣使命。"国无防不立，民无兵不安"。强盛的经济和强大的国

防，是一个国家屹立于世界民族之林的两大支柱，缺一不可。保卫祖国，依法服兵役，是每个公民的光荣义务。兵役义务不是一般的义务，它关系着国家的安危、民族的兴亡，关系着保卫改革开放的辉煌成果，关系着新世纪宏伟目标的实现。也是每一位有志青年献身国防、报效祖国的具体体现。正因为有千千万万像你们这样的热血青年投身军旅，为我国国防建设挥洒出自己的青春和热情，才有国家强大的国防，才有我们祖国的长治久安，才有我们人民的幸福安宁。你们选择了军旅生涯，你们的青春一定会充满希望，充满力量，这是你们应当感到骄傲和自豪的。

二要严格锻炼，献身国防。穿上绿色军装，跨入军营大门，开始崭新的生活，大家面临的环境是陌生的，要求是严格的，在家里可以自由自在、无拘无束，但作为一名军人就与普通老百姓不同，要加强自我约束，以苦为荣，遵守严格的军规和铁的纪律。面对21世纪对国防建设的新挑战，要成为一名合格的当代军人，还必须掌握和练就过硬的军事技能，要吃苦耐劳进行严格的训练，这都是对自己意志的考验和挑战。"军营是所大学校"，军队为广大青年提供了施展才华的广阔天地。军旅生活是非常锻炼人的，作为家乡的父老乡亲，我们相信我们这××位子弟都能够经受住严峻的挑战，牢固树立献身国防事业的思想，锤炼成为合格的共和国战士。

我们××市是全国的双拥模范城，一向有着拥军优属的光荣传统，你们参军卫国，家乡人民都会给你们当好"后勤部长"，积极为你们解除后顾之忧，家乡是你们的坚强后盾。你们到部队后，应该排除思想顾虑，把军营生活当作自己人生履历的重要组成部分，珍惜这种来之不易的美好时光，把部队当成家，把战友当亲人，尊重部队领导，团结广大战友，与驻地的群众同呼吸、共命运、心连心，过好自己的军旅生活。

三要建功立业，为家乡争光。当兵就要当好兵，"不想当将军的士兵，就不是好士兵"，青年人应该要有远大的理想和抱负，从踏上军营的第一天起，就要树立在军营建功立业的远大理想，任何时候、做任何事情，都不能忘记为家乡争光。我们×城被誉为"海滨邹鲁、文献名邦"，历来儒风蔚然，文人辈出，但也不缺少阳刚之气，现在就有四名共和国将，他们都是×城人民的骄傲，也是大家学习的榜样。

在这里我衷心地希望你们能够以这些前辈为楷模，立志军营建功立业，勤奋学习，刻苦训练，勇当训练尖子；牢记我军全心全意为人民服务的宗旨，努力实践"三个代表"，成为一名政治合格、军事过硬、作风优良、纪律严明的优秀士兵。衷心地希望你们胸前那鲜红的光荣花许多年后能够变为金光闪闪的勋章，载誉归来，告慰亲人。衷心地希望若干年后，你们当中能够产生出新的共和国将军。同时，也衷心地希望每位新兵家长能够以自己的实际行动，全心全力支持子女在部队里安心服役，解除其后顾之忧，使他们能全身心地投入到火热的军旅生活中去，去谱写壮丽青春之歌。最后，我代表×城的父老乡亲，再向你们道一声：珍重！

【范例二】

【致辞人】 ××镇人武部长

【致辞背景】 新兵入伍欢送会上的讲话

同志们：

今天，我们在这里举行新兵入伍欢送仪式，我谨代表××镇党委、政府，向即将踏上光荣征程的新一代骄子表示热烈的祝贺，向各位家长表示崇高的敬意。

今年，我镇在上级党委、政府的正确领导下，切实实践"三个代表"重要思想，认真执行各级征兵命令，以保证新兵质量为核心，采取有效措施，严格把关，圆满完成了新兵的征集任务。

同志们，加强国防和军队建设，直接关系着国家安全和经济发展的大局。当今世界，和平与发展仍是时代的主题。但天下并不太平，我们要清醒地看到，国家安全面临着霸权主义、地区冲突、民族分裂、恐怖破坏、领土和海洋权益争端等方面的挑战与威胁。×国视我为"潜在对手"，不断加强在××地区的军事，极力"西化"、"分化"和遏制我国。在这种形势下，我们必须高度警惕，毫不放松地抓好国防和军队建设。你们是我国国家安全与经济建设的又一代主力军，维护国家安全的光荣而又艰巨的担子落在了你们身上，这给你们今后的生活提出了更为严格的要求。你们一定要拼搏进取，为国家安全和经济建设做出应有的贡献。

部队是培养人的"大学校"，是锻炼人的"大熔炉"，许多同志已经经过培养锻炼，提高了素质，开阔了眼界，增强了才干。到家乡后，成为了经济建设的骨干力量，成为了各行各业的优秀人才。

同志们，从今天起，你们就成为了光荣的解放军战士。在这里，给你们提几点要求：

一、你们一定要站在事关国家安全、民族兴衰，事关"打得赢"、"不变质"的高度来认识对待你们的服兵役工作，要珍惜荣誉，保持你们的良好势头，确保素质过硬，政治过硬，为我们××镇争光添彩，让你们的父母为你们骄傲、自豪。

二、入伍后，你们一定要以国家为重，以人民为重，刻苦训练，坚决服从命令，顽强拼搏，大胆进取，与时俱进。在部队这个"大学校"、"大熔炉"里好好锤炼，不断提高思想上、工作上、组织上的素质，坚决打造一名名铁的战士。

三、要求你们通过几年的锤炼，都要成为一个有文化、有纪律、有特长、有技术的高素质能人，望你们回家后带领群众进行经济建设，全面建设小康社会。

同志们，愿你们披上戎装的翠绿，让生命之树永远长青；愿你们留住军徽的光明，让坦荡心胸永远火红！

【范例三】

【致辞人】××县县长

【致辞背景】欢送新兵入伍仪式上的致辞

同志们：

今天，我们在这里举行隆重仪式，热烈欢送我县首批入伍离境的新战士。在此，我首先代表县四套班全体领导和全县 70 万人民，向光荣加入人民解放军、即将踏上保卫祖国征程的同志们表示热烈的祝贺！向为祖国培养出优秀接班人和保卫者的各位父老乡亲表示衷心的感谢！

同志们，适龄青年应征入伍、参与扛枪保家卫国是国家法律赋予我们的神圣职责，也是我们应尽的光荣义务。今天，你们为了祖国的安宁和人民的幸福，积极响应党和人民的召唤，踊跃报名参军，立志在保卫祖国的光荣岗位上实现自己的人生价值，你们作为党和人民培养出来的跨世纪优秀青年，家乡政府和家乡人民为你们的光荣选择感到十分的骄傲和无比的自豪。

同志们，人民军队是磨炼良好意志、培养祖国保卫者和建设者的大熔炉、大学校，是维护国家主权、保卫国家安全的钢铁长城。你们即将离开可爱的家乡，离开自己的亲人到人民军队的大家庭中去，希望你们到部队后，处处严格要求自己，积极、主动接受系统的军政学习和训练，全面增强保卫祖国的能力，努力把自己培养成为政治合格、军事过硬、纪律严明、作风优良的新一代合格军人，为自己和家乡父老多争荣誉、多立新功，做到无论在任何情况下，都能不辜负党和人民的期望，经得起各种风浪的考验，圆满地完成党和人民赋予的神圣使命，用自己的实际行动向家乡政府和父老乡亲交上一份满意的答卷。

拥军优属是我们党、政府和人民的光荣传统。请你们到部队后，要迅速投入到新的生活之中，安心服役，努力取得新的成绩，我们将尽全力照顾和服务好你们的家庭和亲人，尽全力把党的各项优抚政策落实到位。同时，我们将积极带领群众加快经济发展步伐，迅速提高小康水平，把我们的家乡建设得更加美好可爱。

同志们，今天家乡人民以你们入伍而感到光荣，明天将以你们成为国家栋梁而感到骄傲，家乡人民热切期待着你们立功受奖的好消息！最后，祝新战士们一路平安，在革命的征程上一帆风顺，同时也祝你们的家庭和亲人幸福快乐。

谢谢大家！

【范例四】

【致辞人】县委书记

【致辞背景】新兵入伍欢送仪式上的致辞

新战友们：

遵照国务院、中央军委20××年度冬季征兵命令，在全县各级各部门的共同努力下，经过严格的体格检查和政治审查，我县共有××名青年被批准入伍，即将成为一名光荣的中国人民解放军和武警战士。在此，我代表县委、县政府向全体应征入伍的青年表示热烈的祝贺！向关心支持国防事业的应征青年的家长表示崇高的敬意！向前来××接兵的部队领导及全体征兵工作人员表示亲切的慰问！

××是革命老区，××人民有着光荣的革命传统，战争年代许多××子弟为了人民的解放事业，前仆后继，献出了年轻的生命；和平建设时期，又有许多××子弟舍小家顾大家，赴军营守边关，为保家卫国奉献自己的青春，也涌现出如××等在全国有很大影响的英雄。今年征兵工作开始后，全县城乡再度掀起参军热潮，广大适龄青年象祖、父辈那样，怀着满腔的爱国热情，纷纷从全国各地返回家乡报名应征，接受祖国挑选，体现了老区人民高度的思想觉悟和良好的革命传统。

同志们，当今世界和平与发展是时代的主题，但世界并不太平，强权政治和霸权主义依然存在；我国的国家统一大业还未完全实现。严峻形势告诉我们，没有一支强大的军队就不可能有国家的统一，没有坚强的国防中国就不可能永远屹立于世界的东方。当前全党、全军和全国各族人民在以胡锦涛同志为总书记的党中央的领导下，高举邓小平理论伟大旗帜，全面贯彻"三个代表"重要思想，认真贯彻党的十六届三中全会精神，向全面建设小康社会的目标迈进。当前，国家政治稳定，经济稳步发展，人民安居乐业，良好的局面来之不易，离不开党的正确领导，离不开全国各族人民的共同努力，更离不开稳固的国防和强大的军队的安全保障。中国人民解放军是一支光荣的队伍，部队是所大学校、大熔炉，是培养人造就人的好地方，在那里不仅能学政治、学军事、学文化，而且能培养良好的身体和心理素质，养成吃苦耐劳、不畏艰难的坚毅品格，人生有过当兵的经历将会受益终身。即将入伍的应征青年，你们就要告别家乡，踏上从军之路，履行保家卫国的神圣，"一人参军，全家光荣"，你们应该为此感到骄傲和自豪。同时请你们放心，我们党委、政府会关心好、照顾好你们的父母和亲人。希望你们到部队后不要辜负家乡人民对你们的厚望，把满腔的热情转化为报国之志，要努力学习政治、军事和现代科技知识，尊重领导、团结战友、刻苦训练、遵章守纪；要努力成一名政治思想好、军事技术精、作风纪律严、完成任务好的优秀士兵；要干一行、爱一行、专一行，在艰苦的环境中磨练自己，在平凡的工作岗位上建功立业，为家乡人民争光。在这里我也请部队领导从政治、军事、纪律等方面对我们开化籍的战士严格要求，在学习、生活方面多关心帮助，使他们尽快适应部队生活并茁壮成长，为××培养更多的合格人才。

最后，祝愿接兵部队领导同志和入伍新兵一路平安，工作顺利。

退伍欢送辞

【范例一】

【致辞人】部队领导

【致辞背景】致某军区警卫团退伍老兵欢送辞

亲爱的复退战友们：

在你们即将退出现役，向军旗告别的时候，我们怀着依依不舍的心情为你们送行。服役几年，你们在军旗下，为神圣的警卫事业做出了突出的贡献，为我们中队这个"家"贡献了智慧和力量。在此，我代表中队所有老兵对大家几年来所付出的一切表示衷心的感谢，并致以崇高的敬礼！

几年前，你们来到××警卫团这所大学校里，在组织的教育和培养下，学政治、学军事、学文化。几载风雨，几多磨砺，不断提高思想觉悟，不断提高文化水平，不断提高道德修养，不断提高军事本领，为警卫部队的全面建设做出了贡献。

当为你们送行的时候，让人怎能忘记我们朝夕相处的日子？无论寒暑冬夏，我们一起摸爬滚打；无论新兵老兵，我们团结友爱，互敬互助；无论干部、战士，我们亲如兄弟，情同手足。几年来，你们的成长，你们的欢乐，你们的追求，你们的荣辱都紧紧与中队相连，大家始终坚定"中队靠我发展，我靠中队进步"的信念，在生活和工作中形成了"团结、拼搏、爱队、有为"的团队精神，在各自岗位上默默无闻地奉献着。训练场上流下了你们的汗水，三尺哨台留下了你们的风采，在我们心中留下了你们光辉的形象。我们又怎能忘记，在急难险重任务面前，是你们首先冲在前头，是你们个个勇挑重担，在枯燥乏味的哨台上，是你们喊响了"向我看齐"，树起了警卫战士高大的形象，在严明的纪律面前，你们自觉遵守，处处堪为楷模。

俗话说，"铁打的营盘流水的兵"，每年我们都送老迎新。尽管你们离开了我们这个家园，但你们的精神，你们的风采，你们的名字，将永远印记在中队建设的史册上。我们大家也是来自五湖四海，在一起度过了难以忘怀的集体生活。从今天起，你们又要回到五湖四海去了，但我们永远不会相忘。

同志们，你们光荣退出现役，就要去实现自己新的理想了，我们衷心希望你们当中出现更多的改革家、企业家，也希望不久的将来在报刊上、电视上、广播里和你们再见！也希望你们永远不要忘记军旗，不要忘记你们曾经是光荣的警卫战士，希望你们永远保持革命军人本色！

最后，我们真诚地向复退老兵道一声珍重，祝你们一路平安，在新的工作岗位上为祖国、为人民再立新功。

【范例二】

【致辞人】某部队领导

【致辞背景】致某军区退伍老兵欢送辞

即将退役的各位战友：

就要挥手离别，你们熟悉的身影即将在的祝福中渐渐远行。

几年来，摸爬滚打洗去了你们的稚嫩，风霜雨雪锻造出你们的豪情。在栉风沐雨的日子里，你们和着稍息立正的韵律，和着排山倒海的步伐，和着学院建设的大潮，书写了一幕幕壮丽画卷。在"长征路"上，有你们辛勤忙碌的身影；在野外驻训场上，你们战寒冷、抗泥泞，保障工作一丝不苟；在日常工作中，你们站岗执勤、送报做饭，默默地在本职岗位上谱写着奉献的篇章！

你们服务基层、服务机关，在军队舞台上度过了四年的青春年华，为我军培养高素质新型军事人才奉献了四年的心血和智慧。

战友们，你们即将脱下军装，投身市场经济建设。坚信，你们在部队所练就的令行禁止的作风、坚韧果敢的意志、开拓进取的风貌、无私奉献的品德，将伴随你们走好人生的每一步，并助你们开创新的伟业。

最后，祝愿战友们在新的人生道路上宏图大展、再创辉煌！

【范例三】

【致辞人】某部队参谋

【致辞背景】在某部老兵退伍欢送仪式致辞

亲爱的退伍老战士同志们、战友们：

在你们告别军旗，光荣退伍，就要踏上远去的征途，离开美丽的军营和朝夕相处的战友，奔赴新的工作岗位之际，我们留队的官兵对你们为部队建设做出的贡献，表示真诚的感谢，并致以崇高的敬意！

几年前，你们带着亲人的期望，肩负着人民的重托，满怀报效祖国、献身国防的一腔热血，踏进了绿色军营，来到了我们英雄的团队。几年来，你们不辱使命，用青春的光和热，用生命的血和汗，谱写了人生的光辉历史，为部队建设做出了重大贡献，你们的功绩将永远载入我们英雄团队的光荣史册。在你们之中，有学革命理论的积极分子；有学雷锋标兵；有顾全大局，甘愿吃苦，乐于奉献的先进个人；有爱军习武、刻苦训练、技术过硬的训练尖子；有全面发展、表现突出的优秀士兵；还有尽职尽责，不计得失，无私奉献的无名英雄。你们不愧为英雄团队的光荣战士。

亲爱的战友们，过去大家为了共同的目标，从祖国的天南地北走到了美丽的奇峰军营。在长期的军旅生涯中，大家结下了深厚的战友情谊。在迷人的相思江畔，洒下了你们的忠诚和热爱。今天，因为部队建设的需要，你们将要告别战友，离开部队，踏上新的征途，希望你们继续保持发扬在部队的光荣传统和优良作风，始终保持革命军人的光荣本色和优秀品质，把在部队的好思想、好作风和学到的知识带到地方，带回家乡。在回家的路上做文明的使者，守纪律、传播文明之风。在祖国的现代化建设事业中，贡献聪明才智、争当模范。在新的工作岗位上奋发进取、有所作为，干出一番事业。我们全体留队的同志要认真学习退伍老战士的好思想、好作风，安心工作，积极进取，努力为团队建设创造新的荣誉。让老战友们放心，让上级首长放心。

亲爱的老战友同志们，你们的军旅生活就要圆满结束了，但是你们为部队建设做出的不朽贡献，将永远留在我们这个英雄的部队。大家在今后的工作生活中，不要忘记当兵的岁月，不要忘记英雄的团队，不要忘记相识的战友。

再见了，亲爱的同志们、战友们！祝你们在返乡的路上旅途顺利、一路平安！

【范例四】

【致辞人】某部队领导

【致辞背景】老兵退伍欢送辞

亲爱的战友们：

时间过得真快，一转眼，你们就要告别这绿色的军营，离开亲爱的连队，在此，我代表连队党支部和全体官兵祝你们一路平安，前程似锦！

四年前，当多数同龄人还在父母的呵护下在家庭的温室里时，你们胸怀祖国，心系国防，积极响应祖国的号召，坚定地跨入了共和国的绿色方队。

四年前，你们穿着肥大的军装，来到连队，是那么的天真。记得在第一次参加连队紧急集合时慌得把裤子都穿反了，记得第一次在班务会上发言，憋了几分钟也没蹦出几个字；记得第一次正步训练，踢成顺拐的情景。如今你们长大了，成熟了，进步了，自信了，当初的小不点成为威武强壮的军营男子汉。

四年来，你们以连为家，扎根军营，严格训练，刻苦学习，你们把生命中最灿烂、最富有色彩的年华献给了军营。正是有了你们，连队连续三年被评为先进，并连续三年夺得全师岗位练兵比武的金牌，正是你们丰富了连队的文化生活，正是你们为连队送上营养可口的饭菜，正是你们用自己优良的作风在每一个角落都留下了你们矫健的身影，连队的一草一木都洒满了你们的汗水。通过你们自身奋发努力，有的成为训练标兵，技术能手，有的成为思想骨干和文体尖子，为连队带出了一批技术骨干。在这里，我代表全连向你们表示衷心的感谢。

分手了，往昔的一切，珍存在我们的记忆里，构成了我们人生永恒的回忆。亲爱的战友们，虽然你们离开了连队，却为我们留下了无私奉献的精神、艰苦奋斗的优良作风，这都将成为连队宝贵的财富和前进的动力。

有人说，当了四年兵，喊了四年"一二一"，擦了四年玻璃，现在退伍了，在这竞争的经济大潮中，回到地方能干啥？可我要说，在部队你们是好样的，回到地方也绝不是孬种，因为你们当过兵，因为你们具有勤奋好学、百折不挠的优秀素质，因为你们具有军人坚韧忠诚的品格。相信在不久的将来，你们就会成为优秀的厂长、经理、企业家，甚至某跨国公司的总裁！不过出了名，有了钱，我只需提醒你们，不要忘记自己曾经是一名军人，不要忘记军人的光荣传统，不要忘记了军人的美德，更不要忘记了我们深深的战友情。

最后，让我们一起高唱一曲"战友之歌"来为我们老战友送行！祝你们一路顺风，早传捷报！

【范例五】

【致辞人】某连队指导员

【致辞背景】连队老兵退伍欢送会上的致辞

亲爱的老战士，亲爱的战友们：

大家好！

十八岁的花季，你们穿上军装，把斑斓多彩的愿望打进背包，把自己砌进长城，自此，生命里有了当兵的历史。

真正的军人，应该把职责与义务放在第一位。你们做到了，你们把浪漫丰富的抱负与志向，把那当技术兵、考军校、当将军的梦想，都交给了直线加方块。把训练场作为成长的起跑线，把爱军习武与国家安危、人民幸福紧密联系在一起，你们的思想变得更崇高、更伟大。

艰苦始终与军人相伴，生命全靠艰苦磨砺，对此，你们有深刻的理解。几度春秋，几度冬夏的操场严格训练之苦，野外驻训的环境之苦，国防施工的劳累之苦，各项考核评比的紧张之苦，还有那站岗放哨周而复始的枯燥之苦，你们含笑迎接，以苦为荣；艰难困苦，玉汝于成。在你们生命的躯体里多了更多的"铁"和"钙"，成了铮铮铁骨的军营男子汉。

军人以服从纪律为天职。你们从当兵的第一天起，就首先认识了军队铁的纪律。在灯红酒绿的诱惑之下，在无监督之时，在军地的各种交往之中，你们深知，纪律代表着人民群众的利益，纪律反映着子弟兵的政治本色，纪律是战斗力的保障。"自觉"两个字概括着你们遵守纪律的全部内涵，一千多个日日夜夜，就像人生路途中一千多个脚印，你们在纪律教育规范下，脚印越走越正，一步一个深深的脚窝走向成熟，走向与纪律相统一的自由。

你们是捧出一颗爱心的人。当干部工作难做时，是你们献计献策，躬身实干，问题迎刃而解。当战友生病，家中困难，恋爱受挫，受到误解，思想苦闷时，是你们伸出一双双温暖的手，献上一份份款款的情。你们把爱撒向人间，用忠诚、热情、爱心、谅解，在战友之间凝结了深厚的战友之情，这战友之情将成为相伴终身的永恒情谊，战友永远不会忘记你们。

几年的摸爬滚打，数载的雨雪风霜，在红旗、钢枪、队列组成的军人世界中，你们进来时是块铁，出去时是块钢。汗水洗去嫩稚，操枪操出豪情。崇高的理想，奉献的情怀，顽强的意志，严明的纪律，高尚的情操构成了你们这一特殊群体的特有风采与特有气质。祝贺你们一步一步走近"四有军人"的目标。感谢你们为连队争得一张张奖状，为团队夺得一面面红旗，部队永远不会忘记你们。

亲爱的老战士，亲爱的战友们，向庄严的军旗、向亲密的战友告别的日子到了！迈开你们坚实的步履，在当兵的历史尽头再留下一行深深的脚印，让身影再次融入早出晚归的彩霞中，几年或几十年后，你们会自豪地告诉人们：我进来时是块铁，出去时是块钢！

谢谢大家！

【范例六】

【致辞人】某部队文书

【致辞背景】退伍老兵欢送会上的致辞

亲爱的老兵同志，永远的战友：

敬礼！

夜半人静寒漫涌，冷月如水照军营，时光几度悄然逝，又到今朝惜别时。都说："多情自古伤离去，那堪萧瑟清秋节"，你们都是七尺男儿，可在这落叶漂荡的季节，当那遥远的驼铃声飘中听际，你望着曾战斗过几百个日日夜夜的"沙场"，望着那熟悉的营房，望着亲密无间的战友，行了最后一个军礼，那时你眼里分明闪灼着晶莹的泪光。

清脆的驼铃声跟着瑟瑟冬风，吹浓了军营内的离愁别绪。明天你就要走了，就要分开那盖住风沙寒流，组成你古铜色皮肤的紫外线；就要分开那距蓝天比来，铸就甲士特有豪宅的第二家乡；就要分开夙夜迟早相处，亲如兄弟的战友。若干好多个摸爬滚打、披星带月的日夜转眼将尘封为历史，若干好多雷鸣，若干好多雨雪，若干好多汗水和心血，构织了一幅辉煌的军旅画卷。

当初，你将报国之志、爱国之情一同打进背包走出巴山蜀水，走向高原。然而和平鸽遨游的蓝全国，手握钢枪却没有金戈铁马、驰骋沙场，更没有牺牲沙场的悲壮。可是，你透过和平的现实感受到了背后的目光和肩上的重担，因而那神圣的哨位，曾有你挺拔的身影；练习场，曾有你挥汗如雨的痕迹；擒悍贼，曾书写你的胆识；救险情，曾展示你的威武……你说：是一二三四锻造了你纯朴的品质，是方块与直线，锤炼了你顽强的意志，你为自己捍卫着的这份安好、祥和感应欣慰和孤高。

背着枪，走向哨所你站最后一班岗。两个小时后，你就要将曾经追逐的胡想，摘下的帽徽、领花和肩章，连同自己几年来的欢笑和泪水、获得与彷徨一并打进返乡的行囊。用手抚摩那褪了色的军被和这身泛白的戎服，如同告辞一位激情至深的伴侣，那披发着绿色喷香味的睡梦和那宏亮的军号，在手指和心灵间涓涓流淌，在往后的人生旅途里细细品尝。想起这些，你又已经是泪花盈眶，哨位上的你成了一尊手握钢枪流着泪的雕像。

平平的岁月时刻冲击着生射中良多出色的乐章，而这段在军营内走过的日子和这片你支出过真诚的土地将使你长生难忘。脱下戎服，回各处所，面临错综复杂的人生和社会，你眸子里依然透露出坦然自傲的目光和判定的标的目的。你说：踢过正步的双腿迈出的步子加倍铿锵！你又说：高原的甲士情结会使你加倍执拗！你还说：笔直的脊梁必将撑起一方斑斓的天堂

送战友，踏征程，默默无语两眼泪……紧紧握手心意相映，几度风雨若干好多情。回头再看看熟悉的营房，再听听宏亮的军号，

再喊声嘹亮的口号，再拥抱一下夙夜迟早相处的战友，我亲爱的战友，让我们挥手吧，将无悔与无憾锁进日志，让执拗与判定永伴着希冀。

我亲爱的战友，一路顺风！

退休欢送辞

【致辞人】某学校党支部书记

【致辞背景】×××老师退休欢送会辞

亲爱的同志们：

大家好！

岁月承载着历史的步伐，天地积淀着文明的精华，又是一载流光溢彩，又是一季桃李芬芳。我们的×××老师在教育一线兢兢业业、勤勤恳恳工作了35年，马上就要退休了。尊敬的×××老师，今天我们全体师生怀着无限崇敬的心情，特为您举行欢送会。

×××老师，您用知识的甘霖滋润着学生的心田，您用青春的热血承传着人类的文明，您用无悔的奉献演绎着诗意的人生，您用35年的执著选择了淡泊，您用35年的平凡造就了伟大，您用35年的高尚摒弃了功利，您用35年的微笑勾画着年轮……

35年来，您始终默默无闻，无私奉献；35年来，您在工作中一直乐于吃苦，敢挑重担；35年来，您不但坚持教主要课程，而且长时间任学校出纳。无论教学工作，还是出纳工作，您都用崇高的使命感和高度的责任感去对待，您都能一丝不苟地出色完成任务。您任出纳多年，票据整理得整齐而且规范，账务、财务料理得鱼清水白；您担任主课，不管是教语文，还是教数学，每年统考成绩都能居于中上游，从来没有为学校抹黑。临近退休了，您仍然教主课，还担任68人一个班的班主任。不管分内分外事，您都能挺身而出却不计报酬。去年，您白天上课，晚上还要负责留守学生的就寝管理。您管理留守学生认真仔细，不厌其烦。您管理留守学生一年来，吃苦了，费力了，却无怨无悔；您管理留守中心，立下了汗马功劳，却从来不邀功请赏。

尊敬的×××老师，您是一位出色的教师，您是一位模范班主任，您是一位优秀的出纳，您是一位勤奋的学生管理员。您就要离开三尺讲台了，聚也依依，散也依依。千言万语，万语千言，道不尽我们对您的无限眷恋之情。

我们相信，即使离开了讲台，您仍然会心系校园，关注教育。我们真诚邀请您退休后经常光临办公室，经常提出您的合理化建议，经常献一献您的锦囊妙计。让我们同心聚首描绘××教育壮丽的画卷，让我们真诚祝愿；祝愿您健康长寿！祝愿您在每一个红红火火的日子里，天天都有一份好心情！祝愿您快乐幸福，安康永远！

【范例二】

【致辞人】××党委书记

【致辞背景】致××党委副书记退休欢送辞

尊敬的×书记、各位领导、同志们：

今天，我们怀着惜别的心情在这里相聚，为党委副书记、纪委书记、工会主席××同志光荣退休举行隆重的欢送仪式。首先，请允许我代表××公司党委、行政和全体干部员工，向×书记为××××的发展所做出的贡献表示衷心的感谢！

×书记是拥有41年革命工作历程的老同志、老领导，11年奉献在革命军营，30年贡献于××。在为××奋斗的30年中，×书记先后担任过组织科科长、人教科科长、党委委员、党委副书记、纪委书记、工会主席等要职。多年来始终与企业同呼吸共命运，风雨同舟，勤勤恳恳，任劳任怨，忘我工作，把自己的一生无私地奉献给了××事业。

×书记是我们这个领导班子里的表率，90年代后期，他主持了多次人事劳资制度改革，参与了两次重大重组，充分发挥了自身的职业优势，准确把握政策，精心组织实施，确保顺利推进，为企业的改革和发展做出了突出的贡献。

×书记是公司里一位有素养、有责任、有能力、有特长的优秀领导干部，为我们树立了好榜样，值得我们所有干部员工尊敬和学习。

人们常说，童年是一幅画，少年是一个梦，青年是一首诗，中年是一篇散文，老年是一部哲学。人到老年，虽然不再拥有童年的笑脸和青春的浪漫，但却对生活有了更多更深刻的感悟和理解，胸怀开始变得像大海一样，装得下四海风云，拥有了大智大慧。

现在，×书记就要退休、步入哲人的行列了。我们真心祝愿×书记在退休后，有所学、有所乐，好好享受轻松愉快的生活。

借此机会，我代表公司党委再次郑重表示，公司不会忘记×书记和其他离退休老同志为石油事业作出的艰苦努力，一定会在政治上尊重老同志，思想上关心老同志，生活上照顾老同志，尽最大努力做好离退休老同志的服务和保障工作，切实解决各种实际问题，努力使老同志们老有所养、老有所学、老有所为、老有所乐。公司今后要站在贯彻落实科学发展观、构建和谐企业的高度，启动退休员工欢送机制，要求各单位、部门每逢员工退休，要组织适当的欢送仪式，赠送纪念品，以表达公司对各位退休员工几十年辛勤奉献的感激之情。

最后，祝×书记身体健康、生活愉快、阖家欢乐、万事如意！同时，让我们再次以最热烈的掌声，向×书记多年来为公司的发展所做出的重要贡献表示衷心的感谢！

谢谢大家！

【范例三】

【致辞人】班主任

【致辞背景】在退休教师欢送会上致辞

各位领导，各位尊敬的老师：

大家好！

盛开着鲜花的春天已经悄然过去，我们就要迎来了硕果累累的丰收季节。同样，对于我校即将离开他们可敬的岗位的老教师们来说，夏天正是收获的季节。

曾几何时，你们从一位意气风发的莘莘学子起，用几十年的汗水与心血，在三尺讲台上，在几方教室里，演绎着人民教师的奉献与爱心，辛勤与朴素，正是你们不辞辛劳的工作，才迎来了桃李满天下的夏天。

学生遇到了难题，你们耐心讲解，学生微笑时，你们顷刻间便感到了幸福。

在教学讲台上几十年如一日，兢兢业业，勤勤恳恳，你们是我们青年教师的学习楷模。

你们还用自己的劳动，在学校的软环境、硬设施各方面做出了许多值得赞赏的贡献。你们忙碌的身影曾是校园美丽的风景线。无论对学生的爱，对教学的钻研，对学校的奉献，你们都无怨无悔，诲人不倦。

尤其当我们青年教师怀着同样的梦，踏上讲台时，你们给了我们许多帮助：分析教案，指出我们自身存在的优缺点，不断提高了青年教师的备课能力，听课评课，切实地培养了我们青年教师的课堂教学能力，在平时，你们还轻松交流一些生活经验，解开了青年教师存在的某些困惑。

是你们的帮助，才使我们迅速投入教学工作，实现着老教师们当年同样的梦。

如今，你们虽然将要离开自己熟悉的讲台，将要离开自己可爱的学生，将要离开自己崇敬的事业，但是，请您放心，你们的学生不会离开你们，他们幼小的心灵永远装着您的爱，我们青年教师将会接过你们挑过的担子，用成熟的肩膀继续挑起你们爱着的事业。

最后，我代表青年教师，郑重地向你们道一声——你们辛苦了，谢谢！

【范例四】

【致辞人】××矿党委书记

【致辞背景】在××矿退休干部职工欢送会上致辞

同志们：

今天，我们欢聚一堂，隆重举行退休干部职工欢送会。首先，我代表矿党委、矿行政向光荣退休的××名干部职工及其你们的家庭表示热烈的祝贺！向你们为企业所做的卓越贡献表示衷心的感谢！

几十年来，你们在各自的岗位上，勤勤恳恳，任劳任怨，忘我工作，把自己的青春和力量无私地奉献给了煤炭事业，把自己的工作热情和智慧奉献给了钟爱的矿山；你们一心为公，心地无私，顾大局，识大体，始终与企业同呼吸共命运，风雨同舟，共渡难关。你们的精神和业绩将永远铭记在××煤矿的发展史上。对此，矿党委、矿领导不会忘记你们，全矿广大干部职工家属更不会忘记你们。让我们再一次以热烈的掌声向你们表示崇高的敬意和衷心的感谢！

近几年来，特别是去年调整矿领导班子以来，面对井下条件十分困难、采场接续更加紧张、企业负担日趋加重等不利条件，矿党政班子团结带领广大干部职工奋勇拼搏，创新进取，真抓实干，渡过重重难关，取得了骄人的成绩，全矿呈现出人心思干、人心思上、政令畅通、快速发展的良好态势。为××煤矿的快速发展创造了条件，奠定了基础。

同志们，目前，我矿正处于改革发展的关键时期。要实现新的目标、取得更大的成绩，让广大职工家属过上更好的日子，需要你们一如继往地关心、支持和拥护××煤矿的工作。在此，给大家提几点希望和建议：

一是要理解和支持矿上的各项工作。要加强自身学习，了解国内外大事，关注矿上的形势，牢牢树立与企业同呼吸、共命运的思想，时时刻刻关注企业的发展，多提宝贵意见和合理化建议，积极支持矿上的改革，为我矿的振兴和发展再立新功。

二是要协助矿上做好安全工作。你们在煤矿工作多年，不仅有较高的思想觉悟，而且具备丰富的实践经验，希望你们以自己的亲身经历，现身说法，积极宣传党的安全生产方针，多教育子女亲属和周围人按章作业，搞好安全生产，为矿山形势的稳定做出应有的贡献。

三是要多参加一些健康有益的社会活动，陶冶自己的情操。在家要教育自己的子女尊老爱幼，搞好邻里团结，争创"十星级文明户"，在社会上要助人为乐，倡导文明新风，树立社会主义的新风尚，促进我矿两个文明建设的蓬勃发展。

另外，退休老同志也应该明白，退休是人生的一大转折点，这是自然规律，不可抗拒。大家辛辛苦苦几十年也该休息休息了，可以多腾出时间照顾家庭，锻炼身体，享受美好生活。希望退休同志们尽快调整心态，放下思想包袱，适应新环境，开始新生活。同时，要求全矿特别是老干部科、离退休党支部、工资财务、物业公司、家委会等单位和部门对退休职工要高看一眼，厚爱一层，多一些理解，多一些关注，多一些便利，经常找他们谈心，帮助他们解决实际困难和问题，让他们感受到企业的温暖、社会的和谐和各级领导对他们的关心。

同志们，"莫道桑榆晚，为霞尚满天"，当前我矿的大好形势为大家奉献余热，再立新功，提供了广阔的舞台，我衷心地祝愿各位退休同志，老有所乐，老有所为，身体更健康，阖家更欢乐，万事更如意！

谢谢大家！

【范例五】

【致辞人】新任校长

【致辞背景】老校长退休喜宴上的致辞

尊敬的各位来宾，女士们、先生们：

今天是我校德高望重的老领导、桃李天下的老教师×××同志的退休喜宴。在这祥和喜庆的美好时刻，我代表××县××中学、代表×××校长，向光荣退休的×××校长表示崇高的敬意！向前来祝贺的各位来宾表示深深的谢意！

一支粉笔两袖风华，三尺讲台四季晴雨，滴滴汗水滋润桃李芬芳满天下。×××校长既是我们的同事，又是我们的长辈，更是我们的老师。从他的身上，最能体现××中学教师的精神，最能看到××中学的成就与辉煌。

×××校长 1952 年 4 月投身教育事业，踏上了为师从教的漫漫人生路。从那时起，他就扬起了理想的风帆，勇敢而坚定地摇动着人生的小舟，历经时代变迁的风浪，紧跟教育发展的步伐，终于声闻遐迩、功成名就。我们为我们有×××校长这样一位师长而倍感骄傲和自豪！

×××校长几十年如一日，为××教育作出了巨大的贡献。××中学的每一项成就，××中学的每一个变化，××中学的每一次发展，都饱含着×××校长的心血和汗水。不管是在教学岗位上还是在领导岗位上，都兢兢业业，甘于奉献，像春蚕吐尽心中的爱，像红烛燃放心中的情。"倾尽丹心育桃李，奉献韶华铸师魂"。他以无私的奉献和缤纷的桃李赢得了社会的尊敬。让我们再次用最诚挚的谢意，感谢×××校长对教育的倾注和执着，对学校的关心和厚爱！

××教育的兴盛，决然离不开这样无私奉献的人民教师！××人民的记忆，也决然忘不了这样辛勤付出的人民教师！尊敬的×校长，学生、家长、学校、社会将永远不会忘记您的！

退休教师的今天就是我们在职教师的明天，我们要始终把退休教师工作摆在重要位置，努力使老同志老有所养、老有所为、老有所学、老有所乐。同时，也希望老同志一如既往地关心、支持教育，继续为××中学的教育改革、教育发展作出新的贡献。我们坚信，有退休教师的关心支持，有在职教师的辛勤耕耘，有全校上下的共同努力，××中学的明天一定会更加美好！

尊敬的×校长，××中学永远是您的家，欢迎您常回家看看！××中学全体师生感谢您为学校发展所付出的心血和努力。我们一定会传承文明的薪火，不辜负您的殷切期望，为把××中学办成人民满意的学校而不懈努力！

祝×校长身体健康，心情愉快，福如东海，寿比南山！

答谢辞的定义与特点

答谢辞是指在特定的公共礼仪场合，主人致欢迎辞或欢送辞后客人所发表的对主人的热情接待和多方面关照表示谢意的讲话。

依据不同的致谢缘由和致谢内容，答谢词可划分为两个基本类型：

（一）"谢遇型"答谢辞

"遇"，招待，款待。"谢遇型"答谢词，即用来答谢别人的招待的致词，它常用于宾主之间，既可用于欢迎仪式、会见仪式上与"欢迎辞"相应，也可用于欢送仪式、告别仪式上与"欢送辞"相应。

（二）"谢恩型"答谢辞

"恩"，受到的好处，即别人的帮助。"谢恩型"答谢辞，即用来答谢别人的帮助的致词。它常用于捐赠仪式或某种送别仪式上。

作用：

表达的对主人的热情接待和关照的谢意，增进友谊。

写作指导：

答谢辞的正文内容由开头、主体和结尾三个部分组成。

开头。向对方致以衷心的感谢。

主体。一般先是用具体的事例对主人的安排给予高度评价对主人的盛情款待表示衷心的感谢，然后谈自己的感想和心情。

结尾。提出自己的希望和良好的祝愿。

写作特点：

内容与结构要合乎规范；感情要真挚、坦诚而热烈；评价要适度，要恰如其分；篇幅要简短，语言要精炼。

参观、访问答谢辞

【范例一】

【致辞人】××县教育局局长

【致辞背景】在接受救灾粮仪式上的答谢辞

亲爱的××领导，远道而来的客人们：

今天，我们怀着无比激动、无比振奋的心情，在这里迎接××红十字会给我们县师生捐赠救灾粮的亲人。

今年7月以来，我国遭受了百年未遇的大旱灾。7、8、9三个月，炎阳连天，滴雨不下，池塘干涸，溪河断流，田地龟裂，禾苗枯死，真是赤地千里！虽经我们奋力抗灾，但自然灾害的肆虐，使十多万人饮水困难，30多万亩农田颗粒无收。我们县的中小学生，就有1万多名因灾辍学，还有几万名同学、教师、亲属靠接济度日。然而，党和政府没有忘记我们，兄弟县市的乡亲没有忘记我们，省市领导多次亲临，视察灾情，组织救援，市县国家干部职工争相解囊，捐粮捐款。今天，我们又接到了你们无私捐助的大批救灾粮食。"一方有难，八方支援"，团结互助，无私奉献，只有在今天优越的社会主义制度下，只有在我们伟大的社会主义中国才能办到！

谢谢你们，远方的亲人！我们全县中小学生、全县人民，一定从你们的援助中吸取力量，发奋图强，旱灾家园未毁努力学习，奋勇登攀，以崭新的成绩，来报答党和人民的关怀，报答你们的深情厚谊！

【范例二】

【致辞人】访问团团长

【致辞背景】××访问团在答谢日本接待方的答谢辞

尊敬的××，女士们，先生们，朋友们：

今天我们访问团一行与××进行了坦诚和富有成果的交谈，实地参观了××地方。今天晚上，××又举行这个盛大的欢迎宴会。在此，我和我的同事们，向阁下表示衷心感谢，并向在座的各位日本朋友致以良好的祝愿。

中国和日本一衣带水，比邻而居，都有着悠久的历史。在长达2000多年的历史中，中日两大民族交往源远流长。古代中华文明推动了日本文化的形成和发展，近代中国也从日本学习了许多重要的西方先进文明成果。

今天，××××项目再一次将我们紧紧地联系在一起。项目实施23年来在双方共同努力下，项目取得了很大的成效：一、加快了中国计划生育事业从管理转向服务的进程；二、满足了广大广大群众对健康、保健的需求，提高了他们的生活质量；三、推动了基层计划生育工作水平的整体提高。我们当然不会忘记项目背后日本朋友的名字。正是有××××先生，××××女士等这样一些为中国人民所熟悉的老朋友，××××项目才不断发展。我们愿继续加强同国际协力财团的全面合作关系，共同为××××项目的发展不断注入新的活力。

朋友们，中国和日本都是重要的亚洲国家。中国和日本的发展不仅具有亚洲意义，更具有世界意义。可持续发展是以人的全面发展为中心，而所谓人的全面发展最重要的标志归根结底是人口素质的全面提高。从这个意义上讲，××××项目还有很长一段路要走。

女士们，先生们，在这新老朋友相聚的时刻，请允许我再次对××阁下，对×××××××财团给予我们的盛情款待表示衷心感谢，对长期致力于中日结合项目的专家和工作人员致以崇高的敬意。

最后，我提议：为××××项目的进一步发展，为××阁下和夫人的健康，为在座的朋友们的健康，干杯！

【范例三】

【致辞人】企业领导人

【致辞背景】××公司致交警队感谢辞

××市交警支队的同志们：

我代表××公司全体员工在这里向你们表示感谢。

××××年××月底，我公司刚完成企业改制重组，由于任务繁重，时间仓促，致使原有××辆车未能及时办理过户手续。特别是其中×辆容量为××人的小巴车，主要肩负着××矿职工上下井接送任务。倘若驱车前往，不仅会影响我单位的工作秩序，还会给矿区工作带来诸多不便。

××××年×月×日，我公司在贵单位车管所办理车辆年检时，就此情况与贵所工作人员作了真诚沟通后，便引起该所领导的重视，并当面承诺给予紧急办理。随后，贵所委派××、××、××三位民警利用双休日，乘车穿山越岭近百里，火速赶往我公司，不分分内分外，立即投入工作。仅用一天时间便对我公司

××台车辆的发动机型号、车型及颜色等方面，与原档案进行了详细审核，对合格车辆签发了过户审验证明。在检测过程中，车管所民警秉公执法，热情服务，使我们倍受鼓舞。尤其是××、××两位民警，审批材料查验车辆快而细致，严而有据，热情有节，办公极为规范。最后，通过贵单位的鼎力相助，为我公司节约了巨大的人力、财力和物力。

事实证明，作为人民的忠诚卫士，你们不愧是一支作风硬朗、业务精湛，能打硬仗的尖兵，你们用实际行动践行了党中央对社会公众执政为民、高效办公的诺言；你们用火热的赤心向庄严的警徽履行了神圣的使命。这些都凝聚着贵单位领导的高度重视与精心部署，也是你们平日培养教育的结果，更是为民服务承诺的体现。正所谓于细微处见真情，于无声处看精神。万语千言道不尽感激之情，我们只有通过日常工作遵章经营的实际行动，来对贵所为我公司提供的优质服务作出真情报答。

在表示感谢的同时，我们将继续发扬你们的优良传统和可贵品质，并当做宝贵的精神财富，落实到工作中去，让经济发展惠及一方百姓。让我们携起手来共同关心交通安全工作，并给予更深一步的协助和支持，我们恳请贵单位今后也能一如既往地支持我公司的工作，给我们提出宝贵意见和建议，以便我们取得更大进步，共同创建平安、畅通、和谐的交通环境。

燕舞春风花织锦，人歌盛事喜盈天。我们将始终高扬安全、发展的大旗，顽强拼搏，以实力成就荣耀，用效益回报社会。为促进地方经济发展，打造和谐晋城做出应有的贡献。

谢谢！

第三章 欢迎辞、欢送辞

【范例四】

【致辞人】 外国友人

【致辞背景】 在迎接外国体育代表团招待会致辞

女士们、先生们：

首先请允许我感谢你们的盛情邀请及款待，今天能够出席你们的招待会，我感到十分荣幸，能够有机会与在场的中国朋友畅谈，感到非常高兴。

随着中国改革开放的进程不断深入，我们两国之间的交往越来越频繁，许多政府官员、科学家、艺术家、体育代表团和商人的互访，更加深了我们的友谊。多年来，我一直盼望着能有机会来中国，现在终于圆了我中国之行的梦。

这次在华一年时间的访问学习是卓有成效的，我能够有机会见到许多知名人士，聆听许多专家、学者的教诲，我们之间互相探讨、学习，并向中国专家、学者请教，收获很大。

我的到访，得到了热情好客的中国朋友的热情接待，我深深感受到了勤劳、善良的中国人民的热情、友好，我们彼此之间的深情厚谊，令我终生难忘！

借此机会请允许我再一次向大家表示衷心的感谢！

祝愿我们两国人民世代友好！

【范例五】

【致辞人】××××初级中学校长

【致辞背景】在区红会捐赠仪式上的答谢辞

尊敬的各位领导、各位来宾、全体老师、同学们：

下午好！

虽然时值深冬，但是我们每个人心中都感到热乎乎的。今天区红会为我们作了专题培训，同时××名学生得到了爱心资助。在此，我谨代表×××中学八百余名师生，向区红会表示深深地谢意！感谢你们对教育事业的支持和关注，感谢你们对山区贫困学生的帮助和关爱。

××××初级中学是由民盟中央捐资×××万元、省政协捐资×××万元，和省慈善总会转赠××人民援助××灾区重建资金600余万元共同援建而成的一所农村单设初级中学。学校现有教学班16个，学生800余人，教职工46人。今天，我们的××名学生又得到了区红会的爱心资助，这将使他们插上腾飞的翅膀。我相信：有各级领导的关注，有各界有识之士的支持，××××中学将迎来辉煌的明天，你们的善举将永载××××中学校史，你们的爱心将永远铭记在每位学生的心中。

关爱孩子，关爱教育，就是关心祖国的未来。我们相信："只要人人献出一点爱，世界将变成美好的人间"。我们全校师生将永远铭记各位领导的爱心，积极进取，勇于开拓，以加倍的工作热情投身到自己的工作和学习中，全体学生将会更加努力学习，以优异成绩回报祖国回报社会。

中国红十字会是中华人民共和国统一的红十字会组织,是从事人道主义工作的社会救助团体,是国际红十字运动的重要成员。中国红十字会以发扬人道、博爱、奉献的红十字精神,保护人的生命和健康,促进人类和平进步事业为宗旨。结合今天的学习,我们将继续开展好相关活动,进一步增进全校师生对红会的认识和了解,努力为人类的和平进步事业作出贡献。

最后,我再次代表学校全体师生向区红会表示衷心地感谢!

谢谢大家!

答谢客户致辞

【范例一】

【致辞人】××公司设计院院长

【致辞背景】在"迎新春答谢合作方酒会"上致辞

尊敬的各位来宾、各位同仁:

"冬去犹留诗意在,春来身入画图中",在满怀豪情迎接新的一年到来之际,我们在此隆重举行"迎新春答谢合作方酒会",与各位同仁、朋友们同聚一堂,共述友谊,心里感到非常高兴。首先,请允许我代表××××××××设计院全体员工,对各位的到来表示热烈的欢迎!

近几年来,在省交通集团的正确领导下,通过院领导班子以及全体员工的共同努力，院的内部管理水平不断提高，产品质量不断提升，品牌优势不断突现，各项事业均呈现出了生机勃勃的崭新局面。这些成绩的取得与在座各位的大力支持与鼎立相助是分不开的，军功章里有你们的一半，设计院的发展历史也必将为你们记下浓墨重彩的一笔，在此向你们表示衷心的感谢！

回顾过去的几年，我们本着诚信、共赢的原则，在设计、勘察、测量、交通工程、水土保持等各个领域开展了广泛的合作，取得了非常好的成绩。通过合作，我们一方面增进了彼此了解和友谊，加强了技术交流和合作；更为重要的是通过合作，我院综合实力得到了增强，各合作单位的人才队伍也得到了迅速成长，同时，经济效益也得到了相应提高，完全达到了互利共赢的合作目的。

展望即将到来的××××年，我院将继续遵循"提升战略、夯实文化、创新技术，增强执行力"的战略步骤，齐心协力，不懈努力，争取为我们的合作提供更为广阔的舞台，我坚信我们在今后的合作道路上必将取得新的更大的成绩！

在新春佳节到来之际，我谨代表设计院全体员工并以我个人的名义给在座各位拜个早年，预祝大家：身体健康、合家欢乐；工作顺利、事业有成！

最后，我提议大家共同举杯，为我们的友谊、为我们的合作、为我们的成功、为我们的健康、为我们美好的未来，干杯！

谢谢大家！

第三章 欢迎辞、欢送辞

【范例二】

【致辞人】房产公司总经理

【致辞背景】在某公司客户答谢会上致辞

各位领导、各位嘉宾、新闻界的朋友：

下午好！

首先，非常感谢××处长、×××书记以及房管局、产权市场处其他领导大家来到我们美丽的××，亲临×××公司客户答谢会。虽然，今天已经是小寒了，外面是天寒地冻，而我们这里却是和煦春暖。借着今天这个难得的机会，我谨代表×××公司全体同仁，衷心感谢来自省房产局××局长、××主任，××市产权市场处××处长、×××书记。以及长期以来，与我们有着广泛紧密合作的企业、新闻媒体的朋友出席今天的答谢会。

今天，这个答谢会是×××公司为各位领导和朋友真情送上的绵薄谢意，看到这么多的新朋老友济济一堂，真的很感慨！

作为一个集房地产市场研究、房地产网络传媒、房地产专业会展、房地产测绘、房地产置业经纪和营销代理的综合服务商。我们的专业化服务初步得到了业界认可，我们非常高兴，同时也心存感激！正因为有了你们厚爱和支持，才成就了今天的×××！

今天的主题是"携手共进"，那么展望××××年，×××公司将继续致力于——专业影响行业，影响创造价值的经营理念。运用我们的资源、信息、渠道的优势，为客户提供最优质的服务和尽可能大的附加值。继续秉承变革发展、合作共赢的企业文化，不断进行思维和管理的创新。坚持"诚信、创新、高效"的核心价值观，通过持续创新、卓越运作和精细管理，为客户提供高品质的产品和服务，不断追求客户、合作伙伴和企业的共同发展。

在此，真诚地希望您能一如既往地支持我们，并提出您宝贵的建议。新年即将到来，我在这儿先跟大家拜个早年。提前祝各位领导、各位嘉宾、各位朋友新年快乐！

最后，祝我们合作愉快、同心共赢！

【范例三】

【致辞人】××集团总经理

【致辞背景】在中秋联欢客户答谢会上的致辞

大家上午好！

非常欢迎您能够参加今天在这里举办的"迎中秋××新老朋友联欢会"活动，值此中秋佳节到来之际，首先请允许我代表××集团和全体同仁，对参加此次活动的各位嘉宾和顾客朋友们表示最衷心的感谢和最热烈的欢迎。

在这个丰收喜悦的季节里，××集团也已走过了8个年头，在这8年中××集团的每一步成长都离不开您的支持，每一项荣誉都融入了您的真情与厚爱，在这里我们怀着一颗感恩的心感谢你们，感谢这么多年来一直都在关注着××集团，支持着我们的伯伯阿姨们，××集团人就像您的儿子、女儿一样被您支持着、爱护着，而我们××人也一定会尽到做儿女的责任，把集团的事业做的更大、更强！更会把×市中老年人的健康作为自己的头等大事来做．一定不会辜负父老对××集团的期望！

再过几天就是一年一度的中秋佳节了，月已圆，人欢聚，同举杯，共欢庆！家乡明月爱无限，它乡皓月也多情！齐欢唱，同颂今宵明月！

借这个机会我也代表××集团这群孩子祝伯伯阿姨们合家欢乐、生活美满、天天快乐，年年健康！谢谢！

【范例四】

【致辞人】保险公司客户经理

【致辞背景】在客户答谢会上致辞

尊敬的各位嘉宾朋友、以及亲爱的各位营销将士：

大家好！非常高兴能在春末夏初、生机盎然的5月与各位宾朋相聚这里。举目看到的是满座的高朋和热情的笑脸，今天的××寿险为各位的到来盛装相迎，今天我们因各位的到来热情洋溢。在此，我谨代表××寿险××中支的全体内外勤员工，对各位的到来表示最热诚的欢迎！同时，对社会各界给予××的一贯理解、支持和帮助表示衷心的感谢！

×××年×月××日，我们迎来了××年司庆盛典，××中支也走过了风雨兼程的××个春秋。××年以来，承蒙社会各界的支持和厚爱，我们始终秉持"一切以客户感受良好为标准"的服务理念，扎根××大地，感恩回馈××人民，用心承诺、用爱负责，在激烈的市场竞争中，凭借实力、专业和爱心为××数十万的客户送去了关爱和保障，同时，也赢得了社会各界的一致赞誉与认可，荣获总公司分公司、××市委市政府及社会各界给予的多项荣誉。

今天的成绩，是昨天努力的回报；今天的荣耀，更是明天成功的阶梯。在我们品味成功喜悦的同时时，一刻也不敢忘怀是广大客户的支持和厚爱成就了我们的辉煌！

今天，我们在此相聚，就是要表达一份感恩、一份谢意。我们希望用最朴实的行动感恩我们最尊贵的客户，用负责任的态度与您携手共创美好明天！希望通过本次活动，能够让今天到场的每位朋友都有所获。借此机会，我也代表××寿险××中支的全体干部员工郑重承诺，我们会提供最好的产品，我们会选派最专业的员工为大家服务！在未来的日子里，××寿险将一如既往提供最优质的服务，以拳拳之心回报所有的客户和××大地。

最后，再次致以我最真诚的问候！祝愿大家工作愉快、合家欢乐、万事如意！

谢谢大家！

【范例五】

【致辞人】中国邮政某支局客户经理

【致辞背景】客户答谢晚会上的致辞

尊敬的各位嘉宾、各位朋友：

大家好！

今天我们非常有幸地邀请到了多年来一直关心、关注我行的新老客户和朋友，莅临今天的高端客户答谢会。

首先，请允许我代表中国邮政支局的全体员工，对各位嘉宾的光临，表示最热烈的欢迎和最衷心的感谢！

作为连接城乡的纽带，中国邮政长期以来扎根城乡，优质诚信的服务已经深入人心。经过多年的建设与积累，邮政的营业网点遍布城乡、邮政的网络功能齐全、邮政的网络覆盖面广，完全可为客户提供方便、快捷的电子化金融服务。再者，中国邮政有一支特别能吃苦、特别能战斗、特别能奉献的干部职工队伍。

多年来，我们始终不渝地秉承"人民邮政为人民"的宗旨，充分地依托和发挥网络优势，完善城乡金融服务功能，为城市社区和广大农村地区居民提供储蓄、汇兑、异地结算、商易通、代理保险、代售国债、小额信贷等诸多方面服务,为构建和谐社会、支持社会主义新农村建设做出了应有的服务与贡献!

如今,党的"十七大"指引了"又好又快"的发展道路,并着力要求我们"服务'三农'、造福大众"。今天,我们现场进行的答谢及回馈众客户、传播新的投资理财理念等活动,从某种意义上讲,就是一次最好的务实。

今天,为答谢在座的各位嘉宾朋友,长期以来对中国邮政的信任和关注,我们特意邀请到资深金融理财人士为您提供积极有效的投资理财知识及资讯,愿在座的各位嘉宾喜欢!

最后衷心祝福各位嘉宾、各位朋友:

家庭幸福!事业成功!安享一生!

谢谢大家!

【范例六】

【致辞人】某药业公司董事长

【致辞背景】答谢客户新春致辞

尊敬的各位同仁、女士们、先生们、朋友们:

大家好!

新年的礼炮欢乐响起,新春的礼花吉祥绽放。在这辞旧迎新的美好时刻,我谨代表×××药业有限责任公司感谢各位合作客商在过去一年里给予我们的支持、关心和帮助;借此机会,向全体客户为我公司发展所付出的辛勤努力表示崇高的敬意,并致以新年的祝贺,祝大家在新年快乐、万事如意、工作顺利、家庭幸福!

20××年是公司昂首阔步、成绩卓著的一年。公司完善了组织架构和营销业务体系，确定了公司的战略定位和营销模式。通过大力推广企业文化，提升管理品质，构建和谐团队，加大市场营销力度，开拓市场，新增销售网点，在新老客户的大力支持下，公司工业产值、销售、利润大幅度增长，为公司发展奠定了良好的基础。公司的产品畅销全国，深受医院、患者的青睐，赢得了商业代理、广大客户及社会各界的好评。这些令人欣喜振奋的成绩证明：公司的战略是清晰的，定位是准确的，决策是正确的。通过这些成绩，我们看到了一个充满生机和活力的×××药业公司。在这里，感谢一年来公司员工的不懈努力和新老客户的大力支持！

展望20××，我们充满希望。"开拓进取，勇于创新"是公司精神，新的一年正是我们创造梦想、扬帆启航的关键之年，我们要继续加快"××××"的发展步伐，推进公司各项制度的改革，在管理上严格要求，在经营上慎重求实，在技术上掌握核心，真正做到战略合理，组织高效，制度完善，流程顺畅，人员精干。各位朋友，让我们万众一心，脚踏实地，务实进取，团结协作，开拓新市场，实现大双赢，充满新希望。

在此，我们衷心祝愿×××药业公司和客商共存、共荣、共赢，我们的明天更美好！更辉煌！

流年似水，桃符更新。伴随着新年的第一缕曙光，我们满怀着希望迎来了充满生机与希望的20××年，向一直关心支持我们工作的新老客户表示深深的感谢，向一年来艰苦奋斗在工作一线的全体员工致以最亲切的问候！

最后，我祝大家在新的一年里，身体健康，阖家幸福，财源滚滚，虎虎生威！

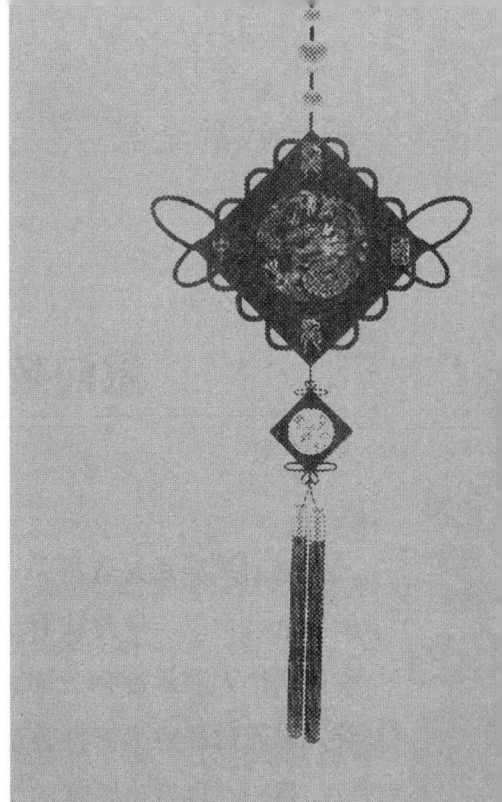

第四章
慰问、吊唁致辞

慰问致辞的定义与特点

慰问致辞是党政机关、企事业单位、社会团体领导人对工作中做出巨大贡献、取得优异成绩或者遭遇天灾人祸、蒙受重大损失的集体或个人表示慰问、问候、鼓励和关切的致辞。从慰问的对象上看，慰问致辞游为三种类型：

第一，以做出贡献的集体或个人为对象的慰问致辞。这类致辞主要针对那些承担艰巨任务、做出了巨大贡献甚至牺牲，取得了突出成绩的先进个人或集体，赞扬他们的功绩和奉献精神。如重大工程竣工之际，工程指挥部致建设者的慰问，或春节期间向仍坚守岗位的铁路工人致以的慰问，等等。

第二，以遭受困难或蒙受损失的集体或个人为对象的慰问致辞。这类慰问致辞常常是针对那些由于某种原因（如地震、风雪、暴雨、干旱、虫灾等自然灾害和车祸、战争、飞机失事等人为灾害），以及遭受困难或蒙受了巨大损失的集体或个人，对他们表示同情和安慰，鼓励他们战胜暂时的困难，加倍努力，以期尽早地改变现状。如致地震灾区人民的慰问致辞等。

第三，节日慰问致辞。在某些节日、纪念日来临之际，上级对下级、机关单位对群众进行的表达节日问候的慰问致辞。一般表示对他们以前工作的肯定和赞扬，并祝福他们在今后的工作、学习、生活中心情舒畅，取得更大的成绩。

作用：

向对方表示关怀、慰问。

写作指导：

慰问致辞通常由标题、称谓、正文、结尾四部分构成：

（一）标题

标题通常可由文种名称单独组成，或由慰问对象和文种名称组成，或由慰问双方和文种名称共同组成。

（二）称谓

慰问致辞的称谓要顶格写上受文者的名称或姓名、称呼。

（三）正文

慰问致辞的正文一般由发文原因、慰问缘由、提出希望或要求等部分构成，发文原因要开宗明义。

（四）结尾

慰问致辞的结尾通常表示祝福。

写作特点：

层次要清晰，内容要真实，感情要投入，语言要精准。

慰问家属

【范例一】

【致辞人】××消防中队中队长

【致辞背景】向关心中队建设的家属慰问致辞

尊敬的各位家属：

你们好！值此"八一"建军节到来之际，我们怀着崇高的敬意向这一年来支持和关心中队建设的各位家属致以亲切的问候！

××××年，中队党支部带领全体官兵在各级党委、政府和公安机关的正确领导下，精诚团结、务实创新、锐意进取，部队建设和消防工作均取得了显著的成绩；回顾过去我们豪情万丈，××××年是中队不寻常的一年，是取得瞩目成绩的一年，也是全体官兵经受考验、承受压力较大的一年。××××年×月我中队刚刚成立，成为××第一支现役编制的消防队。在支队和大队的全力支持和正确引导下，我们克服重重困难，中队建设从无到有，营区规划逐步完善，中队向前迈出的每一步都留下所有官兵辛勤的汗水。同时，在灭火救援第一线，我们的官兵体现出了不畏艰险、英勇顽强的精神，切实践行了胡总书记为我们消防部队提出的"忠诚可靠、服务人民、竭诚奉献"三句话总要求，为全面建设平安和谐的××旗创造了良好的消防安全环境，得到了各级政府领导的充分认可和全旗人民的高度赞誉。军功章里有我们的一半也有你们的一半。这些成绩的取得，凝聚了你们的心血与汗水，是与你们的全力支持分不开的。你们挑起了家庭和事业双重重担，为官兵心系部队，一心奉献党和人民解除了后顾之忧，这种默默无闻、无私奉献的精神激发了官兵们的工作热情，是我们战胜一切困难的强大动力。展望未来，我们信心百倍。××××年底前，中队就将搬入新的营区。新的营区是由支政府和旗政府筹资建设，占地××亩，建筑面积达到××××平方米，功能完善，各项设施配套齐全，很大程度上改善了中队官兵的生活条件。同时新址配有文体活动室、阅览室、电脑房，还设有一个网球场、一个篮球场和一个体育场，为中队官兵营造了一个很好的生活，学习和工作的环境。

伴随着××经济的腾飞，我们的消防事业也面临着前所未有的挑战，希望各位家属在今后能够一如既往地支持部队工作，关心部队建设，在十七大精神的指引下，携手并肩，开拓前进，共同努力创造×××特旗消防事业更加辉煌的明天！

恭祝心情愉快，合家幸福，万事顺意！

【范例二】

【致辞人】××餐饮集团负责人

【致辞背景】致全体同仁家属的慰问信

尊敬的各位××酒店同仁家属：

在这新春佳节即将来临之际，我谨代表××餐饮连锁酒店全体同仁，向全体员工远在家乡的父母双亲、各位长辈、丈夫、妻子、兄弟姐妹等全家老幼，送上最真挚的问候与祝福！祝你们春节快乐，日子红火，身体健康，家庭幸福！

××餐饮连锁酒店分布于海口与三亚,创立于××××年×月,是以经营××××为主的连锁企业。至今在海南已拥有五家连锁分店,员工总数有×××多人,营业面积达×××多平方米,现酒店正以蒸蒸日上的发展态势大力开发海南餐饮市场。我们××今天所取得的卓越成绩,是您亲人智慧和心血的结晶,在此,我真诚地感谢你的亲人——我们的员工,为我们酒店所作出的努力与贡献。

每逢佳节倍思亲,在这万家团聚的节日里,你的亲人因工作的关系不能回家与你团圆,对此我们深表歉意,但同时也请你放心,在这个大家庭里,我们会承担起亲人的那份职责,会付出亲人的那份关爱。我们将和你的亲人——我们至爱的员工一起欢度除夕之夜,精彩的春节晚会,可口的家乡团圆饭,将让你的亲人度过一个难忘的春节。在此,谢谢你对亲人的理解,对我们工作的支持。

发展中的××将为你的亲人提供一个充分展示才华,实现自我价值的广阔空间与舞台。在我们这努力了,学习了,磨炼了,我深信你的亲人将会掌握更多的工作技能技巧,学习更多为人处世的经验,将变得更上进、更成熟、更孝敬家人、更能承担起家庭的责任……他会同我们酒店一起成长!

【范例三】

【致辞人】某学校行政部

【致辞背景】新春慰问教师辞

各位老师家属,您好!

值此辞旧迎新之际,学校谨向你们致以最诚挚的新春佳节问候,恭祝各位老师全家在新的一年里鸿运亨通,万事胜意,幸福安康!

××××年,在你们的大力支持和帮助下,学校行政班子带领全体老师一起团结奋进，昂扬向上，开拓创新，使学校得以持续健康地发展。上半年我们学校获得"全国中小学德育研究规划课题重点实验学校"的称号，下半年学校顺利通过"××市先进科学实验室"的验收，同时省级科研课题"构建适合师生发展的校园文化"已顺利结题。在这过程中《××日报》、《××教育报》等对我们学校先进的发展理念和教学动态进行了独家报道。这一年来我校多名教师获得了区"嘉奖"和区"基础教育改革先进个人"称号，教师在各类报刊杂志上发表、获奖的文章达到××篇。教师指导学生获得省、市、区等各项比赛的多个奖项。这些成绩的取得得益于广大××××全体老师的团结拼搏、励精图治，更得益于全体教师家属的默默支持、无私奉献。借此机会，学校向你们表示衷心的感谢！

我们希望在新的一年里能继续取得您的理解和支持，有了您的支持我们少了很多后顾之忧，我们将上下一心努力开创××××的新局面，使学校各方面的工作再上新台阶！

此致

敬礼！

【范例四】

【致辞人】某矿业集团老总

【致辞背景】新年给职工家属的慰问致辞

广大职工家属们：

你们好！

迎着暖洋洋的冬日，20××年已经悄然立在眼前。我国亿万人民满怀喜悦和奋进的豪情，迎来了新世纪的又一个新年。在这新春佳节来临之际，××矿业集团向广大职工、家属们表示衷心的感谢和诚挚的问候，并祝大家新春愉快、合家欢乐、万事如意！刚刚过去的一年，是全党全国人民认真学习贯彻"三个代表"重要思想和十六大精神、全面建设小康社会取得良好开局的一年。也是体制改革不断向纵深推进的一年，××矿业集团工会在矿务局党委的正确领导下，以党的十六届四中全会精神和"三个代表"的重要思想为指针，全面落实××××××工作总体思路，使××矿业集团工作整体水平得到进一步提高，增强了战斗力、凝聚力、向心力，充分发挥了××矿业集团在改革发展和两个文明建设中的重要作用。这些成绩的取得与你们的共同努力是分不开的。20××年是希望的一年，也是××矿业集团加快建设国际化、现代化、可持续发展企业集团的关键一年。××矿业集团的广大职工家属们，在做好各项工作的同时，要认真贯彻落实党的安全生产方针，要牢固树立"安全第一"的思想，严格遵守安全规程，时刻心系安全，增强自主保安意识。各级群众安全组织要充分发挥群众安全工作在生产和经营中的作用，要不断增强做好劳动安全卫生工作的使命感、责任感和紧迫感。确保企业20××年安全生产无事故，使每个职工家庭幸福美满。愿我们迎着浓浓的春意，扬帆鼓劲，为实现企业改革发展的目标，建功立业、再创辉煌。

谢谢大家对我们工作的支持，谢谢！

慰问灾民

【范例一】

【致辞人】××市委常委、副市长

【致辞背景】在文化部赴地震灾区演出致辞

尊敬的文化部、省文化厅各位领导、各位艺术家、同志们：

在全市人民欢度春节的喜庆时刻，今天，文化部组织国家艺术院团的艺术家们冒着严寒，千里迢迢专程来到××市、来到地震灾区慰问演出，这是对我们灾区干部群众的极大鼓舞。借此机会，我代表××市委、市人大、市政府、市政协和××万××人民，向各位领导和全体演职人员及新闻界的朋友们表示热烈的欢迎和衷心的感谢！向各位领导、艺术家们和××区的父老乡亲们致以新春的祝福和美好的祝愿！

××××年，是我市加快发展进程中极不平凡的一年。一年来，全市上下坚持以"三个代表"重要思想为指导，以科学发展观为统领，同心同德，和衷共济，积极应对地震灾害、金融危机等一系列不利因素的影响，克难攻坚，扎实工作，经济建设稳步推进，文化事业繁荣发展，社会各项事业全面进步。为了让灾区干部群众度过一个温暖祥和欢乐喜庆的春节，节日期间文化部慰问演出小分队赶赴××灾区慰问演出，充分体现了党中央、国务院对地震灾区人民的亲切关怀和深情厚谊，对于激励全市人民战胜困难、重建家园具有十分重要的意义。

××××年，是贯彻落实党的十七大和十七届三中全会精神的重要一年，灾后恢复建设的任务非常繁重，金融危机等不利因素的挑战和国家扩大内需的历史机遇并存。我们坚信，有党中央、国务院和省委、省政府的正确领导，有社会各界的大力支持，有全市广大干部群众的艰苦努力，我们一定能够战胜困难，实现全市经济社会的持续稳定快速发展。

预祝本次慰问演出活动取得圆满成功！

祝大家身体健康、阖家欢乐、万事如意！

谢谢大家！

【范例二】

【致辞人】四川省人大常委会委员

【致辞背景】致四川灾区救灾一线官兵慰问信

"5·12"汶川大地震灾区干部群众，奋战在抗震救灾第一线的解放军指战员、武警官兵、民兵预备役人员、公安民警，医务工作者和新闻工作者，在川参加抗震救灾的各救援队员、志愿者及广大人大代表、社会各界人士：

2008年5月12日14时28分，我省汶川县发生了级强烈地震，其破坏之严重、人员伤亡之多、救灾难度之大都是历史罕见，给人民群众生命财产造成巨大损失，许多城镇瞬间夷为平地，无数家庭瞬间家破人亡，数百万人瞬间无家可归，数千万人遭受地震灾害，全国为之震惊，世界为之震惊！

四川省人大常委会谨向地震灾区受灾群众表示深切慰问！向在

这次灾难中不幸遇难的同胞表示沉痛哀悼！向日夜奋战在抗震救灾第一线的广大解放军指战员、武警官兵、民兵预备役人员、公安民警，在川参加抗震救灾的国（境）内外救援队员、志愿者及广大人大代表、社会各界人士，向日夜坚守在抗震救灾第一线的广大干部群众，表示衷心的感谢并致以崇高的敬意！

人民利益高于一切。灾情发生以后，党中央、国务院十分关心灾区人民，进行了紧急动员和周密部署，要求举全国之力坚决打胜抗震救灾这场硬仗。胡锦涛总书记、温家宝总理不顾余震危险亲赴灾区看望受灾群众和救援人员，组织部署救灾工作，给我们以战胜灾害的极大勇气和坚强决心！省委省政府坚决贯彻执行党中央、国务院的决策部署，全力组织开展抗震救灾，各项工作紧张、有力、有序、有效进行。广大参战官兵、国（境）内外救援队员、医务人员、志愿者和基层党员干部，视灾区人民为亲人，不怕流血牺牲，不怕艰难险阻，不怕疲劳、连续作战，日夜奋战在抗震救灾第一线，全力以赴开展救援行动，在死亡线上抢救出数万群众，救治伤员数十万人，转移安置受灾群众数百万人；近3000万受灾群众自强不息、奋力抗争，以极大勇气和坚强意志开展自救互助，与自然灾害进行顽强斗争。在这场举世震惊的巨大灾难面前，正是你们谱写出无数波澜壮阔、感人至深、可歌可泣的抗震救灾的伟大战歌和生命奇迹。你们的不朽功勋和生命壮歌深深感动了神州大地，必将为人民和历史永远铭记。你们是最坚强的人，你们是最可爱的人！

当前，抗震救灾正处于刻不容缓的紧要关头。我们要在党中央、国务院的正确领导下，坚决贯彻省委、省政府的安排部署，把抗震救灾作为头等大事、中心工作、第一要务，继续发扬不怕疲劳、连续作战的拼搏精神，全力以赴进行抗震救灾，尽最大努力把地震灾害的损失减少到最低限度，帮助群众重建家园，恢复生产生活。

地震，可以使山河改变，灾难，可以使我们痛失家园。但是，任何苦难都不能改变我们抗震救灾的坚强意志和我们建设美好家园的坚强决心。我们坚信，在党中央、国务院的坚强领导下，我们万众一心、众志成城，不畏艰险、百折不挠，就一定能够夺取抗震救灾的全面胜利！

【范例三】

【致辞人】中国医院协会会长

【致辞背景】致地震灾区的医护人员慰问辞

战斗在抗震救灾第一线的全体医护人员同志们：

惊悉5月12日下午2点28分，四川汶川县发生了突如其来的强烈地震，且余震不断，强度大、波及面广、损失惨重，造成数万人死亡，使四川及邻近省份的人民生命财产造成重大损失。这场突如其来的灾害严重危及灾区人民的生活，灾区人民的生死安危牵动着中央和亿万同胞的心。

我们对此深感悲痛、无比焦虑。为此，中国医院协会企业医院分会向灾区人民表示深切的慰问，向参加抗震救灾的广大干部群众及中国人民解放军、武警部队官兵致以崇高的敬意，向在震灾中遇难的群众表示沉痛的哀悼。

"5·12"地震发生后，中国政府高度重视，胡锦涛主席第一时间发出了抗震救灾重要指示，要求尽快抢救伤员，确保灾区人民群众生命安全。温家宝总理以抗震救灾指挥部总指挥的身份，率各部门领导当天赶赴灾区，并亲自指挥救灾工作。全国军民众志成城，争分夺秒，全力抢救灾区人民的生命财产，让我们深为感动。我们相信，在中国政府的英明领导和全国人民的共同努力下，灾区人民一定能战胜艰险，渡过当前的难关。

一方有难、八方支援，是中华民族的传统美德。全国各地的企业医院纷纷组织抗震救灾的医疗小组赶赴第一线进行救护。攀钢总医院第一支医疗队灾后十多小时便出发直奔成都地震灾区。医院各科室连夜筹备好价值十多万元的急救设备、药品、器材，确保救护队到灾区现场能够立即开展救治工作。航天中心医院召开主题为"灾情牵动航天人，救死扶伤献真情"紧急会议，全面启动赈灾救援工作。5月13日晚，第一批以外科医护人员为主的26名赴灾区救援的医疗队成立。经过集中医疗培训，救援队的同志现在已整装待发，根据北京市卫生局统一部署，随时待命前赴灾区进行医疗救援。

虽然我们不能亲临现场与你们携手，但是我们的心却因灾情而紧紧地连接在一起。我们惦记灾区人民的安危，愿与灾区人民同呼吸、共命运，让我们的问候和爱心跨过高山峻岭，传送给灾区人民。我们将继续关注灾区的灾情，最大限度地给予支持和帮助。

困难是暂时的，只要我们继续发扬能吃苦、不怕累的精神，坚定信心，团结一致，以最饱满的热情、最佳的状态，投入到灾后重建中，就没有战胜不了的艰难险阻。我们相信，有党中央、国务院的亲切关怀，有四川省委、省政府和阿坝州委、州政府的正确领导，有全国人民的大力支持，灾区人民一定能万众一心、众志成城，迎难而上、百折不挠，全面夺取抗震救灾斗争的胜利！

祝愿灾区同胞早日取得抗震救灾的胜利！

【范例四】

【致辞人】某学校领导

【致辞背景】致日本灾区的慰问辞

所有在日本惨遭地震侵害的人们：

你们好！我们了解到日本发生强烈地震，造成巨大损失和人员伤亡、失踪。灾情发生后，我们非常关切灾情，随时关注地震、海啸引发的灾难程度，对灾害的突然发生深表痛心，对灾害造成的损失深表关切，特此向地震灾区的所有麻将朋友致以最深切的慰问。

在灾难面前，最重要的是信念和勇气。我们始终坚信，大家同舟共济，必能渡过难关，重建美好家园。希望我们保持联系，我们将会号召我们的朋友以各种形式积极参与到日本人民的救灾活动中，做力所能及的事情，大家携手共同渡过这次灾难。

日本地震的消息我们一直非常关注，强烈地震带来的海啸等灾害给日本人民带来了巨大损失，这也是全球人民的灾难。我谨代表所有同仁向灾区人民表示诚挚慰问，向地震灾害不幸遇难者表示深切哀悼。

地震那天对于你们来说是一个黑暗的日子。无人料及的自然灾害给你们心灵和肉体带来了巨大的伤痛以及失去亲人的痛苦。这样的痛苦也传染给了千里之外的我们。

你们现在还好吗？是否有地方暂住？是否有水喝？是否有衣穿？是否有棉被盖？是否……

此刻的我不知该说些什么，我知道我说什么安慰的话语，都无法减轻你们的痛苦。但我还是想说：不要太难过，不要太伤心，幸存的人们一定要好好地坚强地活下去。不为别的，就为这次大力救援的口号：只要有一线希望，就要付出百倍的力量去营救。

哭泣肯定是有的，我在网上看了那些哭泣的画面。让我本来就很柔弱的内心彻底把那一丝的坚强给摧毁了。真的！我也很难过。千里之外的我想将那些哭泣的人们轻轻扶起，为他们擦去脸上的泪痕。

活着的人们啊！不要怕！你们没有被遗忘。救援物资已经输送到了各个灾区。哪怕你们每个人只能啃一口面包、喝一口水，你们都要坚强地活下去。因为你们是这次灾难中的幸运者，是我们心中最坚强的人。

相信时间不长，你们就会又有自己的房屋，有自己的家园。你们可能没办法看到报纸，那让我告诉你们吧！海内外各个国家都在为你们捐款、捐物。就连幼儿园的小朋友也在为你们出自己的一份微薄之力：用自己的零用钱为你们捐款。今天！我同事的孩子（在上幼儿园）专门打电话给他的妈妈：让妈妈把他存的所有的零用钱都捐给你们。

想到地震发生时，我们还安全地坐在教室里；想到地震后还有无数大人、孩子和与我们一样的学生因地震伤亡，我突然感觉自己是多么的渺小、茫然与无助，我竟只能眼睁睁地看着，什么也做不了。我伸出双手，却无法帮助远在千里外的你们；我流下泪水，却只能是一捧捧的同情与焦急；我想要呐喊……却终究做不到什么。只能通过网络，这小小的文章传达我的希望。我们学校已经组织了捐献活动，物资虽然不多，但每一个人都愿意伸出援助之手，希望您们可以拥有最起码的生命的保障。

在灾难面前，我感到了人类的渺小，但渺小并不是弱小，希望永远留给奋斗的人！我们依然相信这、希望着、努力着！即使悲痛侵蚀着一个个家庭，但我们不曾放弃过！

只要你们齐心协力，大苦大难、大波大浪也算不了什么！让我们化悲痛为力量，让泪水升华为坚强，伸出自己的手，捐献出一份份爱，帮助受难同胞们渡过难关！

希望所有日本朋友安好。我们与你们同在！

慰勉致辞

【范例一】

【致辞人】×××科学院党务处

【致辞背景】致退休老职工中秋节慰问辞

全院离退休职工同志们：

月缺月圆又一秋。值此中秋佳节即将到来之际，我谨代表院党组和全院广大职工向你们致以节日的祝贺和亲切的问候！

回顾过去，你们勤勤恳恳，兢兢业业，无私奉献，把美好的年华、热情和精力都贡献给了中国的科技事业和社会主义建设事业，贡献给了×××科学院。×××科学院的每一个进步无一不凝聚着你们的辛勤劳动和无私奉献。在此，我谨代表院党组向你们表示最诚挚的感谢！

××××年，在党中央、国务院的大力支持下，我院开始实施知识创新工程试点，标志着我院进入一个新的历史发展时期。×年来，知识创新工程试点工作进展顺利，势头良好。面对我国经济社会发展对我院提出的新任务、新要求，今年年初，我们确立了新时期办院方针，即："面向国家战略需求，面向世界科学前沿，加强原始科学创新，加强关键技术创新与集成，攀登世界科技高峰，为我国经济建设、国家安全和社会可持续发展不断做出基础性、战略性、前瞻性的重大创新贡献"。新时期办院方针已逐步成为全院各单位和全院职工的行动指南。全院为国家民族做"三性""一攀登"贡献的创新自信心空前提高，创新目标、成果、水平已呈明显趋高的势头，以××、××××，×××××图等为代表，涌现出一批在国际、国内产生重要影响的创新成果。知识创新工程愈来愈获得中国社会和科教界的认同与支持。这是全院职工团结奋斗的结果，也是与全院广大离退休职工始终不渝的支持分不开的。

展望未来，我们信心百倍。在党中央、国务院的正确领导下、在全国人民的支持下，在全院职工的共同努力下，我院必将不负党和人民的重托，完成党和人民赋予的历史使命，为中国人民的富裕幸福，为中国经济社会的发展做出应有的贡献。

"莫道桑榆晚，为霞尚满天"。希望您们老有所为、老有所乐，继续关心、支持中国科学院的工作。让我们共同努力，为迎接党的十六大的胜利召开，为中华民族的伟大复兴贡献智慧和力量。

祝你们健康长寿，万事胜意，合家幸福！

【范例二】

【致辞人】××××师范大学校长

【致辞背景】致全校爱国主义思想教育第一线的工作人员慰问辞

各位领导、同志们：

正值举国欢庆建国××周年之际，我仅代表××师范大学×××学院全体师生向长年坚守在爱国主义思想教育基地第一线的工作人员表示崇高的敬意。

爱国主义是中国人民对自己祖国最深厚、最神圣的情感，是全国各族人民自强不息、团结奋斗的一面旗帜，是推动我国社会不断发展进步的巨大精神力量。爱国主义教育基地在开展爱国主义教育中具有不可替代的重要作用。

十多年来，在各级党委政府的关心下，在基地工作人员共同的努力下，示范基地在建设、管理和使用方面取得了可喜的成绩。成为广大青年学生培养爱国情怀与民族精神的重要基地，成为青少年学习革命传统，陶冶情操的重要课堂。这样的成就对于激发爱国热情，凝聚人民力量，振奋民族精神；对于坚定中国特色社会主义理想信念，开创改革开放和社会主义现代化建设新局面，都具有特别重要的意义。

而在这些成绩的背后，是全体工作人员的不懈努力。在数不清的日日夜夜，他们有的为了做好基地建设而呕心沥血；有的为了基地管理而不眠不休；为了更好地起到爱国主义教育的作用，基地的工作人员也在不断创新，增加基地的吸引力和感召力。教育基地项目建设力度不断加大，教育内容更加丰富，教育手段日益多样，教育功能逐渐完善，社会影响力明显增强。为了成功举办每一场教育活动，从前期的准备到圆满结束，都需要每一位工作人员齐心协力，扎实工作。

基地的每一位工作人员都肩负着爱国主义教育的重任，你们都是全国人民爱国思想教育的指引者。我们要向你们学习这种无私奉献的精神，将爱国主义精神传递给身边的每一个人，并将革命精神发扬光大。

沐浴着祖国××周年华诞的阳光，××师范大学×××××学院师生用演出的形式向为爱国主义教育做出巨大贡献的你们表示我们最真挚的感谢。

【范例三】

【致辞人】××企业用工服务领导小组

【致辞背景】致××县春节返乡务工人员慰问辞

值此新春佳节之际，××县企业用工服务领导小组向全县务工人员和返乡务工人员致以节日的问候！

近年来，我县企业迅猛发展，就业机会增加，拟定新年正月初八上午9点，在×××集聚区管委会院内，举办一场大型企业招聘会，望全县广大务工人员和返乡务工人员踊跃参加，就地就业，做到家庭事业两不误。

最后祝大家新年愉快，合家欢乐！

【范例四】

【致辞人】某学校党委书记

【致辞背景】三八节致全校女同志慰问辞

各位女教师、女同学：

下午好！在三八节到来的前夕，我们放下繁忙的工作和紧张的学习,在这里欢聚一堂,共同庆祝我们妇女的节日,我代表××高中党委、学校行政、学校工会对我们学校所有的女同胞,给予节日的祝贺和慰问。衷心祝愿所有女同胞永远快乐、健康!女同学学习进步,成绩突出!

回顾过去,更感觉女教职工默默无闻的伟大。我们全体女职工在过去的一年里为我们××高中的发展做出了突出的贡献,你们工作业绩不可胜数,你们是我们学校不可缺少的"顶梁柱"、"半边天",正因为有你们这"半边天",我们××高中的天才更加明朗、更加开阔。

我们的妇女队伍日益壮大。过去我们只有××多位妇女同志,发展到今天在册的正式教职员工××多人,合同工××多人,离退休教师××人,共计×××多人。同××区其他单位相比,我们有一支庞大的女工队伍。在广大学生中我们也有近××××名女生,她们在文明表现、维护学校声誉,促进学校知名度、提高等方面有着突出的贡献。这样一支庞大的队伍是我们学校的骄傲,是一笔宝贵的人才财富。

我们的妇女组织越来越完善。参政议政意识增强。从学校领导班子到中层干部到班级管理都有妇女参加,他们参与学校教育管理工作,女工组织完善,体系完备、信息畅通,落实了妇女参政议政的民主权利。

我们女同胞成绩越来越突出。近些年,我们妇女集体创造了一系列的辉煌,是一支敢于战斗、善于战斗、永不炫耀、永远向前的集体。××××年在区工会区教育工会组织开展的全区"女职工素质达标"活动中获"先进单位",被区委、区政府表彰为"三八红旗集体"。2005年在夷陵区工会组织"311工作计划"的活动中，被区教育局工会评为先进集体。在学校开展了"学习×××心中装人民，奉献在岗位，落实在行动"主题教育活动，长期以来，我们在女职工中又开展了"爱学习、爱岗位、爱家庭"的三爱教育活动，以座谈会和征文的形式在女职工中树立"三爱"思想，评选出了××多名"三爱"先进个人，弘扬了做知识型新女性的时代精神。在广大女同学中，勤学、守纪、文明与广大男生平分秋色，一届又一届的女同学们为学校的形象增光添彩。

在这支吃苦耐劳默默无闻的女职工队伍中有××多人战斗在教学第一线，与男教师共同支撑××高中这片天，你们所面临的困难、承担的责任是一般女性不可比拟的。但是你们中依然涌现了许多先进分子和优秀个人，本年度我们评出××位红旗手，学校表彰的三育人先进个人等模范都有我们的女同胞。

"三八"妇女节，是纪念我们全体女同胞自立的日子，我想对全体女同学说，我们一定要更加自尊、自重、自爱。在思想境界上，树立更高尚的精神追求，在行为表现上更加严格地要求自己。

时代在召唤着女同胞，在以后的日子，我们希望所有女同胞发扬中国女性的传统美德：勤奋、刻苦、向上、进步，在各自的教学、工作岗位、学习岗位上更加努力地工作、学习，刷新我们的成绩，涌现更多的教育教学能手、服务能手、学习能手，获得更多的优质奖项，取得高考的辉煌，为我们学校添彩。衷心祝愿××高中的女职工队伍成为××教育战线上的一朵奇葩。祝愿××高中的女学生成绩再创新高！

再祝在座的各位节日快乐！

【范例五】

【致辞人】××县县委书记

【致辞背景】老干部慰问会上的致辞

尊敬的各位老领导、老同志：

翠柏苍松兆福寿，金樽檀板庆新春。值此新春佳节到来之际，与各位老领导、老同志齐聚一堂，共话难忘岁月，畅序美好未来，我感到无比的激动和高兴。在此，我谨代表中共××县委、县人大常委会、县人民政府、县政协向在座的各位老领导、老前辈及你们的亲属，并通过你们向今天未能到场的广大离退休干部，致以最亲切的慰问、最崇高的敬意和美好的祝愿！

岁月不居，天道酬勤。2010年，是"十一五"的最后一年，也是经济社会发展的攻坚年，中共××县委、县政府在上级党委、政府的领导下，全县各族人民以科学发展观为统领，按照"富民强县、建设小康"的目标，紧紧围绕年初确定的各项目标任务，团结一心，知难而进，奋力拼搏，超额的完成了年初确定的各项目标任务，全年完成地区生产总值44亿元，同比增长24.4%；牧民人均纯收入达到7689元，同比增长20.23%；完成全社会固定资产投资8亿元，同比增长38%；县级一般预算收入达到5.32亿元，同比增长62.87%。县域经济社会发生了巨大变化，综合实力显著增强，结构调整成效明显，人民生活水平日益提高，各项社会事业不断进步，为建设富裕文明和谐新××打下了坚实的基础。回首过去，硕果满枝。"十一五"已成为我县历史上发展速度最快、质量最好、效果最佳、人民群众最满意的时期。2010年，作为"十一五"的攻坚年，更是取得了丰硕的成果，产生了一大批亮点和特色：新型工业化扎实推进；城镇建设步伐不断加快；现代畜牧业成效初显；旅游事业稳步发展,；招商引资硕果累累；基础建设大力推进；民生工作成效显著；住房保障力度明显加大；抗震救灾取得成效。憧憬未来，激情满怀。刚刚结束的××县第十三届十次全体会议，全面科学谋划了2011年全县经济社会发展稳定的工作，明确了指导思想、奋斗目标、主要任务和具体措施。认真落实好会议精神，扎实做好2011年工作，全面实现既定目标，任务艰巨，责任重大，我们一定会倍加珍惜来之不易的历史机遇，倍加珍惜来之不易的发展态势，倍加珍惜来之不易的和谐局面。紧紧围绕推动科学发展与促进社会和谐两大主题，凝聚全县各族人民的智慧与力量，以更加饱满的热情，更加创新的思路，更加务实的举措，扎实做好今年的各项工作，以新的发展、新的成绩向省委省政府、州委州政府、各位老领导、老同志交一份满意的答卷！我们相信，有党中央和省、州的正确领导，有各位老领导、老同志的关心厚爱、大力支持，有全县各族人民的同心同德、艰苦奋斗，有各部门各单位的和睦相处、和衷共济、和谐发展，我们一定能够担负起推进全县经济社会又好又快发展的时代重任，为加快建设富裕文明和谐新××谱写新的篇章。莫道桑榆晚，红霞尚满天。各位老领导、老同志是我们事业的开拓者、奠基人。你们用自己宝贵的青春、丰富的智慧和辛勤的劳动，为××的建设和发展做出了历史性贡献。特别是今天在座的许多老同志，过去长期担任领导职务，为改变××的落后面貌，殚精竭虑，无私奉献。近年来，大家虽然先后离开了工作岗位，但身离心不离，老当益壮，老有所为，心系发展，奉献余热，通过多种形式支持县委、县政府的工作，在我县改革开放和现代化建设中发挥了不可替代的重要作用。可以说,全县发展的每一项成果都凝聚着广大老同志的辛勤汗水,每项事业的进步都与老同志的关心、支持密切相关。老同志的这种生命不息、奋斗不止的高贵品质和奉献精神,赢得了全社会的敬重和赞誉,也为全县广大党员干部树立了光辉典范。在此,我代表县委、县政府向各位老领导、老同志长期以来对我们工作的关心、理解、支持和帮助表示衷心的感谢!最后,祝各位老领导、老同志身体健康、阖家幸福、万事如意!

吊唁致辞的定义与特点

吊唁致辞有两种,一种是在追悼会上写的悼词,一种是在悼念烈士等活动中的致辞。悼词以叙述逝者的生平业绩为主,适当加一些说明文字。主要情感表现为向逝者表示哀悼、缅怀与敬意。悼念活动致辞是对在场的参加悼念活动的人的讲话,应表达全体到会者对逝者的敬意与哀思,并勉励大家学习逝者的精神,化悲痛为力量。

作用:

表达对逝者的缅怀和纪念,对他们生平事迹表示钦佩和感谢。

写作指导:

欢迎辞的结构由正文、结语构成。

(一)正文

起始要以沉痛的语气点名悼念者的心情,悼念什么人。然后简介逝者去世前所担任的各种职务和职称，以示尊敬，并要注意这些称号之间的先后排列顺序。说明由于何种原因，在何年何月何日，几时几分不幸逝世，以及终年岁数。接着按时间的先后顺序对逝者的籍贯、学历、经历以及生平业绩进行集中介绍，要注意详略得当，要重点突出逝者对人民、对社会的贡献。对逝者的一生作出全面的总结性评价。最后表示生者对逝者的悼念，勉励到会者化悲痛为力量，以实际行动来悼念逝者。

（二）结语

用有力的言语，表达对烈士的怀念和对今人的激励。

写作特点：

吊唁致辞具有文字精炼、概括，感情真挚、深沉、凝重，语气庄重、严肃等特点。

悼念活动致辞

【范例一】

【致辞人】美国第16任总统亚伯拉罕·林肯

【致辞背景】1863年7月的葛底斯堡战役是美国南北战争中最为残酷的一战，这是南北战争的转折点。4个月后林肯总统到葛底斯堡战场访问，为这场伟大战役的阵亡将士墓举行落成仪式。在林肯发表演说前，著名演说家艾佛瑞特讲演了2个多小时，而林肯的演说只有短短的 2 分钟，然而，掌声却持续了 10 分钟。

87 年前，我们的先辈在这个大陆上创建了一个新的国家，她孕育于自由之中，奉行人人生而平等的信条。

现在我们正从事一场伟大的内战，以考验这个国家，或者说以考验任何一个孕育于自由和奉行上述原则的国家是否能够长久存在下去。

我们在这场战争中的一个伟大战场上集会。烈士们为使这个国家能够生存下去而献出了自己的生命，我们在此集会是为了把这个战场的一部分奉献给他们作为最后安息之所。

我们这样做是完全应该而且非常恰当的。

但是，从更广泛的意义上来说，这块土地我们不能够奉献，我们不能够圣化，我们不能够神化。曾在这里战斗过的勇士们，活着的和去世的，已经把这块土地神圣化了，这远不是我们微薄的力量所能增减的。

全世界将很少注意到，也不会长期地记起我们今天在这里所说的话，但全世界永远不会忘记勇士们在这里所做过的事。

毋宁说，倒是我们这些还活着的人，应该在这里把自己奉献于勇士们已经如此崇高地向前推进但尚未完成的事业。倒是我们应该在这里把自己奉献于仍然留在我们面前的伟大任务，以便使我们从这些光荣的逝者身上吸取更多的献身精神，来完成那种他们已经完全彻底为之献身的事业；以便使我们在这里下定最大的决心，不让这些死者白白牺牲；以便使国家在上帝福佑下得到自由的新生，并且使这个民有、民治、民享的政府永世长存。

【范例二】

【致辞人】 ××集团领导

【致辞背景】 在××同志追悼活动上的讲话

各位亲友、各位来宾：

今天我们怀着十分沉痛的心情深切悼念退休职工×××同志。

×××同志因病医治无效，于××医院去世，享年××岁。

×××同志出生在一个农民家庭，青年时代的×××同志和许许多多同龄人一样饱经了苦难贫困生活的煎熬和考验，他十来岁时受生存和生活所迫，弃书投工，在×××工厂，担起了养家糊口的重任，×××同志一生勤勤恳恳、任劳任怨，他无论在××工作还是在×××工作期间，总是一心扑在工作上，干一行、爱一行、精一行，敬业爱岗，默默奉献，得到领导和同志们的肯定和赞誉，多次被×××评为先进工作者，他对×××工作认真负责，一丝不苟，在××期确保了生活方面取暖、高压蒸汽、开水的正常供应，在××期，领导安排他休息，他说"这段时间是锅炉检修、管道保养、清理煤渣的时间"，他还是坚持每天按时上班，不怕脏、不怕苦、不怕累，他对锅炉管道的每个部件认真检查、保养、确保了安全运转。他对工作认真负责，兢兢业业的精神永远值得我们学习。

×××同志为人忠厚、襟怀坦白；谦虚谨慎、平易近人；生活节俭，艰苦朴素；家庭和睦，邻里团结，他对子女从严管教，严格要求，子女个个遵纪守法，好学上进，他在病榻上还始终关心着医院的建设和发展，尽最大可能不给单位增添负担，以顽强的毅力和病魔做斗争，在病危时告诫家人及子女，他去世后丧事从简，不要铺张浪费，要按照国家政策规定进行火化。

×××同志的逝世，使我们失去了一位好同志，他虽然离我们而去，但他那种勤勤恳恳、忘我工作的奉献精神；那种艰苦朴素，勤俭节约的优良作风；那种为人正派，忠厚老实的高尚品德，仍值得我们学习和记取，为他的家庭失去这样的好丈夫、这样的好父亲而惋惜。但人死不能复生，我们只能控制自己的感情，抑制自己的悲痛，以更加高昂的热情加倍工作，以慰×××同志在天之灵。

【范例三】

【致辞人】某学校领导

【致辞背景】在清明节悼念革命烈士的活动中致辞

今天我们在××市革命烈士陵园隆重聚会，举行清明扫墓活动。此时此刻，当我们站在纪念碑前的时候，我们悼念，我们品读，我们铭记。我们悼念无数为了中华民族解放和繁荣而英勇捐躯的英雄；品读革命志士的信仰和坚贞、崇高和不朽；铭记源远流长的不屈的民族精神。下面，请同学们立正站姿，闭上眼睛，用我们最真诚的心为烈士们默哀。

时间永是流逝，信念未曾更改。多少年来，革命先烈的丰功伟绩一直被人们传诵。不管时代如何变迁，先烈们舍生忘死，前赴后继，为他人谋幸福的高尚品德不应该被遗忘，他们的无畏和奉献精神万古长青。

面对这不眠的纪念碑，让我们永远记得要珍惜生命，珍惜亲情，珍爱生活中一切美好的东西，为他人带来快乐，这才是青年人学习英雄缅怀先烈的真谛！

同学们，提高中华民族的整体素质要求我们从增进爱国情感做起，弘扬和培育以爱国主义为核心的伟大民族精神；从确立远大理想做起，树立和培育正确的理想信念；从规范行为习惯做起，培养良好道德品质和文明行为；从提高基本素质做起，促进我们自身的全面发展，我校举行隆重的清明节祭扫活动，就是希望同学们在瞻仰烈士纪念碑的同时，汲取革命先烈可亲、可信、可敬、可学的感人事迹，从而使自己成长为具有高尚思想品质和良好道德修养的合格建设者和接班人。

同学们，踏踏实实地为自己积极而幸福的人生作准备，勇敢地为将来服务和奉献社会积蓄力量，是你们肩负的任务。同学们，把爱国爱民族的高尚情怀融入到爱校爱集体的具体行动中去吧，让小事洗礼你们的灵魂，让英烈见证你们的成长！

今天，我们站在革命烈士纪念碑前，缅怀革命烈士的丰功伟绩，深知这来之不易的幸福生活是革命烈士用自己的鲜血换来的，请你们一定不要辜负烈士们的遗愿，请你们踏着烈士们的足迹奋勇向前！

【范例四】

【致辞人】某区公安分局政委

【致辞背景】在公安分局举行的悼念×××烈士的活动上致辞

今天是清明节，在这里，我们怀着极其沉痛的心情，深切怀念我们可亲可敬的战友×××烈士。

×××烈士，××××年出生，×××省×××县人，××族，××××年参加工作，××××年××月××日在围堵缉捕犯罪分子时光荣牺牲，年仅××岁。同年××月××日被省人民政府批准为革命烈士，××××年××月××日被省公安厅追记一等功。

×××烈士为打击犯罪、保护人民群众的生命财产安全，在缉捕犯罪分子的斗争中英勇牺牲、英年早逝。他把毕业的精力都献给了为之奋斗的公安事业。他短暂的一生是勤劳的一生、忘我奉献的一生，他在工作岗位上勤勤恳恳、任劳任怨、爱岗敬业的无私奉献精神和对公安事业无比热爱、对待同志满腔热情的高尚思想品德，永远值得我们学习和钦佩！他用对党的公安事业的忠心赤诚，写下了他壮丽的人生篇章。

　　×××烈士短暂的一生，是革命和战斗的一生，他热爱党、热爱祖国、热爱公安事业，始终以乐观主义精神面对人生，以严肃认真的态度对待工作，他永远是我们打击犯罪、保护人民群众的不竭源泉和动力，他永远是我们公安队伍的骄傲和自豪。

　　×××烈士虽然离开我们已经××年，但他的英灵永在，他的精神和音容笑貌永远活在我们心中。作为×××烈士的战友，我们要牢记烈士的光辉业迹，学习烈士的英勇事迹和优秀的思想品格，把有限的生命投入到无限的为人民服务中去，在各自的工作岗位上奋发努力，奋勇拼搏，为我市的公安事业和经济建设做出更大的贡献。我们要通过这次活动，进一步加强队伍建设，把我们的队伍建设成一支政治坚定、业务精通、作风优良、执法公正的队伍，全面履行巩固共产党执政地位、维护国家长治久安、保障人民安居乐业的政治责任和社会责任，让党放心，让人民满意。

　　×××烈士，我们永远怀念你！

第四章 慰问、吊唁致辞

【范例五】

【致辞人】某省地质局领导

【致辞背景】在退休老干部追悼会上的致辞

各位亲友、各位来宾：

今天我们怀着十分沉痛的心情，深切悼念我队退休干部、高级工程师××同志。

××同志因病医治无效，于20××年5月20日点分在××市中心医院与世长辞，享年69岁。

××同志生于19××年4月，原籍××省××市人，19××年毕业于××地质学院，同年9月

参加工作，19××年5月加入中国共产党，19××—19××年在地质部第一矿产公司×××队综合组、分队从事水晶技术工作，任技术员、技术负责；19××年×月—19××年×月在××省水晶收购管理公司任收购管理员；19××年×月—19××年×月在××省第三地质大队水晶分队大别山普查组工作，任组长；19××年×月—19××年×月在湖北省第三地质大队五分队、一分队、四分队从事1/5万填图找矿、磷矿矿点及外围普查、煤矿普查钻机编录工作；19××年×月—19××年×月在××省第九地质大队直属普查组、三分队从事硫铁矿、煤矿、重晶石普查，任组长、矿区负责、工程师。19××年×月—19××年×月，在××省地质大队六分队、对外技术服务小组、生产科、对外办公室、经营办公室、八分队从事综合研究、技术咨询等工作；19××年×月退养，19××年×月，获高级工程师任职资格。在长期的野外艰苦环境中，他为祖国的地

质找矿事业作出了积极贡献。

××同志自参加工作30多年来，主要是在野外一线从事地质技术工作，具有丰富的实践经验和较高技术水平，先后担任技术负责、组长等职，主持并参加了多个矿种、矿区的技术工作，报告编写30余份，论著8篇，荣获地矿局找矿奖2个，成果丰富。他一生勤勤恳恳，任劳任怨，总是一心扑在工作中，做到干一行，爱一行，精一行，敬岗爱业，默默奉献，得到领导和同志们的肯定和赞誉，多次被评为先进工作者。

××同志为人忠厚，襟怀坦荡，谦虚谨慎，平易近人。他生活节俭，艰苦朴素，家庭和睦，邻里团结。他对子女从严管教，严格要求，子女个个遵纪守法，好学上进。

××同志的逝世，使我们失去了一位好同志。虽然他离我们而去，但他那种勤勤恳恳、忘我工作的奉献精神；那种艰苦朴素、勤俭节约的优良作风；那种为人正派、忠厚老实的高尚品德，仍值得我们学习。我们为他的家庭失去这样的好丈夫，这样的好父亲而惋惜。但人死不能复生，我们只能控制自己的感情，抑制自己的悲痛，以更加高昂的热情加倍工作，再创佳绩，慰××同志的在天之灵。

××同志的一生，是光荣的一生，兢兢业业为人民服务的一生。我们怀着沉痛的心情，向××同志致以深切的哀悼，并向××同志的亲属致以亲切地慰问！

××同志安息吧！

【范例六】

【致辞人】××山庄陵园总经理

【致辞背景】清明公祭仪式上的致辞

尊敬的家属们、亲爱的员工们、各位领导、各位来宾：

清明时节，我们聚集在这里，为安息在××山庄陵园的往生者们举行庄严隆重的公祭仪式，缅怀他们的音容笑貌，表达我们的思念之情，告慰他们的在天之灵。首先，我代表×××山庄陵园有限公司和公司的全体员工向各位往生者表示衷心的哀悼和深切的怀念。年年清明，中华民族这一传统的纪念日对于××山庄来说却刚刚是第四次度过。今天，滴滴春雨渗透在××山庄的土壤里，也沁润在××山庄人的心里。回首过去，展望未来，我们有太多的体验想向长眠于此的亲人诉说；有太多的感悟想向关心我们的世人宣告。我们说，××山庄是年轻的，但更是永恒的。殡葬业是人类社会古老而永恒的产业。我们承认，在历史的长河中，公墓将是殡葬改革进程中的过渡性产物，但是××山庄人没有理由因此就轻率地对待××山庄的建设和经营。我们更应以现实的态度面对并尊重民众的传统习俗和实际需求，精心提供我们的商品和服务，使逝者的精神成为永恒，使生者的心灵得到慰藉。我们说，××山庄是一项事业，但更是一个企业。在社会主义市场经济环境下，企业就要按照市场经济的规律运作并遵守各项法规，就像××山庄一直在努力的一样。我们也只有这样，才能保证××山庄的长治久安。我们说，××山庄是公墓的经营者，但更是殡葬改革的先行者。经济学规律告诉我们，土地是典型的稀缺资源。资源的重新配置必然导致供求关系乃至价格的变化。为了响应国家少占土地、造福子孙的号召，如何在××山庄园区有限的200余亩土地上为更多的需求者提供更高附加值的商品和服务是我们一直在探索的课题。我们说，××山庄是陵园，但更是公园。今天，面对××湖、背靠××山，在上天赐予我们的美景之中，我们正在加紧后天的努力，为我们的园区绘制艺术化、园林化、个性化的更新、更美的图画，使这里成为旅游、休闲的去处。我们说，××山庄是墓地，但更是与故人交谈的场所。望着太子陵，我们仿佛见到了乾隆踏勘为爱子选陵的情景；吟诵着×× 同志的墓志铭，我们感受着他为人民服务的奉献精神；我们教育事业的发展也可以使我们欣慰地向××老校长汇报……今天，我们也正是在这里与亲人们交流，让他们真正入土为安，晋塔为尊。××山庄将永远不切断我们与亲人之间的联系和沟通。我们说，×× 山庄是商品的供应者，但更是服务的提供者。正如公司的司徽所体现的，往生者选择××山庄是我们双方共同的尊贵和荣耀。"您的亲人就是我们的亲人"是××山庄人共同的服务理念。不仅仅是客户服务部的建立，每一个××山庄的员工都将是热情、温馨、细致的全方位服务体系的一环，都将是××山庄企业形象的代表，都是每一位客户的服务员。我们说，××山庄追求经济效益，但更注重社会效益。企业终究是要回报社会的。几年来，××山庄在我县的发展已经给当地带来了明显的效果。无论是税收、乡村建设、教育事业及相关行业的带动，还是村民生活水平的提高，都是有目共睹、有口皆碑的。在此，我代表××山庄陵园有限公司，对一直以来支持关心我们的各级领导和广大市民表示感谢，向××山庄的员工和园区当地的父老乡亲表示感谢。正是你们过去和未来的支持和帮助，才能使我们将上述梦想逐渐变为现实。最后，让我们再次重温我们的宗旨：全情投入，协作进取，尊爱至诚。

谢谢大家！

悼念灾难事件致辞

【范例一】

【致辞人】某工业学校高技部主任

【致辞背景】在汶川地震一周年纪念大会上致辞

老师们、同学们：

去年今日，在日常生活、工作中的我们，哪里会想到，会有一场史称"5·12"汶川大地震的灾难！去年今日，我们都承受了生命中所不能承受的太多的苦难和感动！

今天，我们的心一直在阵痛，为去年那群离我们而去的同胞！我们的泪依旧滚烫，注视着远在巴蜀之地的废墟上重建家园的身影！

汶川大地震发生后，中国政府所组织的救援行动，被国外媒体称之为"人类历史上最大规模和最为迅速的救援行动"。有人说，一天之内调集2万军队，山地空降、空运万人入川，全实况的新闻报道，迅速恢复的通信，先进的医疗，以美国的标准看，这是核战规模的国家级救援。"以国民的生命危机为国家的最高危机"、"以国民的生命尊严为国家的最高尊严"、"以整个国家的力量去营救一个个废墟下的普通生命"……大灾过后，全球都在盛赞中国始终把人的生命视为"至高无上"。

"祖国就是我们的家，我从来没有感觉到祖国离我这么近。"汉旺灾区小少年刘正阳写下了这句话。

灾后重建，许多孩子不约而同地把自己的生日改为2008年5月12日。是的，从废墟底下爬出来的每一个孩子，他们的童年都如凤凰涅槃，浴火重生。五星红旗又高高飘扬在孩子们的校园，朗朗书声、欢歌笑语又回到了他们中间。这些从废墟底下爬出来的孩子，对比从前，他们多了悲悯，多了感恩，多了包容，多了责任，多了坚韧，多了对知识无限的渴望。能够让孩子在成长的路上学会爱，懂得感恩，铭记责任，敢于承担，就是最好的教育，也是对"5·12"中华之殇最好的祭奠。

恩格斯说："没有哪一次巨大的历史灾难不是以历史的进步为补偿的。"

在那些孩子的心间，已经渗透进另外一种力量，一种特别的力量。那就是国家的力量！

国家的力量使他们走过成长的大难。

诗人洪烛说："这个民族的圣火已由遇难者传递到幸存者手上。幸存者要承担起双倍的责任。要铭记他们的勇敢与不幸，要努力避免悲剧重演。否则，就对不起这些先于我们倒下的人。他们不需要纪念碑，不奢望在生者的心中刻下自己的名字，但一定有一些无力实现的愿望，也不愿意被轻易遗忘。遗忘集体的苦难，或者对此麻木不仁，就是苟活者，就是偷生者。"

历史不能忘记！我们不能忘记！

我们应该在心灵深处、记忆的长河中给地震中死难的同胞留一个位置！

在苦难的洗礼下，重生的生命正在像草儿一样蓬勃生长，快乐像花儿一样尽情绽放，意志像一把钢刀屡经砺石的打磨般露出锋芒。善于向灾难学习的民族是最有希望的民族，善于向灾难学习的孩子，终将不凡。

谨以此纪念汶川地震一周年！

【范例二】

【致辞人】××县人民政府县长

【致辞背景】在汶川地震发生后的纪念活动中致辞

山崩地裂，举国挂牵；四川大难，九州同悲！

5月12日发生的大地震，顷刻间，让一片美好家园满目疮痍，使数万四川儿女不幸遇难，一个个噩耗深深刺痛了全国13亿人民的心。

苍天吞噬了数万同胞宝贵的生命，这是共和国的国殇。为表达方志敏故乡人民对四川汶川大地震遇难同胞的深切哀悼，各单位都下半旗志哀，停止一切公共娱乐活动，汽车、火车鸣笛，防空警报鸣响。

我们为他们默哀，为的是让遇难者得到安息，让受伤者早日康复，让生还者更加珍惜生命。

灾难面前，生命是脆弱的；灾难面前，生命高于一切。在为死者哀伤的同时，我们要迅速行动起来，帮助蒙受苦难的人们渡过难关。只要我们携手同心、众志成城、共克时艰，伟大的中华民族就一定能取得抗震救灾的最后胜利！

最后，让我们从内心深处为每一位不幸遇难同胞的亡魂默哀三分钟……

【范例三】

【致辞人】××公司领导

【致辞背景】悼念遇难同事致辞

看过不少旅行者罹难的消息报道，却只是一个远方的旁观者，感触无几。可昨天凌晨的又一起撞车消息，却那么活生生地与自己发生了联系，猛然让人惊觉，其实我们是多么脆弱地接受不了这种悲伤的事情。

今天早上确认这一消息的瞬间，就像有一种东西，拼命从心灵深处钻出来，是那么尖锐的悲伤和震撼，尔后蔓延到全身，整个人每个细胞都充满了对生命无常的哀叹，以及对好同事的音容笑貌的追忆，而且这种追忆似乎越来越清晰，心灵也就在悲伤的死海中沉来浮去。

两位同事，曾经是那么的熟悉。

一位，我愿意称之为快乐天使。在许多场合，她都是那么出众，主持、唱歌，身影永远是那么轻盈活跃，也永远是那么热情洋溢。记得，在聚会上，看到客户的情绪被她调动得热火朝天，坐在一旁的我暗暗庆幸团队中有这么一个好同事。记忆中，快乐的另一面，是与她年龄不相称的干练，许多事与她合作时，只用把关键的话一说，她转身就去具体操办了，那份敬业中的老练，那份对客户服务意识的重视，让我敬佩。

另一位，我愿意称之为可亲的老乡，一个记忆中很亲切的麻利的湘妹子。记不清多少次的错身而过，总先是彼此相视一笑，再互相笑称对方是"小何"，自己才是"老何"。我知道，我们之所以乐此不疲，是因为老乡之间的性情那么天生地对路子，一种很自然的亲切感总是让我们不禁想要说点什么。刚开始，许多人可能听你的口音、你的语速不怎么习惯的时候，我却有如听到发小在身边滔滔不绝的话语，听起来声声入耳。

至于她的勤奋、她的工作成绩，根本用不着我在这来赘述。大家都有目共睹，她为了公司，一直在努力付出，不肯有半点松懈。好老乡，放心吧，我们一定会从一个胜利走向另一个胜利。

即使是这一点点回忆，也让我顿感原来自己是多么留念与两位同事的融洽交流、默契的合作呀！何况，我更被你们那率性阳光的性情所吸引，欣喜地从中获取到了力量与支持呢。可谁承想，命运之神注定要给所有人都留下遗憾……

逝者已矣，请允许我把对你们的哀思转化为我歌颂生命的光荣与梦想，我会永远记住你们，带给我力量和快乐的朋友！

也愿两位天使，在天堂还是那么快乐那么麻利，那么喜欢带给身边朋友向上的力量！

悼念烈士致辞

【范例一】

【致辞人】某镇党委书记

【致辞背景】致××烈士悼念辞

碧水呜咽，群山肃穆。今天，我们怀着无比敬仰的心情，在这里庄重集会，纪念党的好战士、××人民的好儿子××烈士牺牲×周年，向××烈士表示沉痛的哀悼和深深的怀念！并向××烈士的家人及亲属致以亲切的问候！

××用生命践行了自己在军旗下"随时为祖国和人民牺牲一切"的庄严誓言，用英勇壮举展示了一名优秀青年的崇高品格和革命军人的赤胆忠心，用宝贵青春诠释了新一代青年的人生意义和生命价值。在生死考验面前，他把生的希望留给别人，把死的危险留给自己，实践了"只要党和人民需要，我会奉献一切"的入党誓言，用生命向党和人民递交了一份满意的答卷，谱写了一曲悲壮的英雄赞歌，矗立起一座不朽的精神丰碑。

今天，我们缅怀××烈士英雄事迹，就是要学习他奋不顾身、舍己救人的崇高精神；学习他不畏困难、助人为乐的高尚情操；学习他奋发向上、爱岗敬业的优秀品质；学习他牢记宗旨、服务人民的忠诚品格。

第四章 慰问、吊唁致辞

人间有正义，时代唤英雄。××烈士用生命融化冰雪，为党旗添彩，为军旗增辉，忠实履行了一个人民解放军战士的神圣职责。英雄为人民而死，我们为英雄之死而悲。烈士的精神将永远激励我们前进，激励我们事业上更加奋发进取，精神上更加高尚纯洁，信念上更加坚贞不渝！

青山埋忠骨，史册载功勋。和平年代，××烈士挥洒热血，浩然正气，终换得大地回春；我辈矢志，征程浩荡，毅然再铸辉煌。我们坚信，在党的十七届三中全会重要精神和科学发展观的指引下，在刚刚闭幕的区委三届四次全会和区人大、区政协"两会"精神的感召下，全镇人民团结一心，奋力拼搏，烈士家乡的明天必将更加灿烂，人民的生活必将更加美好，××镇必将并一定会闪耀在坪上后山之巅，×××定将重放异彩。

翠柏凝春忆英烈，弘扬精神继遗志。在此，我希望广大的人民教师，忠诚于党的教育事业，按照"教育要面向现代化，面向世界，面向未来"的教育宗旨，在各自的岗位上发奋图强，为祖国培养栋梁之才做出自己应有的贡献。少年智则国智，少年强则国强，少年雄于地球则国雄于地球。少年朋友们，你们是祖国的未来，祖国的美好明天要由你们来建设，希望你们树立社会主义荣辱观，讲究文明礼貌，认真学习，努力提高学习成绩，加强锻炼，强壮身体，成为社会主义建设事业的中流砥柱。

同志们、同学们，让我们在这庄严的时刻立下铮铮誓言，士气永远昂扬，灵魂永远高尚，步伐永远坚定，奋勇前进，把烈士生前"为了人民幸福"的殷切希望变成我们明日最辉煌的现实！

人民英雄永垂不朽！××烈士永远活在我们心中！

【范例二】

【致辞人】某县委书记

【致辞背景】在×××烈士亭为烈士致辞

今天,我们在×××烈士亭隆重集会,举行清明祭扫活动,深切悼念为共产主义事业,为人民的解放和幸福,不惜抛头颅、洒热血,英勇献身的英雄们。此时此刻,当我们站在纪念碑前的时候,我们悼念,我们品读,我们铭记。我们悼念为了我们今天的幸福生活而英勇捐躯的×××位英雄;品读革命志士的顽强、坚贞、崇高和不朽;铭记源远流长、勇敢顽强的民族精神。

时间不停流逝,信念未曾更改。生命权是一个人最基本也是最珍贵的权利,为了他人的幸福,不惜献出自己最宝贵的生命,这是何等的高尚!多少年来,革命先烈的丰功伟绩一直被人们传诵。不管时代如何变迁,先烈们舍生忘死、前赴后继、为他人谋幸福的高尚品德不应该被遗忘,他们大无畏的奉献精神万古长青。他们的英勇事迹将彪炳史册,万古流芳!他们的英名将与日月同辉,与江河共存!我们敬慕他们,正是因为有了这些无数的革命先烈,有了他们的崇高,有了他们的英勇无畏,有了他们的流血牺牲,才有了我们今天的和平环境,才有了今天经济的繁荣和社会的安定。

今天,处在和平美好的环境,面对这不眠的烈士碑,我们缅怀革命烈士,铭记革命历史,重温入党誓词,是一种十分必要的形式。当前,无论是针对全国上下正在开展的党的先进性教育活动本身,还是今后带领全镇人民开展"两个文明"建设,建设一个经济繁荣、安定团结的××,都需要我们每一名党员干部发挥好先锋模范作用。在烈士面前重温入党誓言,就是要使每个党员领导干部明确自己对党的承诺，在工作和学习中，像烈士们那样无私奉献，甚至在关键时刻不惜牺牲自己的生命。我们要弘扬革命精神，进一步增强实践"三个代表"重要思想的自觉性和坚定性，继承革命传统，像革命先烈那样，永远保持共产党员的先进性。我们进行革命传统教育，继承和发扬烈士的革命斗争精神，就是要坚定共产主义理想信念，要不怕困难，顽强拼搏。当前，我们要以党的先进性教育活动为契机，继续发扬知难而进、迎难而上的精神，以党员的标准严格要求自己，认真履行党员义务，凝聚合力，充分发挥共产党员的先锋模范作用，把思想和行动统一到县委、县政府以及镇委、镇政府的经济工作精神上来，举全镇之力，进一步实施"一二三四五"发展思路，努力实现工业化、城镇化、市场化，促进经济社会持续快速协调发展，营造加快发展的生动态势，实现我镇今年各项工作的良好开局，开创全镇改革、发展和稳定的新局面；要坚持立党为公，执政为民，继续抓好"民心工程"建设，办好"八件实事"，千方百计维护好广大人民群众的根本利益；要严肃党的纪律，进一步加强机关效能建设，保证政令畅通；要发扬艰苦奋斗的作风，坚持勤政廉政，做一个合格的党员干部。

同志们，思想永远昂扬，灵魂永远高尚，步伐永远坚定！这就是我们面对先烈的铮铮誓言。我们将无愧于这个时代，我们将奋然前行。让我们在这庄严的时刻立下誓言，把烈士们生前最殷切的希望变成我们明日最辉煌的现实。

人民英雄永垂不朽！

英勇的烈士们，你们安息吧！

【范例三】

【致辞人】某学校校领导

【致辞背景】在烈士陵园为在抗日战争中牺牲的烈士致辞

今天大家怀着对先烈崇敬的心情来到烈士园祭扫烈士陵墓，缅怀革命先烈，这是很有意义的活动。

在烈士园的英烈事迹展示厅中，展示了我县名烈士的光辉业绩，如勇敢的斗士××烈士，抗战英雄×××烈士，为国争光、为国流血的×××烈士，带头突围、英勇牺牲的×××烈士，青春碧血献丹心的×××烈士，用生命谱写英雄赞歌的×××、×××烈士。烈士们谱写的一曲曲英勇悲壮的历史篇章震撼着我们的心灵。

今年是中国人民抗日战争胜利××周年，在抗日战争中，千百万中华优秀儿女为打败日本帝国主义对我国的侵略，为国捐躯，献出了自己宝贵的生命。纪念这段历史，可以使我们回忆起战争给中国人民带来的灾难，宣传中国共产党在全民族团结抗战中的中流砥柱作用，激励和动员全国各族人民为实现中华民族的伟大复兴，促进世界和平与发展，使历史的悲剧永远不再重演。

青少年朋友们，各个时期的革命烈士都是时代的先锋、民族的脊梁、祖国的功臣，他们的精神光照千秋，永垂青史。我们要弘扬先烈的崇高精神，革命传统要牢记心头，以此激励我们、警示我们，要珍惜革命先烈用鲜血和生命换来的今天社会安定祥和、经济持续增长、人民安居乐业的美好生活。

青少年朋友们，十六大提出全面建设小康社会的宏伟目标是中华民族复兴史上的一个新里程碑，实现中华民族的伟大复兴，始终是千百年来无数志士仁人孜孜以求的宏愿，青少年就是全面建设小康社会的接班人。

青少年朋友们，你们正处在风华正茂的年代，你们身上寄托着国家和民族的希望，党和人民殷切期望你们树立远大理想，坚定爱党、爱国、爱社会主义的信念，珍惜美好时光，勤奋学习科学文化知识，掌握报国本领，加强自身的思想道德建设，培养优秀品德，锻炼强健体魄，努力成为社会有用之才，准备着为实现全面建设小康社会贡献自己的智慧和力量。

青少年朋友们，奋发努力吧！

追悼会致辞

【范例一】

【致辞人】某公司工会领导

【致辞背景】在公司员工母亲的追悼会上致辞

尊敬的各位亲属、各位来宾及街坊邻居：

今天我们怀着极其沉痛的心情悼念×××老人不幸逝世，首先请允许我代表×××公司党、政、工及全体职工向×××老人的不幸逝世表示最沉痛的哀悼，对×××老人的家属、亲属表示最诚挚的慰问，并为我们失去这样一位好长辈、好家长、好朋友而惋惜、痛心、难过。

人有悲欢离合，月有阴晴圆缺，人生中最痛苦、最伤心的事莫过于亲人的离去，×××老人在历史的长河中度过了××个春秋，在她平凡、俭朴的一生中，她艰苦朴素，勤俭持家，无怨无悔地抚养自己的儿女，为家人奉献了她崇高而无私的爱，即使是在生命的最后一刻仍在操劳，这是一位多么可敬、可佩、可亲的母亲啊！她本应享尽天伦之乐，可是由于年岁已高，早一步离去。千言万语，也谈不完她为后人留下的光辉形象，也忆不完亲人、儿女对她的深切怀念。

×××同志是×××老人的好女儿，是我们单位一位优秀的管理人员，在×××老人的亲切教导下、关心下，她在××负责工会工作，她关心职工的疾苦，经常开展走访慰问工作，把职工的冷暖放在心上，她勤奋工作，大胆管理，为单位创文明活动和两个效益不倦地工作，多次被评为××总公司的优秀党员和先进工会工作者，受到公司领导和全体职工的一致好评，这也是×××老人谆谆教导的结果，是×××老人的思想品德熏陶的结果，同时也是×××老人生活严谨的真实写照。

风吹寒水起悲波，哭声相随愁云飞。往日论交称厚德，今朝追悼寄哀思。今天我们深切悼念×××老人，缅怀她的崇高品德，同时感谢各位领导、同志、好友、邻居给予的大力支持与关爱，送来同志间的温暖与情谊，使丧事办得隆重、圆满。让我们化悲痛为力量，学习×××老人的好思想、好作风和爱党、爱祖国、爱人民的优秀品德，在各自的工作岗位上勤奋工作，努力创新，用优异的工作成绩告慰×××老人的在天之灵。

×××老人您安息吧！

第四章 慰问、吊唁致辞

【范例二】

【致辞人】 ××市二轻工业系统领导

【致辞背景】 在单位干部追悼会上致辞

今天，我们怀着极其沉痛的心情，深切悼念××市××工业系统的优秀干部、原××厂党支部书记×××同志。

×××同志因患肝癌，经多方救治无效，于××××年×月××日不幸去世，享年××岁。在此，我谨代表××市二轻工业系统××××名干部职工，对×××同志不幸去世表示沉痛哀悼！并向其家属表示亲切的慰问。

×××同志一生对工作勤勤恳恳、兢兢业业、任劳任怨、默默奉献，丝毫不计较个人得失；对同事，他为人正直，真诚豪爽，公平公正；对自己，他严格要求，严于律己，认真刻苦，不断进取；对家人，他又是真诚负责、值得信赖的家庭支柱。他的革命风范、敬业精神、道德风貌永远是我们做人的楷模、学习的榜样！

向×××同志学习，要学习他正正派派做人，清清白白做官，踏踏实实做事，认认真真工作，做一个平凡而高尚的人、一个有益于人民的人；学习他就是要像他那样，党叫干啥就干啥，不图名、不图利，不讲索取的优良品德；学习他艰苦创业、求真务实、真抓实干的工作作风；学习他爱岗敬业，干一行爱一行，在平凡的工作岗位上做出不平凡的业绩。

悼念×××同志，我们要化悲痛为力量，在各自的工作岗位上，奋力拼搏，努力工作，把××集体工业推向一个更高的台阶，为我市实现"龙门三跳"目标，为把我市建成现代化新型工业城市作出更大的贡献！

×××同志安息吧！

【范例三】

【致辞人】某医院领导

【致辞背景】在×××老中医的追悼会上致辞

各位领导、各位来宾、各位父老乡亲：

今天，我们怀着十分沉痛的心情，在这里举行悼念仪式，悼念我们德高望重的老中医×××同志。

×××同志生于农民家庭，历经风雨磨难，早年亲历和目睹广大群众缺医少药所带来的痛苦。到医疗岗位后，他刻苦学习中医理论，立志投身医疗事业，为人民群众解除病痛之苦。为此，他奋发图强，勇于实践，不断探索，掌握了许多疑难病症的治疗方法，为无数的患者解除了病痛的折磨。×××同志十分注重医学研究，潜心钻研各种医学理论，特别对疑难杂症有自己独到的见解，成为我县一代名医，深受广大人民群众的爱戴。

×××同志为人谦虚、厚道，医德高尚，他时刻牵记"救死扶伤"的神圣职责，不图名利，把解除患者的痛苦看做是自己最高的追求。行医几十年来，无论是春夏秋冬，还是白天黑夜，只要是患者的需要，他都随叫随到，有求必应，凭着他高超的医术和丰富的经验，医治了无数的患者。他待人和蔼可亲，乐善好施，始终把病人当亲人，以高尚的医德和精良的医术赢得了广大群众的赞誉。

退休以后，×××同志仍不断进行医学探索。把救治病人看做是自己最幸福的事情，每当患者登门求助，他都给予热情接待，以他精湛的医术和良好的医德给无数患者和家庭带来了欢乐和幸福。

作为名医，他不居功，不骄傲，时刻不忘自己的使命。他热爱党，热爱人民，全心全意为人民服务，始终对自己的医疗事业尽心尽职。退休后，他心系医院，关心和支持医院的发展，与医院领导班子始终保持一致，支持医院的改革和发展。

×××同志的逝世，不仅是我院的一大损失，也是我县中医事业的重大损失。他虽然离开了我们，但他高尚的品质和崇高的思想永远活在我们每个人的心中。我们一定要化悲痛为力量，学习他热爱祖国、热爱人民、公而忘私的精神，学习他对事业执著追求勇往直前的精神，学习他视病人如亲人、献身事业的精神。我们要继承他的遗愿，坚持改革发展，努力拼搏，积极完成好我们的各项工作，为我县卫生事业的发展而努力奋斗。

×××同志永垂不朽！

【范例四】

【致辞人】某公司部门领导

【致辞背景】在总经理追悼会上致辞

敬爱的×××总经理：

今天我们全体员工怀着悲痛的心情，向您告别，表示哀悼！

×××总经理，您在领导××公司七年来，一贯勤勤恳恳，兢兢业业，任劳任怨，以超前的意识和锐意改革的精神，带领全体员工，为公司走向新的辉煌，发起一次又一次冲击，克服了一个个困难，取得了巨大的胜利，得到了全体员工的尊重和爱戴。

×××总经理，您在改革开放的大潮中，发挥了自己的智慧，根据市场经济的理论规律，利用新技术，开发新产品，倡导"开发竞争"精神，在市场竞争中，使公司步入了全市利税千万元效益企业的行列，受到了政府的表彰和奖励，在同行业树立了榜样。

但是，正在××公司走向一个崭新起点的时刻，敬爱的×××总经理，您先我们而去，与世长辞了。我们失去了一位好领导，经济战线上失去了一名好先锋，企业界失去了一位好朋友。

惜别了，您的精神永远鼓舞着××公司全体员工奋发腾飞。

敬爱的×××总经理，安息吧！

第五章

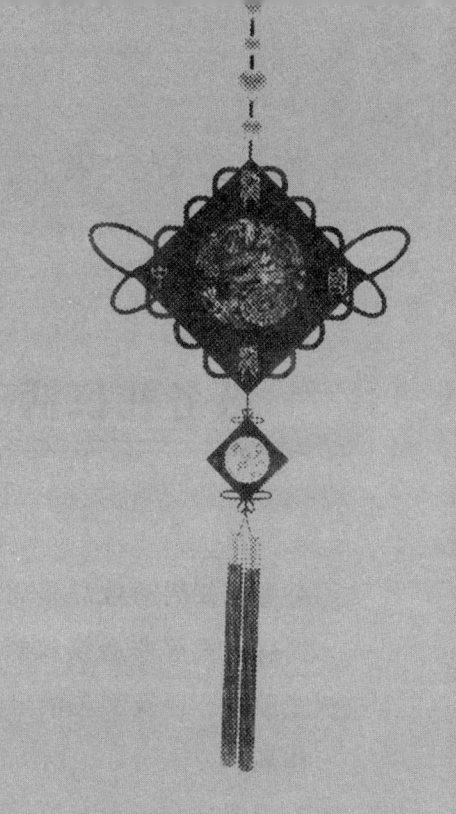

公务礼仪活动致辞

公务礼仪活动致辞的定义与特点

公务礼仪活动致辞是出于感谢、慰问、庆贺等目的，在奠基仪、揭牌仪式等非会议仪式、场合的致辞，还包括接见、会见、签仪式致辞，以及文艺演出、文艺界联欢前的致辞。

作用：

庆祝节日和表示友谊。

写作指导：

公务礼仪活动致辞包括称谓、主体两个部分。

（一）称谓

是对公务礼仪活动的参加者的礼貌称呼，从称呼上也要突出致辞的类型和种类。必要的时候要加上被称谓人的头衔和职位等。

（二）主体

主体部分说明公务礼仪活动举行的目的，首先为此活动仪式表示感谢、欢迎、庆贺等。最后，给参与者送去祝福的话作为结尾。提出希望和发展趋势。

写作特点：

话不在多，而在精要；语不在繁，而在精巧。致辞内容要具有内在逻辑，让人感到自然、平和而有内在的吸引力。

奠基、落成典礼致辞

【范例一】

【致辞人】某小学校长

【致辞背景】在××小学迁建工程开工奠基仪式上致辞

尊敬的各位领导、各位来宾：

大家好！

今天，艳阳高照，鼓乐喧天，笑语盈耳。我们在这里隆重举行××小学迁建工程开工奠基仪式。××小学的迁建是全县人民的一件大事，是××小学××××多名师生的一件喜事，是县委县政府造福一方的民心工程。在××教育发展史上具有里程碑的意义。在此，我谨代表××小学的全体师生向执政为民的各位领导表示崇高的敬意，向关心支持学校搬迁的各界人士表示衷心的感谢，向今天前来参加开工奠基仪式的各级领导、所有来宾表示诚挚的欢迎，对××小学开工奠基表示热烈的祝贺！

由于历史的原因，××小学校园狭小，环境嘈杂，影响了师生的正常学习生活，存在很大的安全隐患，严重制约了学校的发展。县委县政府想学校之所想，急师生之所急，将××小学的整体搬迁作为一项民心工程来抓。县委×书记，县政府×县长、×县长、×县长，教育局×局长等领导亲自督办，多次到工地现场办公，克服了各种困难，想尽了千方百计，说尽了千言万语，吃尽了千辛万苦，

领导致辞全集

为搬迁工作日夜操劳，我们学校的全体师生深受感动，深受教育。我们将以此为动力，做好学校各方面的工作，主动积极参与搬迁工作，务实高效地做好学校的教育教学工作，把××小学这个全县基础教育的龙头学校建设成文化浓厚、环境优美、质量一流的学校，我们将为争创省级示范学校做好一切准备。为××的教育事业增光添彩，为和谐××的建设做出应有的贡献。

最后，请允许我再次对各位领导、各位嘉宾表示最诚挚的谢意、最深切的祝愿！谢谢大家！

【范例二】

【致辞人】某镇长

【致辞背景】在××能源开发有限公司奠基仪式上的讲话

尊敬各位领导、各位来宾、同志们：

玉兔闹新春、群英铸丰碑。为了贯彻落实全区经济工作会议精神，加快推进我镇经济转型，加速推动我镇经济社会的跨越式发展。今天，我们××镇在这里隆重举行××能源开发有限公司的开工奠基仪式。首先，我谨代表××镇党委、政府，向参加这次开工奠基仪式的各位领导、所有来宾、全体同志们表示热烈的欢迎和衷心的感谢！对××能源开发有限公司的开工奠基，表示热烈的祝贺！

××能源开发有限公司的开工奠基，体现了我镇人民自强不息、勇于超越的坚强决心，同时，也标志着我镇招商引资、大项目建设工作已经进入了一个全新的阶段。这是我镇进一步落实区委、区政府提出的"强化四高意识，建立长效机制，争创工作一流，确保高效跨越"总体工作要求，按照"一年有变化、三年大变化、五年实现根本性变化"的奋斗目标，加快转变经济发展方式，突出抓好招商引资和大项目建设的丰硕成果。希望全镇各企业和各机关要以该项目开工奠基为契机，不断解放思想、更新观念、理顺思路，进一步加大招商引资力度，采用主动出击、以外引商、以商引商、以情招商、委托招商并举，政府、企业、社会法人联动的方式，全面掀起我镇招商引资新热潮。要大力引进竞争力强、市场前景好、拥有核心技术的龙头企业，加速拉长我镇"四区一带"产业链，为把我镇建设成为经济强镇做出新的贡献。

我们镇党委、政府将竭尽全力给予关心和支持。在该项目的建设过程中，我们将想为工程所想、急为工程所急，以最高的效率、最优的质量做好各项服务工作，全力保障工程顺利实施并如期竣工投产。

各位领导、同志们，在新的一年，我们要有新的目标、新的追求、新的面貌。让我们在区委、区政府的正确领导下，万众一心，团结拼搏，扎实苦干，艰苦创业，为谱写××镇高效跨越发展的新篇章而努力奋斗！

最后，衷心祝愿××能源开发有限公司早日竣工、早出效益，祝愿各位领导、各位来宾和同志们身体健康，工作顺利！

【范例三】

【致辞人】某企业领导

【致辞背景】在公司项目落实仪式上讲话

各位领导、各位嘉宾，同志们、朋友们：

今天，我们在这里隆重举行××公司×××项目奠基仪式。首先，我代表县委、县政府对该项目的开工建设表示热烈的祝贺！对各位领导、各位嘉宾的光临表示衷心的感谢！

近年来，我县大力实施工业强县战略，以棉纺织业为主导，以建设全国棉纺织基地县为目标，以重点企业和纺织工业区为载体，整合资源，提升水平，优化结构，拉长链条，打响品牌，初步形成了棉纺织产业集群。截至目前全县纱锭突破××万锭，织机达到××余台。××××年全县限额以上纺织企业实现产值××亿元，完成增加值××亿元，分别占全县限额以上企业的份额达××和××。

××公司作为全国棉纺织同行业竞争力前××强企业之一，近年来坚持不间断进行技术改造，企业规模不断壮大，经营效益显著提高，为全县经济发展做出了突出贡献。××××年，该公司完成销售收入××亿元，实现利税×亿元，其中利润××××余万元，出口创汇×××万元。为了进一步扩大企业规模，提高市场竞争力，更好地开拓国内国际市场，今年又投资×亿元新上了××××项目，该项目作为××公司在县纺织工业区的重点工程，它的开工建设必将为进一步促进棉纺织产业的集聚，做大做强棉纺织产业起到积极的推动作用。

在此，希望××公司以此项目建设为契机，继续加大技改投入力度，优化产品结构，切实发挥好龙头带动作用，为拉长棉纺织产业链条、提升产业发展水平作出积极的贡献。县直各部门、各乡镇要牢固树立工业强县发展战略，积极主动地为企业发展提供优质高效服务，为实现我县工业经济的快速健康发展作出新的更大贡献！

最后，预祝××公司××项目建设顺利实施，早日投产达效。祝各位领导、各位嘉宾身体健康、万事如意！

谢谢大家！

【范例四】

【致辞人】某企业负责人

【致辞背景】在公司×××项目奠基仪式上致辞

各位领导，各位来宾，女士们、先生们：

上午好！

虎奔千里留雄劲，兔迎盛世启新程。今天，××××有限公司××项目在这里举行隆重的奠基仪式，我谨代表××集团向莅临奠基仪式的各位领导、各位嘉宾表示热烈的欢迎！向一直以来支持××事业的各级领导、各界朋友和×××人民表示衷心的感谢！

总投资××亿元人民币的×××项目是××集团第二次创业历程中一个重大的投资举措，目前我们已经投资约××亿元，在电力、矿山和工厂建设方面全面启动。今天在这里奠基的××项目是×××项目的重要组成部分，是一个符合国家产业政策的优势项目。项目总投资×亿元，计划建设周期×年，项目建成后，年新增工业产值近××亿元，实现年利税超亿元，提供就业岗位×××余个。

今天，我们在这里举行项目奠基典礼，标志着项目进入实质性建设阶段。两年后，我们脚下的这片热土，将崛起一座现代化的工厂，这是一个令人激动和期待的美好时刻。

每一个辉煌的未来都有一个成功的开始，每一个成功的开始都源于一个正确的选择。这里山清水秀，环境优美，资源丰富，民风淳朴，政策环境良好，是发展×产业的好地方。这片热土感召着我们，这里的人民感染着我们。××集团是一个朝气蓬勃、充满活力、富有想象力和创造力的企业，也是一家具有使命感和责任感的企业，历经数年的商海遨游，铸就了我们的诚信，培养了我们的坚韧。有了这片热土为依托，我们将紧紧围绕规划建设的既定目标，在各级党委政府的正确领导下，在各有关部门的大力支持下，在各界朋友的关注关心下，集团上下高度重视，全力以赴，充分发挥集团管理优势、资金优势和技术优势，精心组织，科学施工，高标准、高质量、高效率地如期完成建设任务，将××项目建设成××人民满意的民心工程，建成县委县政府招商引资的示范工程，建成××二次创业的样板工程，简称资源节约型、环境友好型现代企业。

今天，宾朋云集，贵客盈门，这是我们的荣光。你们的到来是对项目最大的鼓励和支持！我们将秉承"人争奉献，事创一流，立足×业，回报社会"的企业理念和人文精神，进一步做大做强企业，积极探索发展新思路，用良好的业绩来回报社会各界的厚爱！

桩深新业起，基实宏图展。让我们共同见证这一历史时刻，分享成功的喜悦，期待美好的未来！

谢谢大家！

公益活动致辞

【范例一】

【致辞人】××县委书记

【致辞背景】在公益活动爱心助学仪式上的致辞

××公司的领导、同志们：

今天，××公司与×××双方在这里隆重举行"一助一"爱心助学仪式，首先，我代表县委、县人大、县人民政府、县政协向

××公司全体领导、职工表示热烈的欢迎和亲切的问候，向你们无私奉献、关心教育、帮助灾区失学儿童重返校园的行动表示衷心的感谢和诚挚的敬意！

下面我对×××乡被救助的少年儿童提出几点希望：

希望你们从小树立远大理想。理想是人生的太阳，是催人奋进的动力。少年有志国家有望。不论今后干什么工作，都要把个人的奋斗志向同国家的前途命运紧紧地联系在一起，把个人今天的成长进步同祖国明天的繁荣与昌盛紧紧地联系在一起，牢固树立起振兴中华的雄心壮志，立志为民族争光、为祖国争光。只有这样，才能保持正确的人生航向，真正成就一番事业。

希望你们从小养成优良品德。这是一个人做人做事的根本。只要心中有国家，心中有集体、心中有他人，我们的社会就会变得更美好。教育少年儿童要继承和发扬中华民族的传统美德，学习好实践好社会主义道德，从一点一滴、一言一行做起，逐步养成文明礼貌、团结互助、诚实守信、遵纪守法、勤俭节约、热爱劳动的好品行，努力成为一个品德高尚的人，一个有益于社会，有益于人民的人。

希望你们从小培养过硬本领。过硬的本领是一个人成功的基础，在科学技术飞速发展、竞争日趋激烈的今天更是这样。一定要引导少年儿童以强烈的求知欲和上进心，珍惜今天这来之不易的上学机会，发愤读书，刻苦学习各门功课，打好知识基础，立场成才。还要积极参加形式多样的课外校外活动，接触自然、了解社会、开阔眼界，增长见识，不断提高实践能力。引导少年儿童自学、自理、自护、自强、自律，全面发展，茁壮成长。

今天××公司的这一壮举，是学习、贯彻、实践"三个代表"

重要思想的具体举措，充分体现了中华民族"一方有难、八方支援"的优良传统，是支持改革、巩固大局、维护稳定、促进发展的重要举措。希望社会各界都来关心、支持教育事业，让我们共同为××县的经济发展、民族团结、社会稳定而努力奋斗！

谢谢大家！

【范例二】

【致辞人】××市生态道德教育促进会副会长、研究员

【致辞背景】在××市"环保行天下，低碳进万家"大型系列公益演出活动启动仪式上致辞

各位领导、各位嘉宾、同志们、朋友们：

一元复始，万象更新，为我们今天在这里的相聚带来无比的融融暖意，呈现一派文明祥和的节日氛围。

××市"环保行天下，低碳进万家"大型系列公益演出活动，经过一个时期的精心准备，今天就要正式启动了。我受××会长委托，代表××市生态道德教育促进会和联合主办单位对此表示祝贺！向与会的各位领导和作为活动指导单位的市文明办、市环保局，以及来自社会各界的嘉宾与朋友们，表示热烈欢迎和衷心感谢！

纵观当今世界，当人类面对生态危机的挑战而寻求可持续发展之路的时候，中国作为负责任大国，率先顺应历史潮流而动，向世界人民作出低碳发展、包容性增长的庄严承诺，先后提出并实施科学发展、和谐发展，以及建设生态文明和"两型社会"战略，不仅有效地推动着我国经济社会又好又快发展，而且为解决全球性人口爆炸、环境恶化、资源短缺等生态问题，促进人类文明进步事业作出了卓越贡献。

今年是我国"十二五"规划的开局之年，党的十七届五中全会

对实现经济社会科学发展，加强生态文明和"两型社会"建设进一步指明方向，提出新的战略目标和任务。背负如此艰巨的历史重任，站在新的历史起点上，市委、市政府进一步明确了××未来发展的战略构想和科学布局，刚刚结束的两会，代表全市人民的意愿，绘就了××未来一个时期发展的宏伟蓝图，全市人民满怀信心地迈上新的征程。在未来发展的漫长征途中，建设以绿色环保、低碳节能、资源节约为主要内容的生态宜居城市，将继续成为我们不懈追求的一个重大战略目标。正是在这样一个催人奋进的历史背景下，我们会同有关部门和单位，共同创建了"环保行天下，低碳进万家"大型系列公益演出活动。这项活动以人与自然和谐为价值观基础，以倡导低碳生产、低碳生活为基本题材，用反映生态文明建设要求的文艺创作和表演进社区、进企业、进学校、进乡村的独特艺术形式，把环保理念转化为人民群众生产生活的实际行动。让更多的人了解生态文明、生态文化、生态道德的基本规范，掌握环境保护的基本常识，在全社会大力倡导健康、文明、科学、低碳的生活方式，引导人们自觉发挥主体作用，不断增强推进科学发展，参与生态文明和"两型社会"建设的主动性。同时，通过多种形式的演出活动，影响和带动更多的文艺团体和文艺工作者，扬起智慧的风帆，驶向历史的长河，贴近生活、贴近基层、贴近实际，创作更多的蕴含生态理念的文艺作品，开展具有个性化、特色性的多种生态艺术表演活动，共同推动生态文艺文化的繁荣和发展。

　　同志们、朋友们：中流击水，趁势而上。实现经济社会科学发展，建设生态文明和"两型社会"是历史赋予我们的重要责任，反映着我国人民对美好未来的憧憬和期待，正在成为广大人民群众的自觉意识和主动行为。开展多种形势的环保公益演出活动，有利于彰显科学发展和生态文明的核心价值，有利于生态文明观念和低碳生产生活方式在全社会的确立，有利于创造性地开发和利用生态文艺文化资源。我们一定要以"天下兴亡，匹夫有责"的担当精神，努力使"环保行天下，低碳进万家"活动，既能开展起来，又能持续下去，并在实践中不断引向深入，切实发挥生态文艺在实现科学发展和生态文明建设中的智力支持作用，与全市人民一道，共同创造灿烂辉煌的社会主义生态文明，为实现××科学发展、和谐发展、率先发展的宏伟战略目标，推进中国特色社会主义伟大事业作出更大贡献。

预祝演出活动圆满成功！

谢谢大家！

【范例三】

【致辞人】×××市组织部

【致辞背景】在全市第二十次"全国助残日"公益活动上的致辞

各位领导、同志们、残疾人朋友们：

在全市上下奋力推进经济社会科学发展、跨越发展，喜迎建市五十周年的重要时刻，今天，我们在这里隆重集会，举行第二十次"全国助残日"公益活动，以实际行动扶残助残，这也是全市"迎大庆、树形象、比贡献"活动的具体实践。在此，我代表市委、市人大、市政府、市政协，向全市的残疾人朋友们表示问候！向广大残疾人工作者致以崇高的敬意！向长期关心支持残疾人事业发展的社会各界表示诚挚的谢意！

残疾人事业是建设文明社会、和谐社会和小康社会的重要内容，充分体现着人本理念和人文关怀。胡锦涛总书记明确指出："残疾人事业是崇高的事业，是中国特色社会主义事业的重要组成部分"。我市历来十分关心残疾人，高度重视发展残疾人事业。近年来，通过采取制定优惠政策、加大资金投入、重点项目优先支持、广泛动员社会力量扶残助残等举措，全市残疾人事业有了长足发展，残疾人参与社会生活的环境和条件明显改善，生活水平和质量不断提高。

今年全国助残日的主题是"加大扶持与救助力度，帮扶农村贫困残疾人"。全市各级党委、政府要紧紧围绕今年助残日主题，切实把解决农村残疾人的困难摆到更加突出的位置，按照推进社会主义新农村建设的各项部署，以统筹城乡试点工作为契机，紧扣残疾人的多样化需求，以特殊的感情、特别的付出关爱和帮助农村残疾人。特别要加快实施农村贫困残疾人家庭危房改造、城市廉租住房等项目，积极开展农村残疾人社区康复试点，切实改善残疾人的生产生活环境。要大力弘扬人道主义精神，结合群众性精神文明创建活动，动员全社会为残疾人献爱心、办实事，努力形成人人理解、尊重、关心、帮助残疾人的良好社会风尚。各级残联要认真履行"代表、服务、管理"职能，模范践行"人道、廉洁、服务、奉献"的职业道德，真心与残疾人交朋友，全力为残疾人服务，真情为残疾人解难题，以实际行动赢得残疾人群众的认可。广大残疾人朋友们要热爱生活，积极进取，自强自立，勇于在逆境中奋起，善于在奋斗中成才，努力开拓多姿多彩的人生之路。

同志们、朋友们，发展残疾人事业，任务艰巨，使命崇高。让我们携起手来，进一步解放思想，提高认识，强化措施，狠抓落实，为推动残疾人事业又好又快发展而不懈努力！

谢谢大家！

【范例四】

【致辞人】××市慈善总会常务副会长

【致辞背景】在××××××慈善公益活动开幕式上的致辞

尊敬的××市长、各位同仁、亲爱的小朋友们：

大家好！

在这阳光明媚的初夏时节，我们迎来了"六一"国际儿童节。今天，我们在这里举行××××××慈善公益活动，首先我们向在座的小朋友们致以节日的美好祝愿，向参加慈善公益活动的"爱心爸爸"、"爱心妈妈"，以及所有关心残疾儿童的热心人士表示衷心的感谢和崇高的敬意！

儿童是祖国的花朵，是民族的未来，是社会主义事业的接班人，关心少年儿童成长是全社会的共同职责，特别是孤儿和残疾儿童，更需要全社会给予特殊的重视和保护。一直以来，市委、市政府对少年儿童的成长十分关心，孤残儿童也和所有小朋友一样，在社会各界的关心和呵护下，愉快地成长。今天，我们举办的"六一"慈善公益活动，目的是为更多的仁人志士搭起爱的桥梁，为孤残儿童找到"爸爸"、"妈妈"，使他们也能品尝到父母的亲情，体会到社会的温暖。我们希望通过社会各界的积极参与和支持慈善活动，唤起市民关心下一代的社会责任和慈善意识，让所有孩子在社会的关爱下，健康成长。使慈善行为向更广泛的领域扩展，努力构建互相关心、互相爱护的人际关系，为建设新××大××营造良好的社会氛围。

亲爱的小朋友们，儿童时代是美好人生的开端，远大的理想在这里孕育，高尚的情操在这里萌芽，良好的习惯在这里养成，生命的辉煌在这里奠基。希望你们在体验中成长，从小培养自强、自立的能力、树立远大的理想，发奋学习，克服困难，使自己成为社会主义事业的合格建设者和可靠接班人。

最后，预祝××××慈善公益活动圆满成功！

签约仪式致辞

【范例一】

【致辞人】××区对外贸易合作局局长

【致辞背景】××集团与××汽车公司的签约仪式致辞

尊敬的各位领导、各位来宾，女士们、先生们：

大家下午好！新春将至，万物复苏。在这喜庆祥和的日子里，在这风光旖旎的××湖畔，我们满怀喜悦地迎来了××集团和××汽车公司的签约仪式，××汽车公司中国总经销公司将正式成立，落户××区××镇。在此，请允许我代表××区对外贸易经济合作局对这一项目的签约表示最热烈的祝贺！

××不仅经济发达，产业雄厚，是××经济最具活力的地区之一，而且生活便利，社会和谐，是投资创业和居住休闲的最佳之地。特别是在对外开放中，××始终以"亲商、爱商、安商、富商"的服务理念，努力营造良好的投资氛围；以"诚信、宽容、合作、共赢"的宽广胸襟，努力融入世界经济一体化，积极参与国际经济大循环。今日的××，正顺应工业化、城市化、信息化、市场化和国际化的趋势，以一贯坚持的开放理念，蓬勃发展的产业经济，不断拓展的发展空间，着力将自身打造成为现代化的品质新城区。

××汽车公司始创于1986年的澳大利亚悉尼，以生产个性化的、纯手工打造的豪华古典老爷车著称，并融合了赛车技术，应用最好的材料，最尖端的科技，纯手工为客户量身定做每一辆车。二十几年来，××汽车公司的产品一直以良好的信誉和独特的设计立足于全球车市，每款新车的推出都能吸引世界各地关注的眼光。在澳大利亚，××也是唯一能够冠上"澳洲生产"字样的汽车制造商。

××集团有限公司成立于××年×月×日，是××地区规模最大的汽车销售服务企业，也是××地区最具竞争力的汽车销售服务商之一，曾获得"全国超级汽车营销集团"、"全国民营500强"等荣誉称号。集团旗下拥有××余家子公司，涉足整车销售、汽车维修等业务领域，并努力为客户提供创新的、专业的、个性化服务产品及标准化的服务流程。

此次××汽车公司与××集团的合作是一次强强联合，具有非常重要的意义。它将有利于××汽车公司逐渐为中国客户所熟识，进而开辟广阔的中国市场；它将有利于××集团学习先进的汽车销售服务理念，使其不断向着汽车后服务市场解决方案提供商和创新型汽车服务专家的方向而前进。同时，××汽车公司中国总经销公司正式落户××区，也必将带动××汽车及零部件制造产业乃至整个产业发展格局的优化升级，提升××的影响力和知名度。因此，我们希望××汽车公司与××集团在合作中能够优势互补，资源共享，共谋发展，努力使该项目成为投资各方新的经济增长点和××经济发展中的一个新亮点。

最后，再次祝愿签约双方合作愉快，共赢发展。祝愿各位领导和来宾新春快乐，心想事成。

谢谢大家！

【范例二】

【致辞人】××市委副书记

【致辞背景】在××××授牌仪式上致辞

尊敬的各位领导、各位来宾,女士们、先生们,新闻界的朋友们:

今天,我们在美丽富饶的××之滨,神奇而古老的××泉畔,非常高兴地迎来了××××授牌暨"××大学·××市人民政府全面合作"签约仪式,这是中国营养学会、中国食品科学技术学会、中国××大学、××大学和各位领导、各位专家对××的关心与厚爱,是×××万人民的无尚荣光和骄傲,标志着××××产业开发迈上了新征程,标志着××现代农业发展走向了品牌发展新时代,标志着××市与××大学的全面合作真正拉开了新序幕。在此,我谨代表××市委、××市人民政府,向前来参加今天授牌和签约仪式的各位领导、各位专家学者、各位来宾表示热烈的欢迎!向长期以来关心、支持××富硒产业等各项事业发展的专家、领导及社会各界人士表示衷心的感谢!

××××年以来,我们在省委、省政府和××市委、市政府的正确领导下,在×副省长的亲切关怀下,在中国营养学会、中国食品科学技术学会、中国××大学、××大学、省农科院、省地质调查研究院、省山江湖开发治理委员会等科研院所和省、××市农业、工商、质量技术监督等相关部门的关心、支持下,立足××实际,充分发挥富硒土壤资源优势,围绕打造××××目标,按照"打造平台、品牌开发、集团上市"三步走战略,把××农业开发作为发展现代农业的突破点、农民增收的支撑点、新农村建设产业发展的新亮点和鄱阳湖生态经济开发建设的链接点"来抓,强力推进富硒产业基地建设。目前,基地已成功引进了××××、××集团、×

×××集团、××××等×家农业产业化龙头企业,计划总投资×亿元,已完成投资×亿元,重点开发了××有机大米,××有机雷竹,××有机花生、草莓、芦笋,富硒高产油茶等×个产业项目。今天,我们荣获×××的殊荣,这既是对我们工作的充分肯定,更是对我们工作的一种鼓励与鞭策。我们将以此为新的起点,更加注重质量标准体系的建设,更加注重品牌的塑造,更加注重龙头企业的引进培育,不断做大做强富硒产业,打造提升富硒品牌,进一步推动××现代农业、特色农业、品牌农业的大发展,进一步保持农民持续增收的强劲步伐。

今年以来,××市委、市政府围绕"打造全省最好县市、冲刺全国百强县市、建设'开放大气、和谐秀美'的现代化中等城市"目标,立足以"为"化"危"、弯道超越,抢占新一轮发展制高点,提出了"五个对接、五个提升"的发展战略,着力发展高新产业。今天,我们与××大学本着"优势互补、互惠互利、真诚合作、共同发展"的原则,签订市校合作框架协议,建立长期、紧密、有实效的全面合作关系,就是××市高位对接高新技术产业的有效路径,无缝对接××城市经济圈的重要举措,超前对接鄱阳湖生态经济区发展战略的具体行动,这必将进一步推动××的产业升级,进一步推动××的城市转型,进一步提升××的城市品位。我们将全力以赴,确保市校合作项目在××顺利实施,为××大学在××的发展提供高质量、高效率的服务。

我们深信,有省委、省政府和××市委、市政府的正确领导,有中国营养学会、中国食品科学技术学会、中国××大学等科研院所和省、××市相关部门的关心帮助,有××大学的真诚合作,有各位领导、各位专家和新闻界等社会各界人士的鼎力支持,"×××

×"一定会成为××的亮丽名片，××市政府与××大学的全面合作一定会结出丰硕成果！

最后，衷心祝愿各位领导、各位来宾、各位朋友，身体健康，工作顺利，万事如意！

谢谢大家！

【范例三】

【致辞人】教育部副部长

【致辞背景】在××××年全国职业院校技能大赛四项活动联合开幕式上的致辞

同志们：

从今天开始，××××年全国职业院校技能大赛各赛项全面进行。与此同时，我们在这里隆重举行与大赛同期进行的"××××年全国职业院校学生技能作品展洽会"、"××××年民族地区职业院校学生才艺展示"、"职业教育改革发展成果展示会"、"第九届全国职业教育现代技术装备暨职业教育创新教材展览会"四项展示活动的联合开幕式。

今年继续举办全国职业院校技能大赛和相关活动，是教育部大力提高职业教育质量的一个重要环节，也是全面落实今年职成教改革和发展任务的重要举措。我们希望通过这四项活动，向职教战线和全社会展示职业教育近年来改革发展的丰硕成果和职业教育服务经济社会发展的历程，体现行业企业在我国职业教育改革发展中的重要作用，促进职业教育与行业企业、社会各界之间，职业教育的地区与地区之间，院校与院校之间的相互了解、交流和合作，推动全社会形成了解职业教育、支持职业教育和积极举办职业教育的良好氛围。

从目前的筹备工作看，各项展示活动规模比去年扩大，形式更加丰富多彩。展洽会的参展项目多达×××项，装备展的展出面积也高达×××平方米，都比上一届规模翻一番甚至几番。职业教育改革发展成果展采用"成果图文展"、"未来课堂"、"资源云"体验等多种形式，生动活泼地诠释了"展示职教风采、构筑人人成才之路"的主题。展洽会×××多个参展的职业院校及企业的展出形式风采各异，甚至把培训现场、实训车间、农家小院也搬到了展会上，多样的表现形式适应了丰富内容的展示需要。

展示活动积极宣传党中央国务院对职业教育的高度重视，越来越多的企业关注我们的展示活动，今年大约有×××家企业参与了职业教育现代技术装备展，×××多家企业以校企合作的形式参加了其他展示活动，近××家企业直接参加展洽会，××余家企业与合作学校举行合作协议签字仪式。

要特别提出的是，教育部和大赛组委会为了让更多的人了解少数民族地区职业教育的发展水平，欣赏到民族地区职业院校学生具有浓郁民族特色的才艺表演，推动民族地区职业教育的发展，决定举办"××××年民族地区职业院校学生才艺展示"。目前各民族地区已经选拔了一批突出地方民族特色，宣传职业教育改革发展成果，体现学生多才多艺，具有新奇、独特、精彩特点的歌舞节目和技能作品，这是在技能大赛中第一次举办展示民族地区鲜明特色的职业院校学生才艺和办学成果的活动，对推进民族地区技能型人才培养，发展民族地区职业教育，促进民族团结、经济发展、社会和谐和东西部合作与交流，都具有重要的意义。

以上各项展示活动的丰富内容，马上就要呈现给大家，让我们共祝××××年全国职业院校技能大赛、祝四项展示活动圆满成功！

第五章 公务礼仪活动致辞

【范例四】

【致辞人】某省常委

【致辞背景】在××市人民政府与××集团×××项目签约仪式上的致辞

各位来宾，同志们，朋友们：

在这辞旧迎新的日子里，××市与××集团投资×亿元的××项目正式签约了。首先，请允许我代表省委、省政府向项目的正式签约表示热烈的祝贺！同时，向应邀参加签约仪式的各界朋友、各位来宾表示热烈的欢迎！

××地处中原，是中华民族的主要发祥地之一，有着悠久的历史和灿烂的文化，自然条件优越，区位优势显著，交通通讯发达，物产资源丰富。××集团能够看好××、投资××，充分说明集团决策者们具有远大的战略眼光和宏大的气魄。项目的签约，是我省招商引资工作的一件大事，在此，我谨代表省委、省政府向促成项目正式签约的××集团的各位领导、各界朋友、各位来宾表示衷心的感谢！

我国是能源消费大国，国家大力提倡和鼓励煤化工技术的开发和利用。××是国家能源重化工基地，有较好的工业基础，这次××市整合资源优势，和××集团成功合作，投资×亿元建设煤化工项目，是双方审时度势，准确把握国家产业政策，发挥各自优势，精诚合作的结晶。煤化工项目有着广阔的发展前景，我相信，项目的建设，不仅对××集团的长远发展具有重要的战略意义，而且对拉长我省煤化工产业链条，改善我省能源结构，推动相关行业发展，乃至优化调整全省工业经济结构都具有重要的意义。

各位来宾、同志们，今后几年，煤化工行业将是我省发展的重点之一，××在这方面先行一步，开了一个好头。希望××市委、市政府抓住机遇，乘势而上，不断将这一行业做大做强。希望各相关部门站在全省工作大局的高度，通力合作，全力以赴，无论在资金、土地、环境等各方面都要给予帮助、支持，确保项目尽快投产见效，为××的经济发展做出更大贡献。也希望××集团能够以这个投资项目为起点，进一步发展在××的事业，尽快把这个产业做精、做强、做大，与××人民携手开创更加美好的未来。

最后，祝愿项目合作取得圆满成功。谢谢大家！

接见、会见致辞

【范例一】

【致辞人】某县县长

【致辞背景】接见"全县十大杰出青年"表彰会上的致辞

同志们、青年朋友们：

值此金秋送爽、丹桂飘香的收获季节里，由县委组织部、县委宣传部、县人事局、团县委联合举办的首届××县十大杰出青年和优秀青年评选揭晓。在此，我代表县委要向荣获首届"××县十大杰出青年"和"××县优秀青年"称号的各位青年朋友们表示热烈的祝贺，对你们取得的突出成绩表示由衷的敬意！并通过你们向战斗在全县各条战线的广大青年致以亲切的问候！

十大杰出青年是我县青年的最高荣誉，给广大青年以极大的鼓舞和鞭策。青年兴则国家兴，青年强则国家强，青年一代的健康成长和青年作用的充分发挥，是党的事业兴旺发达的希望所在，是我县加快发展、富民强县、全面建设小康社会奋斗目标的希望所在！

这次评出的杰出青年中，有潜心教研，积极推进素质教育的教坛新星；有艰苦创业，顽强拼搏的青年企业家；有爱岗敬业，廉洁奉公的新时期人民公仆；有敢闯敢试，带领当地农民群众脱贫致富的领头雁；有不断创新，及时传递党和政府声音的新闻工作者……你们在平凡的工作岗位上都能做出卓著的业绩，集中展示了新时期我县青年爱岗敬业、无私奉献的良好精神风貌，不愧是××县青年的杰出代表。你们虽然来自不同的战线，战斗在不同的岗位，但在你们身上体现出一种共同的时代精神——"胸怀祖国，热爱人民，自觉把个人的奋斗融入国家和民族的发展当中；坚忍不拔、锐意进取，在平凡的岗位创造出绚丽的青春事业；矢志创新，追求卓越，在竞争中充分展示当代青年的精神风貌"。

这次受表彰的"十大杰出青年"和"优秀青年"，你们要充分认识到荣誉来之不易，它不仅是一种社会的普遍认可，更多的是一种责任，是一种为我县经济和社会发展再创新业，再立新功的责任感和荣誉感，是一种造就完美人生的内在要求。今天借此机会我还要向获表彰的青年和全县广大青年提三点希望。一是希望广大青年树立远大理想。人没有理想不行，理想是事业的基石，理想是前进的目标。当代青年只有树立努力为全面建设小康社会而奋斗这个远大的理想，才能在社会主义建设当中乘风破浪，再创辉煌。二是希望广大青年坚持奋发学习。青年时期是一个人一生中学习的黄金时期，我们的青年朋友们一定要抓住这个有利时机学习、学习、再学习，只有这样才能打牢人生成长进步的根基，在激烈的竞争中立于不败之地。三是希望广大青年勇于创新。创新是推动历史前进的必然要求，要实现我县经济的快速发展，离不开创新，青年一代更要立足岗位勇于探索、锐意创新、敢超前人。

同志们、朋友们，××县的未来需要你们去创造。希望你们能以胡锦涛总书记"勤于学习、善于创造、敢于奉献"的要求为指针，积极投身到我县三个文明建设中去，用青春和热血谱写更加壮丽的乐章。

最后祝青年朋友们学习进步，身体健康，事业有成。

【范例二】

【致辞人】××市市长

【致辞背景】接见全市见义勇为英雄及先进分子时的致辞

同志们：

在××省××市第四次见义勇为英雄和先进分子表彰大会召开之际，我代表市委、市政府和全市人民，向即将受到表彰的见义勇为英雄、先进分子和先进单位表示热烈的祝贺！

见义勇为精神是中华民族传统文化的重要组成部分，是社会主义核心价值体系的重要内容。当人民群众的生命财产和国家利益、集体利益面临威胁的时候，你们临危不惧，挺身而出，勇敢地和犯罪分子及自然灾害进行斗争，用实际行动、甚至自己的生命，保卫了国家安全和集体利益、人民利益不受损害。这种精神是非常高尚的，值得全市乃至全省、全国人民去学习，值得在全社会来提倡。

市委、市政府历来非常重视提倡在全社会发扬见义勇为精神，支持创办见义勇为协会，建立见义勇为基金会，连续四次表彰见义勇为英雄和先进分子，目的是号召全市、全社会动员起来，大力弘扬见义勇为精神。各级党委、政府要继续高度重视支持和弘扬见义勇为精神，要对见义勇为人员给予更多政治上、生活上的关心爱护，帮助他们解决生产生活方面的困难，进一步建立健全帮扶见义勇为人员的长效机制；要大力宣传见义勇为先进人物和先进事迹，大力宣传党和政府以及社会各界对见义勇为人员的关心爱护，发扬光大见义勇为精神。见义勇为协会和基金会要进一步发挥好桥梁和纽带作用，通过各方面的不懈努力，在全社会形成见义勇为的良好氛围，激励更多的群众投身到见义勇为的实际行动中来。

希望大家能够将"见义勇为"当做毕生的事业去做。最后，我代表市委、市政府向此次接受表彰的见义勇为英雄和先进分子表示最崇高的敬意。

【范例三】
【致辞人】××电网公司副总经理
【致辞背景】在××电网公司会见巴菲特现场致辞
尊敬的巴菲特先生、××先生、×××先生，女士们、先生们：
大家下午好！

今天我们在这里举行××电网在×××电站工程项目的签约仪式，该项目为促进新能源的发展，以及电网安全稳定运行具有重要意义。首先，我谨代表中国××电网公司，代表×××董事长向关心和支持公司发展的社会各界、国际友邻，以及××公司表示衷心的感谢！

当前，面对全球气候变化，资源枯竭的危机，局部提高能源有效率，开发利用可再生能源，保护生态环境，实施可持续发展已成为国际社会的共识。中国××电网公司，作为世界500强企业，积极响应国家发展低碳经济、倡导性能源的发展号召，开展节能减排工作，致力于建设高效可靠电网难度将会越来越大，需要更多高效可靠的电网，为电网安全稳定运行提供支撑。电池将在电网调整当中带来新的变化具有良好的发展前景。我们真诚地希望中国××电网公司和×××公司投资建设的铁锂电池能够对机器推广应用取得推广作用。

在此，预祝本项目取得圆满成功，让我们携手共进，共同为促进新能源发展，共建绿色电网和低碳社会做出更大的贡献，谢谢大家！

会议致辞的定义与特点

会议致辞是领导参与公务活动的一种方式，是实施领导职能的重要途径。无论是高级领导还是基层领导，无论是机关领导还是企业领导，只要做领导工作，就离不开会议致辞。会议致辞即各级党政机关和单位的领导人对有关工作或在某些会议上所作的发言。会议致辞最能展示领导者个人的能力、胆识、个性和风采。在公众集中的场合及各类会议上，尤其是一些重要会议上，一席成功的致辞，能有效提升领导者的形象和威望，提升领导者的人格魅力。

一次工作会议，致辞者一般有多人，但中心性的致辞者只有一个，其他的致辞，如表态性致辞、强调性致辞、总结性致辞，无论是内容还是形式，都与中心致辞是有原则区别的。这本是一个常识问题，但在实际工作中，同一会议上多个致辞雷同的问题还不是个别现象。这直接影响会议的效果和领导者在公众心目中的形象。因此，要针对不同的分工，来确定会议致辞的内容和风格。

作用：

展示领导者个人的能力、胆识、个性和风采。

写作指导：

会议致辞多由标题、题下标示、正文组成：

(一) 标题及题下表示

标题包括致辞者、会议名称、文种类别构成，也可以只写会议名称和文种类别，而将致辞者、日期在标题下标明。个别情况下可用正、副双标题。简而言之，标题部分可分为简式标题和复式标题两类：简式标题一般由主致辞人的姓名、职务、事由和文种构成。

(二) 正文

会议致辞作为领导人代表集体"公共场"发表观点和煞钟"底本"，写作的具体要求须依发表的内容而定。从普遍意义上讲要准确反映党和政府的方针政策，表现出较高的政治水平，语言方面要浅显易懂、流畅生动。

致辞的正文包括开头、主体、结尾三部分。

1. 开头部分

先根据与会人员的情况和会议性质质来确定适当的称谓，要求庄重、严肃、得体；然后用极简洁的文字把要讲的内容概述一下、说明致辞的缘由，或者所要讲的内容重点。

2. 主体部分

根据会议的内容和发表致辞的目的，可以重点阐述如何领会文件、指示、会议精神；可以通过分析形势和明确任务，提出搞好工作的几点意见；可以结合本单位情况，提出贯彻上级指示的意见；

结合自己分管的工作,谈谈自己的看法等。

3. 结尾部分

结尾用以总结全篇,照应开头,发出号召,或者征询对致辞内容的意见或建议等。

写作特点:

语言要简洁,文字要流畅、生动。

动员会致辞

【范例一】

【致辞人】××市人口计生委

【致辞背景】××市人口计生系统动员大会致辞

同志们:

为了认真贯彻落实市委十一届三次会合精神和市委关于开展"以思想大解放推动××市经济社会大发展大讨论活动"的实施意见,切实把全市人口计生系统的"思想大解放推动大发展"大讨论活动开展好,经委党组研究决定,召开这次动员大会。

参加我们今天这次动员大会的有:委机关和直属事业单位全体干部和各县(市)区人口计生局的主要负责人。市直机关党工委对我们这次会议非常重视,市直机关党工委副书记×××同志和宣传处处长×××同志在百忙中来参加我们这次会议,一会儿×书记还要在会上为我们作重要讲话,在此,我代表××市市人口计生委和今天与会的全体同志，对×××和×处长的光临表示最热烈的欢迎！

今天会议的议程有两项：一是由委党组书记、主任×××作动员报告，二是请×××书记作重要讲话。

下面首先请委党组书记×××主任作动员报告。

……

下面请市直机关党工委副书记×××同志作重要讲话。

……

下面，让我们大家再一次以热烈的掌声对×××的讲话表示感谢！

同志们，刚才×××主任作了动员报告，对我们全市人口计生系统如何开展好这次"思想大解放推动大发展"大讨论活动进行了全面部署，市直机关党工委×××书记也作了非常重要的讲话，使我们更加明确了搞好这次大讨论的意义和方向。下面，我再就贯彻落实好这次会议精神强调三点意见：

第一，委内各处室、委直各单位和各县（市）区人口计生局，要认真学习贯彻好×主任的报告和×书记的讲话精神，认真按照市人口计生委关于开展"以思想大解放推动大发展"大讨论活动实施方案要求，迅速掀起学习讨论的热潮。

第二，各部门各单位在开展大讨论过程中，要认真解决好×主任在报告中强调要突出解决的几个问题，确保大讨论有的放矢，有针对性，务求实效。

第三，要切实把开展大讨论活动和做好当前人口计生各项重点工作结合好。力争通过大讨论，实现×主任提出的深化"三关爱"，实现"三转变"，力求"三突破"，达到"三满意"的奋斗目标，为开创××市加快发展、科学发展和跨越式发展，做出我们人口计生系统应有的贡献！

散会！

【范例二】

【致辞人】××市人口计生委

【致辞背景】致市××区"五五"普法动员大会致辞

同志们：

今天，区委、区政府在这里召开全区"四五"普法总结表彰暨"五五"普法动员大会，总结经验，表彰先进，全面部署我区的"五五"普法工作。

出席今天会议的有：区委副书记、区委政法委书记、区纪委书记×××，区委常委、区政府常务副区长××，区委常委、宣传部部长×××，区人大常委会副主任×××，区政协副主席×××等领导，各街道、乡镇普法依法治理领导小组组长、政法书记、宣传委员、普法联络员，区直部门分管领导、普法联络员，"四五"先进集体和先进个人代表等。

今天会议的主要议程有四项：

一是表彰我区"四五"普法工作先进集体和先进个人；

二是区委副书记×××同志作"四五"普法总结和"五五"普法部署报告；

三是有关单位和部门作表态发言。

首先进行会议第一项议程，大会表彰。请区委常委、宣传部部长×××同志宣读表彰全区"四五"普法工作先进集体和先进个人。

……

现在进行会议第二项议程，请区委副书记×××同志作"四五"普法总结和"五五"普法部署报告。大家欢迎！

……

下面有请×××单位的××上台发言。

……

有请×××单位的×××上台发言。

……

请×××单位×××部门的代表发言。

……

下面请×××单位××部门的代表发言。

……

最后，请×××单位××部门的代表发言。

同志们，全区"四五"普法表彰暨"五五"普法动员大会将要结束了。这次会议是区委、区政府决定召开的一次重要会议。刚才，举行了隆重的表彰颁奖仪式，×书记作了重要报告，五个单位作了表态发言。×书记的报告站在贯彻落实科学发展观、推动"四个××"建设和构建社会主义和谐社会的高度，回顾总结了"四五"普法工作，深刻阐述了新时期开展法制宣传教育工作的重要性和紧迫性，对深入贯彻"五五"普法规划进行全面部署，并提出了明确具体的要求。×书记的报告十分重要，全区各级一定要认真学习、认真贯彻。下面我就贯彻会议精神再强调三点意见：

一是要认真组织这次会议精神的传达学习，深刻领会和全面把握贯彻"五五"普法规划的基本精神和主要内容，明确今后一个时期法制宣传教育工作的目标、任务和要求，进一步提高认识，统一思想，层层发动，做好贯彻落实。各街道、乡镇和各部门单位要在近期内对"五五"普法工作进行一次专题研究，积极组织开展法治北仑和"五五"普法宣传月活动，营造氛围，在全社会掀起建设

"法治××"和贯彻落实"五五"普法规划的高潮,确保"五五"普法工作的顺利启动。

二是各街道、乡镇和各部门单位要按照区委关于建设"法治××"的决定和区"五五"普法规划的要求,结合当前和今后一个时期的我区工作重点,以及本辖区、本部门和本单位的实际,认真组织制订法治建设规划和"五五"普法规划。要求两个规划在9月底报送区法治办和普法办。

三是全区各级要充分认识开展"五五"普法工作的重要意义,切实担负起法制宣传教育的重大责任。要进一步建立健全党委领导、人大监督、政府实施,全社会广泛参与的工作机制,建立一级抓一级,层层抓落实的责任机制,进一步形成普法工作的强大合力。

会议到此结束。散会!

【范例三】

【致辞人】××武装部部长

【致辞背景】致××××年冬季征兵工作动员会致辞

各位公民、同志们:

根据国务院、中央军委××××年冬季征兵命令和××省人民政府征兵办公室的指示,我市今冬征兵工作将于×月×日开始。

征兵工作是一项带全局性、战略性的重要工作,做好征兵工作,是军队履行根本职能的需要,是加强我军质量建设的需要,也是维护我军良好形象的需要,这对于巩固国防,加强人民解放军的革命化、现代化、正规化建设,对于保卫改革开放成果和世界和平,都具有重要意义。

为圆满完成上级赋予我市的征兵任务,特提出如下要求:

一、要从国家发展和安全稳定的高度,充分认识新形势下抓好征兵工作的重要意义，加强对征兵工作的领导。面对复杂多变的形势，要使我们的国家立于不败之地，最重要的是要居安思危，常备不懈，抓紧时间加快发展壮大自己，努力增强我们的经济实力、国防实力和民族凝聚力。加强国防和军队建设，一个很重要的方面，就是要搞好征兵工作，向部队输送优秀兵员。军队的基础在士兵，士兵的基础在新兵。各级领导要切实把征兵工作作为一项严肃的政治任务，以高度负责的态度，尽职尽责地把这项工作抓好。

二、要加大宣传发动的力度，激发广大青年的参军热情。在×月的国防教育宣传月活动中，要充分利用报刊、杂志、电台、电视等舆论工具，采取请地方党政领导发表电视、广播讲话，开辟专栏、专题节目，出动宣传车，悬挂横幅，张贴标语、口号，出墙报、板报等多种形式，宣传我军建设成就，宣传解放军的英雄事迹，对广大群众和适龄青年进行依法服兵役教育、爱国主义和革命英雄主义教育，提高全民的国防观念和公民依法履行兵役义务的自觉性，调动广大适龄青年的当兵积极性，在全社会形成"一人当兵，全家光荣，全县光荣，全厂光荣"的良好风尚。

三、要坚持依法征兵，维护兵役法规的严肃性。我国宪法规定："保卫祖国，抵抗侵略是中华人民共和国每一个公民的神圣职责。依照法律服兵役和参加民兵组织是中华人民共和国公民的光荣义务。"每个公民都要自觉履行兵役法规定的义务，积极响应国家的号召，踊跃报名应征，自觉地为保卫祖国的安全和现代化建设贡献自己青春和力量。

四、要以保证新兵质量为核心，严把新兵质量关。各级领导和征兵工作人员要讲政治、讲大局、讲纪律，正确掌握征兵的各项政策规定，强化政策观念，严格把好推荐、政审、体检、年龄、文化关，把最优秀的青年送到部队，确保我市征集的新兵个个合格。

广大适龄青年同志们：军队是造就人、培养人、锻炼人的大熔炉、大学校，是有志青年报效祖国的好地方，好场所。好男儿志在四方，乐在军营。为了国家的长治久安，为了祖国的繁荣稳定，为了广大人民的安居乐业，为了自己的成长进步，请定下决心，报名应征，接受祖国挑选，到祖国最需要的地方去建功立业。

广大适龄青年家长要识大体，顾大局，以国家、民族利益为重，积极支持子女和亲友踊跃报名参军。

我相信，经过全市各级党委、政府、领导和兵役机关的共同努力，一定能够保质保量圆满完成我市今年的征兵任务。

谢谢大家！

【范例四】

【致辞人】学校辅导员

【致辞背景】军训动员会上的致辞致辞

尊敬的各位教官、各位老师、全体同学们：

大家晚上好！

从今天开始，崭新的高中生活已拉开帷幕。首先，让我们以热烈掌声为我们的勇气和自信，鼓劲、加油！欢迎你们，××学校××级的新同学！

"××"，魁星之光，北斗七星的第一颗星，被人们称为"文曲星"，学校以此命名，一是取意"文运昌盛，伟大非常"，二是继承百年府学的文化传统和精神。

自××学校诞生之时起，一批批优秀的××人，以"专心致忧天下"校训为己任，努力"做最好的自己"，以求知、奋进，打造了××，打造了×市唯一的全国优质民办学校这一金色品牌。××

的历史已熠熠生辉，××学子善于思考，勇于担当，懂得尊重，努力为校争光，不给班级抹黑，不给别人造成麻烦……，学子们的言行使优秀成为了学校的传统。借此之际，我们感谢曾经为××争光添彩的优秀学子们，感谢在他们身后默默奉献的老师们，同样，也感谢今天在场的同学们和你们的父母家人，感谢你们的信任和选择。相信不久的将来，凭籍着我们共同的努力，你们也将成为××的骄傲！

同学们，虽然你们来自不同的学校，曾经描绘的人生经历不尽相同，但今天走到了一起，因为拥有了一个共同的身份——我们都是××人，而未来几天的军训，正是对我们大家的一次严峻考验，为此，我谨代表学校，提出以下几点希望：

一、希望我们全体参训同学提高认识，以积极的心态对待军训活动。严格遵守军训纪律，服从教官指挥，不畏困难，高质量地完成训练任务。同时，希望同学们在活动中彼此接纳，相互鼓励，尽快完成相识、相知的过程，建立诚挚的同学情谊，以实际行动创设和谐向上的班集体。

二、希望参训各班主任牢固树立安全意识，坚守训练一线，配合教官有序地进行各项军事综合实践训练；同时关心同学们的身心健康，及时给予肯定和鼓励，营建和谐的班级文化氛围，确保全班同学都能精神饱满、积极主动地完成训练任务。

三、希望承训部队的教官大胆管理，严格要求，在训练中，以爱心、耐心、细心书写军民鱼水情的新篇章。

在此，我也代表军训团各部门工作人员向全体教官和同学们郑重承诺：我们一定密切配合教官和班级的工作，为本次军训活动的顺利开展提供一切方便，做好后勤服务。请相信，有我们大家的携手努力，本次军训，一定能够达到预期的效果。

同学们，军训已为我们搭建起了增进了解、凝聚团队、展示风采的舞台。面对全新的环境，严格的训练和酷暑的挑战，或许有人会感到很苦、很累，想家、思念父母，甚至还有人会感到难以适应而逃避，此时，需要坚持，只要坚持就能创造奇迹！走过军训的你，将发现曾经的磨砺，曾经的欢笑与哭泣，甘甜而珍贵，军训的美好与难忘早已沉淀心间，化作了我们永恒的回忆！

让我们一起行动起来吧，以军人为榜样，磨砺意志，修炼品行，展示最好的自己。精彩就从今夜开始。

谢谢大家！

庆功会、表彰会致辞

【范例一】

【致辞人】某县体育局局长

【致辞背景】在残疾人运动会庆功会上的讲话（节选）

各位领导、同志们、朋友们：

你们好！

在这金秋送爽、硕果飘香的收获季节里，在全国体育工作会议胜利召开的气氛下，我们迎来了我县参加×运会残疾运动员的凯旋归来。×××独得游泳三块金牌，×××夺得游泳两银一铜，×××获篮球银牌，×××获得篮球银牌、游泳铜牌，取得了可喜的成绩，在这里，让我代表县委、县政府和全县 50 万人民对你们所取得的成绩表示热烈的祝贺，对市残联领导的到来表示真诚的欢迎，也向辛勤培育你们的教练员和支持你们工作的家属表示亲切的慰问。

体育是关系人民健康的大事，体育水平是一个民族文明进步的重要标志。残疾人体育是全民体育中的重要组成部分，发展残疾人事业是社会文明进步的重要标志。本届省运会首次将残疾人比赛纳入全民运动会之中，这是我省体育运动史上具有标志意义的一件大事，充分体现了残疾人平等、参与、自强、共进的宗旨。

体育比赛不只是一较长短，这是一个汇报工作的舞台，向兄弟县市学习的理想课堂。通过你们克服困难、顽强拼搏、奋勇争先的精神，展示了我县残疾人身残志不残的精神面貌，展示了我们岫岩残疾人体育运动的特色，更展示了我县整个残疾人事业的发展状况，你们为家乡争了光，为××市冲击×运"三甲"做出了努力，更为落实国家××争光计划作出了××人应有的贡献。

我们的×××、××两位同志被省队选中，这是对你们自强不息精神的肯定，也是家乡的骄傲，希望你们能继续努力，在新的征程上不断进取、阔步向前；更希望全县残疾人，对于自己的不幸，不要抱怨、不要消沉，向我们的残疾运动员学习，做一个身残志坚，勇于向命运抗争的勇者。

最后，让我们再一次向取得优异成绩的四位同志表示祝贺，希望你们能再接再励再创佳债，为家乡岫岩争光。

谢谢！

【范例二】

【致辞人】 某县教育局局长

【致辞背景】 ××中学高考庆功会上的致辞

各位老师、同志们：

六月又飞歌，金榜再报喜。一年一度牵动人心的高考尘埃落定，知难而进的××中学高三全体师生不负众望，续写高考传奇。这是××中学的骄傲，也是全县人民的光荣。在此，我谨代表县委、县人大、县政府、县政协向大家表示热烈的祝贺，并向广大教职工特别是全体高三教师致以崇高的敬意。下面，我讲三点意见：

一、汗水铸就辉煌，成绩来之不易。

今年，对××中学来说是极不平凡的一年，这个不平凡不仅因为今年是××中学五十年华诞，还因为近三年来××中学一年一个台阶，呈良性发展态势，更因为20××级是在当年优质生源流失严重，××中学学生入口成绩较低的情况下，实现了高考本科硬上线××××人，文理科双夺冠的目标。这个成绩的取得离不开县委、县人大、县政府、县政协的亲切关怀，离不开县教育主管部门的无私帮助、指导，更是××中学广大教职工，特别是高三教师们敬业奉献、辛勤耕耘的结果。近年来，××中学在×××校长的带领下，大力实施成功教育，坚持先进办学理念，创新管理模式，推进教育教学改革，使××中学呈现良好的校风、严谨的教风和浓厚的学风，高考成绩不断进步，在××市优势的排名不断上升，学校品牌影响力号召力不断扩大。我想说，对××中学近年来的教育教学工作，县委、县政府是满意的；对今年××高考取得的可喜成绩，县委、县政府将予以表彰奖励。

二、放眼全市全省，打造"×中"品牌。

今年，××中学高考优势排名位居全市前四位，从纵向上看，节节攀升，但从横向上看，与全市乃至全省的名校尚有校大差距。××中学要不断总结经验，进一步整合资源，均衡团队整体力量，提升学校整体形象。山不在高，有仙则名，水不在深，有龙则灵，知名度、美誉度就是竞争力，如果××中学每年均能输送上千名大学生，输出一批名牌高校学生，那么将极大提升学校品牌含金量和号召力，合中品牌将会更响亮。

三、牢记历史使命，担当时代重任。

百年大计，教育为本；教育大计，教师为本。党和政府对××中学有很高的要求，全县80多万人民对××中学有很高的期望，只有发奋努力，才能不辱使命，不负众望，才能无愧于××中学作为全县高中"龙头学校"的光荣称号。希望××中学以今年高考的优异成绩为契机，再接再厉，为我县教育事业的跨越发展再立新功，为全县人民提供优质的教育资源，为全县经济社会发展作出更大贡献。

谢谢大家！

【范例三】

【致辞人】××市市长

【致辞背景】在出席××公司全国优秀农民工××庆功表彰会上致辞

同志们：

今天，我们大家聚在一起，为全国优秀农民工××同志举行庆功表彰大会，首先，我代表市政府向××同志表示最热烈的祝贺！向××公司的全体干部职工表示由衷的敬意！××同志获得的荣誉，是××公司全体职工的骄傲,也是全市人民的自豪!

下面,我就农民工工作讲三个方面的意见:

一、大张旗鼓地宣传优秀农民工,表明了全社会对农民工贡献的充分肯定

我省和全国今年举办的"优秀农民工评选活动",主要目的是大力宣传农民工在促进经济社会发展中做出的积极贡献,努力营造全社会关注、爱护、尊重农民工的良好氛围。近几年来,数以亿计的农民怀着对美好生活的渴望、对光明未来的憧憬,勇敢地走出农村,进城务工或在乡镇企业就业,以特别能吃苦、特别能奉献的精神,在促进我市经济社会发展、改变城乡二元结构、解决"三农"问题中发挥了不可替代的作用。农民工队伍的形成和不断壮大,是我市城镇化建设历史上绝无仅有的光辉范例,他们的贡献将永载史册。农民工作为我市改革开放和工业化、城镇化进程中涌现的一支新型劳动大军,广泛分布在各个行业,为城市繁荣、农村发展和现代化建设做出了重大贡献。据调查,我市农民工数量×余人。目前,外出进城务工农民已达×万人,在本地乡镇企业就业的农村劳动力有×万人,还有一部分半工半农或灵活就业。农民工在第二产业从业人员占××%,在第三产业从业人员占××%,在加工制造业从业人员占××%,在建筑业从业人员占××%,已成为我市产业工人的重要组成部分。因此说,农民工是创造社会财富的重要力量。

二、农民工在经济建设和社会发展中发挥了不可替代的作用

作为工人阶级的重要组成部分,我市农民工以吃苦耐劳的品质和实干精神,在全市经济社会发展中发挥了重要作用。

三、切实维护农民工合法权益,为农民工创造更加宽松的工作和生活条件

近年来，各级政府，劳动、工会、工促、妇联等有关部门在关心爱护农民工、维护农民工合法权益方面做了大量工作，取得了一定成效，但农民工面临的问题仍然十分突出。工资水平偏低，有些企业克扣和拖欠现象比较严重；有的企业劳动时间长，安全卫生条件差，发生职业病和工伤事故比例偏高；劳动合同签订率低，缺乏社会保障，社会保险缺失。目前，我市正处在工业化、城镇化加快发展的阶段，将有越来越多的农村富余劳动力逐渐转移到非农产业和城镇中来。解决好农民工问题，关系我市改革发展稳定大局。因此，各级各部门有责任发挥出更好的作用。在此，我诚挚地拜托在座的各位，一定要为我们的农民工兄弟姐妹创造一个良好的工作环境，特别是劳动保障部门，担负着农民工管理服务和执法维权的重任，因此要千方百计地为他们解决实际困难。

同志们，加强农民工工作，解决农民工问题，是一项长期而又艰巨的任务。在全社会形成关爱农民工的良好氛围，需要各级各部门坚持不懈地教育引导，需要社会各界的共同努力。我们一定要从经济社会发展的大局出发，满怀对农民工兄弟姐妹的深厚感情，进一步理解农民工，尊重农民工，善待农民工，关心农民工，帮助农民工，为全面建设"和谐××市、魅力××市"做出应有的贡献。

最后，我希望，在座的全体干部职工，以××同志为榜样，发扬任劳任怨、无私奉献和主人翁精神，爱厂、敬业，在平凡的岗位上做出不平凡的业绩；同时也希望涌现出更多的××式的先进模范人物，为××公司的大发展，为我市经济的大发展，展现出新时代农民工的风范。

【范例四】

【致辞人】×市市长

【致辞背景】在市直机关"创先争优"表彰大会致辞

尊敬的同志们：

今天，市直机关工委在这里隆重举行"创先争优"表彰大会。从×年以来，通过开展"创先争优"活动，我们的一些基层党组织、共产党员和党务工作者获得了先进称号，受到了表彰。在此我代表市委向受到表彰的基层党组织、优秀共产党员和优秀党务工作者表示热烈的祝贺！机关党建是党的建设中的重要组成部分，借今天这个机会，我就进一步加强和改进机关党的建设讲三点意见：

一、充分认识加强机关党的建设的重要意义，强化机关党的建设的基础工作

（一）要全面认识机关党组织的地位和作用

党政机关和党员干部，是党的执政主体的重要组成部分，既是党和国家职能的实际执行者，又是各项具体事务的管理者。因此，党政机关以及党员干部的思想政治素质、精神状态、工作作风、工作水平和工作质量直接关系到区域经济和社会发展的大局，关系到党和政府在人民群众中的威信和形象。

（二）要抓住机关党建工作的重点

所有工作都是由人来做，人民群众对我们党和党政机关的概念，是由一个一个具体的工作人员、一个一个具体的党员的表现来认识、来评判的。党建工作中一项非常重要的工作就是要提高党员、党员干部的整体素质，机关党建尤其要把党员干部的培训、教育工作做好，要把增强执政意识，把握执政规律，提高执政能力作为干部培

训工作的重点，切实加强。

（三）要进一步加强和改进思想政治工作

在市场经济条件下，各种各样的利益集团正在不断地形成、改组和发展，各种各样的思潮和价值观也正在影响着我们各级党的组织和每一名共产党员。在这种条件下，用固定的模式、用简单的说教的方式进行思想政治工作显然是不行的，作用非常有限。思想政治工作就不能简单地靠理想、抱负来进行，需要结合实际。

二、加强和改进机关党的工作，增强党组织的影响力和号召力

党是领导核心，要真正成为领导核心，就需要有影响力有号召力；党是执政党，要真正巩固执政地位也必须要有影响力和号召力。要让人信服，才能体现出执政党的地位和作用。

首先必须牢固树立四个意识：一是忧患意识，二是机遇意识，三是进取意识，四是责任意识。这四个意识是刚刚闭幕的省委八届五次全会提出来的，是对我们××改革开放、发展这么多年取得成绩的一个总结，我们各级党的组织和广大共产党员都必须树立这四个意识。

三、坚持与时俱进，不断开创机关党建工作的新局面

一是要完善机关党组织的工作机制。要认真落实中央《党和国家机关基层组织工作条例》精神，把机关党的工作作为新时期的一项重要工作来抓。要着力解决机关党组织工作力量不强、人心思走、运行不畅的问题，要进一步建立完善党务干部管理教育机制，党务干部选拔交流机制，大力培养符合新时期党务工作要求的年轻干部。

二是要改进工作方式方法。工作的方式方法往往决定着工作的成效，我认为，机关党建工作要实现"六个转变"，即思维方式要从封闭型思维转到开放型思维上来；工作态度要从被动适应转到主动

创新上来；工作着力点要从机关党建工作自我循环转到紧紧围绕经济建设抓党建上来；工作结合点要从机关党务工作和行政业务的板块式组织转到融合式的渗透和贯通上来；机关党建工作的管理要从运用行政手段指挥转到依靠自身的影响力去引导上来；工作手段要从传统型转到科技型上来。

三是要提倡勇于创新。"创新是一个民族进步的灵魂，是一个国家兴旺发达的不竭动力，也是一个政党永葆生机的源泉。"只有创新，才有活力；只有开拓，才能发展。机关各级党组织必须致力于工作创新。要根据新形势新要求，不断充实机关党建工作新内容，积极探索机关党建工作新方法、新路子。

四是要进一步把"创先争优"活动引向深入。实践证明，"创先争优"活动是新形势下加强机关党建工作的有效载体，是弘扬正气、激励先进以及抓典型引路与示范带动的好方法。因此，我们必须继续深入地抓好这项活动。要鼓励先进，鞭策落后。

同志们，开创机关党建工作的新局面，建设繁荣进步的××市，需要各级党组织和广大党员、党务工作者满怀赤诚之心，以创先为荣，以争优为乐，以群众为本。让我们在市委的正确领导下，扎实工作，奋力拼搏，努力为实现××跨越式发展做出新的更大贡献！

第六章 岗位变动致辞

岗位变动致辞的定义与特点

一般来说，一个领导干部在其任职期内，关于其岗位变动的致辞大体可分为竞聘致辞、就职致辞、离职致辞以及调动致辞。

领导干部的岗位变动致辞，作为其职务活动不可缺少的组成部分，其重要性是不容忽视的。好的竞聘致辞可以使自己获得更多的支持者，实现自己的理想；就职致辞，是开展工作的敲门砖，此类的致辞应能说明自己的责任、施政纲领和自己要为大众做的事情，提出自己的工作设想和希望，表示自己的决心，同时也是对下属的一种表态和承诺，并获得下属的信任和支持，对于将来工作的开展大有裨益；离职和调动致辞，回顾过去，展望未来，感谢同志，表达谢意，提出希望。

作用：

更好地展示自己、"推销"自己，让听众了解自己。

写作指导：

一般来说，领导干部的岗位变动致辞须包括以下三个部分：

（一）开头部分

开头部分要明确自身的职务，即告知大家自己所竞聘或供职的是某一个具体的岗位。开头部分一般也包括两个方面的内容：称谓和致谢。称谓的选择可以针对某些具体的人员，如"某某书记"、

"某某主任"，也可以是泛指性的称谓，如"各位领导"、"各位同事"等。在称谓之后和正文开始的中间部分，一般须用一两句的致谢语作为礼节性的表示，一来可以作为过渡，二来可以显得谦虚谨慎，引起相关人士的好感。

（二）正文部分

正文部分是岗位变动致辞的主体部分，要突出致辞的主题。在正文中，应将自身的自然情况、工作情况、施政纲领等作相应的阐述。

（三）结尾部分

结尾是整片致辞的结束部分，应讲究如"豹尾"般有力，一定要简明扼要，并且呼应文中的内容，切不可言尽意即穷，一定要立意高远。在结尾的部分升华整篇致辞的主题。

写作特点：

语言简明扼要，感情情真意切。

竞聘致辞

【范例一】

【致辞人】××

【致辞背景】在科长岗位竞聘会上致辞

各位领导、同事：

你们好！

首先应感谢局领导为我们提供了一个公开、平等、竞争、择优的竞聘机会。我今年37岁，××年七月毕业于××农业大学财政税收专业，大专学历。××年12月至今在××地区农经局工作。××年取得会计证，20××年11月取得中级农经师技术职务。我竞聘的岗位是业务一科副科长。这次竞聘的信心主要来源于：

（一）在思想、工作作风方面：我注重政治理论的学习，自觉做到政治上不说糊涂话、不做出格的事，与局领导保持一致。在为人处世上，坚持做到自严、自律、自尊、自爱。在处理工作关系上，注意摆正自己的位置，自觉维护领导、集体利益和集体荣誉，做到宽容待人，搞好民族团结，遇到问题时放低姿态消除误解，有良好的职业道德和工作热情及很强的责任感和事业心。

（二）在实际工作中：首先我对工作充满激情和有着强烈的责任感。多年的农产品销售服务工作，使我对农村基层情况和农民有深刻的了解，也为我现在的农经业务工作积累了第一手的实践资料。其次，我善于在工作中观察、发现问题并思考社会热点问题和领导关心的难点问题，深入乡村进行专题调研，先后撰写了《××地区设施农业的现状与发展》、《关于瓜棉间作情况的调查报告》、《浅谈××地区农村土地流转的现状及对策》得到局领导的好评。其中《浅谈××地区农村土地流转的现状及对策》和协助调查撰写的《地膜玉米推广种植情况调查报告》两篇调研报告引起了地区领导的高度重视并给予重要批示。

如果这次竞聘成功，我将努力协助做好科室工作，下面是我的一些不成熟的工作目标和思路。

工作目标：满足党政领导决策和科学管理的需要，以农业增产增效、农民增收为目的，全面提升农经服务水平。具体做法：

协助科长做好科室各项工作。一是在科室内部实行岗位责任制，定员定岗，充分调动科室人员的工作积极性；二是建立学习制度，从抓学习、提素质、强队伍、挖掘内部潜力入手，组织科室人员有计划的学习党的有关农村政策、法律、法规和农经业务知识，特别是《农村土地承包法》和《××××农村土地承包法实施办法》的学习，本着"打铁还需自身硬"的道理，把科室建成理论扎实、业务精通、团结协作的团队。

加强对农村热点、难点问题的调查研究。重点对"四大问题"进行超前研究，一是如何提升农业产业化经营的带动能力的问题；二是农村税费改革后如何构建农民负担监管长效机制的问题；三是如何支持农民专业协会和农民经纪人队伍发展的问题；四是农村土地承包经营收益增加后面临的新问题及对策研究。通过调查研究，为各级领导决策提出合理化建议。

增强服务意识，进一步提高服务水平。一是及时了解和掌握不同时期的工作重点和应关注的问题，有针对性地为领导提供调查资料和建议；二是按照业务一科的工作职责，以全面落实《中华人民共和国农村土地承包法》和农民负担监管执法为契机，提升科室工作地位；做好农民经纪人、农民专业协会的规范管理，注意挖掘、培养、树立一批做出优异成绩、具有示范意义的经纪人、专业协会典型，总结他们的成功经验，并通过各种手段大力宣传和推广，带动更多的农民专业协会组织健康发展，真正做到为农民服务，带领农民创业致富奔小康，促进地方经济发展。

以上是我的工作目标和具体做法。这次全局各科室竞聘上岗，是单位新的用人制度的改革，激发了干部职工的事业心、责任感，必将为我单位今后的发展注入新的活力。无论这次竞聘结果如何，我都会坦然地面对，竞聘成功争来的是一分信任、一副重担，在以后的日子里，我会增添一分拼搏向上的信心，不辜负局领导和同志们对我的希望，努力工作；如果落聘，我也会总结经验，找出差距与不足，在今后的工作中，加倍努力，通过学习不断完善自己。谢谢大家！

【范例二】

【致辞人】××

【致辞背景】在××信用社副主任竞聘会上致辞

各位领导、同志们：

大家好！首先感谢组织上为我们提供了一次公平竞争、锻炼自己的机会，也感谢在座的各位对我的关心和支持！

我叫×××，1977年6月出生，中共党员，大专文化，现从事财会股会计工作。今天我怀着万分激动的心情来参加这次公开竞聘。我竞聘的职务是信用社副主任。我认为公平竞争，作为一种时代潮流，不仅存在于人与人之间，同样也存在于各个单位、行业、部门之间。在这充满竞争的时代，对于20××年三项预警指标进入红色静态预警级别，20××年第一季度三项考核指标处于最后一名的忠门信用社，如何才能做到求生存、促发展、走出一条属于自己的道路呢？下面请让我从一名副主任的角度谈一谈我的几点粗浅看法。

一、要有一个团结协助，率先垂范的领导班子

作为信用社副主任，要明确自己的岗位职责，积极配合主任、协助主任，不折不扣完成好社内的各项工作。同时，要深入到群众中去，关心员工生活；解决员工的困难，征求员工意见与建议，让

员工参与管理、参与决策。充分纳动员工的积极性与主动性，促进各项工作的顺利开展。

二、要有一种思安思维，开拓进取的竞争意识

适者生存、不适者被淘汰，是放之四海而皆准的真理。在对手林立，竞争日益激烈的金融交流、如何吸取存款，增强信用社支农资金实力，是信用社赖以生存，赖以发展，在竞争中立于不败之地的关键环节。因循守旧墨守陈规，只能不断拉大我们与商业银行之间的距离。我们要努力转变服务观念、转变服务态度，转变服务方式。特别是要在提高服务质量方面下大工夫。信用社的服务功能落后于其他商业银行。但决不能让服务质量落后于他人。我们可以利用网点较多的优势，扬长避短增多上门服务项目，不断深入群众，加大存款政策宣传力度，做好储户的思想沟通工作，并注重搞好兄弟单位关系，把更多更大的储户吸引到信用社来，为提高竞争能力提供强有力的保障。

三、要有一支德才兼备，训练有素的专业队任

事业要发展，人才是根本。离开了人才。就如少了名厨，再好再多的原料也做不出名振中外的"满汉全席"。当前，信用社的人才结构普遍处于新者交替、青黄不接阶段，加上业务电脑化管理，在带来无限商机的同时也带来了新的挑战。如何挖掘人才、培养人才及合理利用现有人才，是一个永恒不变的主题。作为副主任，要配合领导，努力营造学习氛围，组织辖区内会计、出纳、信贷下储蓄，营销各个岗位人员，认识进行专业理论、操作培训及职业道德教育，通过"学、帮、比"等方式，把全体员工培养成德才兼备，爱岗敬业的专业队伍，以便更好地为群众服务。

四、要有一套种子规范，切实可行的管理制度

没有规矩，无以成方圆。要协助领导，制定一套科学的管理制度，严明的落实措施，严格的考核标准，做到制度到位，落实到位；公平公正、奖惩分明；达到激励先进、鞭策落后的目的。

说得好不如做得好，此时此刻，我只想用最真挚的语言向在座的各位表示我的决心。假如我有幸竞聘成功，我有信心，也有决心，有毅力，也有能力让××信用社在稳定中求发展，在发展中求创新。假如我未能竞聘成功，我将无怨无悔，始终如一，立足岗位，继续接受组织和同志们的考验，继续为我区农村信用社事业的发展而奋斗不息。

最后，再次对组织给了我一次锻炼的机会，表示深深的感谢，真诚地祝愿大家工作顺利，幸福安康！

【范例三】

【致辞人】××

【致辞背景】在报社主编竞聘会上致辞

尊敬的各位领导，各位同仁：

大家好！

首先，我要感谢《××日报》，搭建了这一个平台，感谢报社领导，提供了这一次机会，使我能够站在这个演讲台上，更感谢在场的各位给了我参与这次竞聘的勇气和力量，在此我要向各位真诚地道一声：谢谢！

我叫××，今年30岁，1999年大学毕业后，在《××广播电视报》担任编辑、记者，2001年12月应聘到××××出版社主办的《经济新报》，在该报财经部和产经新闻部，担任编辑、记者，

2003年6月再次回到《××广播电视报》，担任该报专刊主编，2005年进入《××日报》社。

今天，我竞聘的岗位是《××××》主编，《××××》是××日报创立最早的一份周末专刊，在这份专刊上融入了很多前辈老师的心血和汗水，所以竞聘这个岗位，我感觉压力很大。但我有信心，相信经过自己的努力，一定会把这份专刊做好。

如果竞聘成功，那么，我将通过两方面来为专刊注入新的生机和活力。

一方面，我将不断地提升专刊的品质，在内容为王的时代，专刊的品质直接决定专刊的生存。为此，我将努力做好以下三点：

1. 不断创新专刊栏目设置，围绕市场、围绕读者，随时调整专刊栏目设置，使其更加贴近生活、贴近群众、贴近市场。

2. 加大专刊的主题性策划，在主流文化、非主流文化以及边缘文化等方面寻找热点和焦点，为专刊营造新的看点和亮点。

3. 在提高专刊编辑队伍整体素质的同时，努力培养一批高素质的特邀撰稿人队伍，使其成为专刊采编力量的一个有益补充。

另一方面，我将全力以赴提升专刊的经济创收能力，力争使《××××》××××年经营收入达到××万元。为实现这一经济目标，我将努力做到以下几点：

1. 采用内部培养或外部资源嫁接的形式，努力组建一支既懂新闻又懂经营的专刊记者队伍。

2. 在其他专刊所没有涉及的范围和领域，努力培养和开拓新的经济增长空间，目前还有餐饮美食、美容、健身等很多行业，是其他专刊所没有涉及的，这为《××××》提供了新的发展空间。

3. 加大专刊的活动策划，好的策划和好的创意，就是财富，我将努力带领《××××》专刊团队，以特刊、增刊、主题活动等多种形式，努力为专刊营造更加宽阔的经济增长空间。

4. 加强与兄弟专刊、兄弟媒体间的互动合作，采用借力发力、借鸡下蛋、借船赶路的方式，努力实现经济创收目标。

各位领导，各位同仁，如果竞聘成功，我一定会严格遵守报社的各项规章制度，坚决服从报社领导，听从报社领导统一指挥，带领专刊团队，把《××××》打造成《××日报》一份更加成熟，更加完美的专刊！

【范例四】

【致辞人】××

【致辞背景】在税务副职竞聘会上致辞

各位领导、同志们：

大家好！

首先我要感谢各位领导给我提供了参加竞聘，展示自我的机会。我之所以参加这次竞聘基于两方面的原因：一是"公开、公平、公正、择优"的竞聘方式给了我一次新的机遇和挑战。二是通过竞聘找到适合自己的岗位，充分施展个人才能，更好地为税收事业服务。所以我这次竞聘无论成功与否，我都愿意做一次推荐自我的尝试。我将把它作为一次和大家学习和交流的机会。今天，我竞聘的岗位是××副职。

首先对我个人工作经历做个简要介绍：我于××××年9月进局从事税务工作，××××年9月赴××大学税务管理专业学习，××××年7月毕业，先后在××所、市局××室工作。

其次，我此次竞聘有以下优势：一、年龄优势。我刚过而立之年，正处在干事业的最佳年龄，身体健康，精力旺盛，头脑灵活，思想成熟；二、事业心强，有进取精神，能出色完成领导交办的各项工作任务。工作踏实肯干，力求完美。业务上争先创优，不甘落后，处理问题果断坚决，能当好领导的好帮手；三、工作能力强，接受新事物快。在××所的工作实践中，由于领导的信任和同志们的支持，我所分管的办案和法制工作取得了一定的成绩，尤其是在办案工作中，对所查办的案件做到了快查快结，不推诿、不扯皮，体现出速度和力度，做到快速、准确、及时、合法。在××年说案比赛中获得第三名及先进个人；××××年获得案卷评查两次第一名，个案比赛两次第一名，模拟办案比赛第一名；××××年获得个案比赛两次第一名、案卷评查一次第一名、一次第二名、及×××工作先进个人等荣誉。

如果副职竞聘成功，我将从以下6个方面开展工作。

基本宗旨：积极配合领导协调好各方面的关系，对内虚心向科室所学习请教，凡事互通有无，有问题及时请示汇报；对外同各有关单位紧密团结，积极协作，营造良好的外部环境，以强烈的责任心和使命感当好正职的左膀右臂。

基本素质：俗话说："喊破嗓子，不如做出样子"，凡事从严要求自己，自己做好了，大家才会向我看齐。一切从公心出发，一切从全局利益出发。

基本思想：始终保持清醒的头脑，管住自己的嘴，不该吃的不吃；管住自己的手，不该拿的不拿；管住自己的腿，不该去的地方不去。始终牢记：形象比金子更宝贵。

基本道德：我愿吃苦在前，享受在后，树立正派的工作作风。干部的动力很大一部分来自领导的信任和支持，为此，我将毫不犹豫地支持和鼓励大家，创造一个良好的工作环境，在税务局的大家庭中各抒己见，各展其才。

基本目标：尽全力协助正职，努力实现"税务管理上层次，文明执法上水平，整体工作上档次，考评成绩有名次的总体工作目标"。

基本思路：在基层所两年半的实践中，我对本所内部和辖区的基本情况比较了解，如果我分管内勤，我将调动内勤人员，全面加强基础性工作，进一步建立起一整套行之有效的便于操作的内勤档案，为领导提供各种参考数据，又为及时记载各阶段工作打下良好的基础。因为我在办公室的四年中，曾从事过文秘档案工作，所以，对此我很有信心。

各位领导，各位同志，以上是我几点粗浅的想法，如果大家信任我，给我一次机会，把我放到适合自己的岗位上去，我将不辜负大家的希望，以实际行动来实现自我价值。不管今天竞聘的结果如何，我都会保持一种平静的心态来对待。即使竞聘不成功，我也会将竞聘中表现出的勇气，带到今后的工作中去。当然，我也有很多不足之处，但我仍然会发光发热的，谢谢大家！

就职致辞

【范例一】

【致辞人】学校新任工会主席

【致辞背景】在学校教职人员会议上的致辞

尊敬的各位领导、各位委员：

大家好！

首先我要对与会的各位领导和代表的支持和信任表示诚挚的感谢！向关心和爱护我的各位领导和各位代表表示崇高的敬意！

今天，我当选为工会主席，这对我来讲是一种挑战、更是一种责任，我为我能有机会为工会的工作尽一点绵薄之力而深感荣幸。在今后工会的各项工作中，我还有很多知识要向在座的各位领导和代表学习，还有很多工作要向在座的各位领导和代表请教，请大家一如既往的支持我、帮助我。在这里，我代表各位工会委员表个态：请大家相信，在今后工会的各项工作中，我们一定不断地学习，不断地进步，一心一意求发展，勤勤恳恳干工作，决不辜负各位代表和各位领导对我们的期望。同时也希望各位领导和同事们给予我们不懈的支持和帮助。

工会是群众性组织，在学校党委和上级工会的领导下，以毛泽东思想、邓小平理论和"三个代表"重要思想为指针，团结动员广大教职工，学习贯彻党的路线和方针政策，认真贯彻工会工作总体思路，发挥了党联系群众的桥梁、纽带作用。在党委领导下，在上级工会的指导下，全体教职工更加自觉的紧紧围绕学校的中心工作，大胆探索，发挥优势，勇于实践，扎实工作，为教育教学的发展和改革做出了应有的贡献。我们建立和完善了教代会制度，加强了学校的民主管理和民主监督，充分调动广大教职工的积极性、创造性。我们开展以师德建设为重点的"教书育人、管理育人、服务育人"的活动和教学基本功训练等形式，以不断提高教师队伍的政治素质和业务素质。我们开展"送温暖"活动，密切联系教职工，关心他们的生活，为他们办实事、办好事，及时反映他们的意见和呼声，维护他们的合法权益。我们开展一些文体活动，促进校园精神文明建设。我们开展建设"教职工之家"活动，不断加强工会自身的建设，以提高工作的整体水平来适应新形势、新任务的需求。

我们的工会是党联系教职工群众的桥梁和纽带，是教育教学工作的重要支柱，是为教职工合法权益的表达者和维护者。我们回顾过去的成绩，也要规划未来的工作。在接下来的日子里，我希望让我们共同努力，在学校这片沃土上，辛勤耕耘，用我们的双手，用我们的真心热情，用我们的行动把学校建设的更好，把我们的生活点缀得更加丰富多彩，创造更加美好的未来！

谢谢大家

【范例二】

【致辞人】 公司新任总经理新任干部就职会上致

【致辞背景】 第一次以总经理身份主持员工大会上的致辞

尊敬的各位女士们，先生们：

大家上午好！

我们不模仿别人，但我们要做别人的典范。在市场竞争中，能为其奋斗的人不管他是什么样的人都不会受阻拦。我将提供多种方法使大家有充分发挥自己才能的地方。我并不以此为满足，我并不依赖规章制度，反而更为依赖我们大家的爱公司如家的精神。只有这样才能面对各种不同类型的危机和困难。然而，尽管我们习惯于安逸的生活而不贯劳苦，但大家的勇气却来自天生而非训练所得，所以我们能够面对任何挑战。挑战在人生中比安逸会更加美妙和愉快。在挑战中，我们能够探求事物的真伪，认清真正的才智人士，我们从不向任何违背公司利益的人卑躬屈膝，以求安逸，我们要以公司的利益为自己的利益，以公司的荣誉为自己的荣誉，公司的命运就是自己的命运。能够做到这样，我们的公司就会蒸蒸日上。

我们面临的挑战：就是使我们目前所经营的项目，能有效地开展起来，使我们公司在尽快的时间内，完成资金积累的过程，向着一个更高的目标发展和壮大迈进。

我们的事业：在目前每一个对我们发展有帮助的企业或个人，我们将继续保持与他们的联系，并重视我公司的产品质量和公司的信誉，以及不断扩大我们的经营范围和提高在市场的占有率，高新技术产品将继续其他的生命力和主导地位，成为我公司的先驱，其他系列产品将继续开发和发展，特别要注意资产收益的优化。很可能我们将从事现在尚未涉及的行业，在选择新的经营领域时，我希望每一个市场必须有足够内在的增长潜力，保证这种进入的光辉的前景！

我们将孜孜不倦地去调查那些能给我们公司带来效益的产品和顾客，以及相匹配的服务！

我们的顾客：公司全体成员应注重我们公司的信誉和形象，不管在什么情况下都应该记住"顾客永远是对的"这个信条。迅速建立起客户服务平台，市场是我们生存的条件，也是我们活动的舞台，我们必须在这个舞台上赢得顾客的信赖并取得市场经营的成功！

我们的基准线：我的财务观点并不复杂，但要自始至终的实现财务目标。在目前和今后的市场中，仍需要大家的努力和责任感，去完成资产收益率的增长和公司的发展！

我所能奉献的没有其他，只有热血、辛劳、和汗水。我们面临着漫长而艰苦卓绝的道路，我将尽我所能，为了我们的事业，不懈的努力，要问我的目的是什么，那就是成功！你们肩负的是我们公司的未来！不管道路多么漫长，多么崎岖，我们一定要夺取胜利，没有胜利我们就不能生存！我也希望大家都能认识到这一点，没有胜利一切将不再存在！此时此刻，我认为我有权要求所有的人都能以大局为重，团结一致，艰苦创业，同甘共苦，群策群力，为了一个共同的愿望，不懈的努力，我们的目的一定要达到，也一定能够达到！

过去已是历史，明天只是目标，而我们就更应该注意的是今天。

只有成功才是我们最好的装饰，我对任何事都会一视同仁，让我们尽自己的一切力量，努力完成我们正在或将要进行的工作，只要大家想着公司，公司就一定不会忘记大家！

谢谢大家！

【范例三】

【致辞人】某新任执行总经理

【致辞背景】在新任公司领导职务会上致辞

各位领导、同事们：

感谢组织对我的信任，感谢董事长、副董事长以及前三任执行总经理对我工作能力的培养。今天我面对组织、面对领导、面对新的领导班子成员以及面对××公司总部全体员工，我心情很激动，同时也很有信心带领公司新领导班子成员，继续发扬××人"只争第一、不做第二"的××精神和"团结奋进、顽强拼搏"的优良作风，共同把公司管理好、发展好。在这里我向组织，向董事长、副董事长、新领导班子以及全体员工表态：

1. 担任总经理期间，我本人首先要做到"本本分分做人、扎扎实实做事"，力争一次把事做好。在工作中我将发挥班子的核心领导团队作用，做到分工明确，各尽其责，带领全体员工把各项工作做好。

2. 在市场开发工作方面：在前任总经理×××先生的领导下，公司发展势态良好。××××年下半年，公司的经营班子将继续以市场为导向，继续创新市场开发策略并进一步拓展市场开发渠道，力争年底中标合同额突破×亿元。

3. 在工程技术管理方面：坚持以"现场保市场"，强化各项目对工程技术和工程质量的高标准、高要求以及施工法、作业指导书的规范应用，抓关键施工的新技术、新工艺、新材料的推广和应用，增强公司技术实力，在公路市场率先形成竞争优势。

4. 在生产经营工作方面：以×××年工作报告精神为指导，坚持以项目为中心，以质量和成本为主线，加强项目成本管理力度，尤其针对20××年下半年市场材料、水泥、燃油、石料价格大幅度上涨等不利因素给公司带来的经营风险，确定20××年的工作重点是：加大精细管理力度，不断提高创利水平。目前时间已过半，截至5月底已完成计量产值×亿元，占年度计划×%，下一步要抓住第三季度施工旺季，确保年底实现计量产值×亿元，力争突破×亿元。

5. 面对公司跨越发展战略目标的实现，在今后的管理中要进一步加快人力资源的开发，加大对员工能力培训和对人才的引进与培养，使公司的人才结构不断优化，使公司人力资源真正成为公司的优势资源。

6. 继续加强项目基础管理，全面推进公司企业文化创新，强化团队执行力，提升项目形象力，使公司整体能力和素质得到进一步改善，以不断提升××营造的品牌影响力和市场竞争力。

在公司良好的发展势头下，我们同时要保持清醒的头脑，不能轻视当前残酷激烈的市场环境，随时要有居安思危、如履薄冰的风险意识，要认识到我们还有很多管理方面的不足，与局各兄弟单位在一些方面还有差距，公司各项目之间管理水平还有差距。比如：公司内部操作层的培养，目前发展还很不成熟、不规范；外部操作层还要进一步整合。公司要实现有效扩张，必须整合发挥内外部的资源优势，还要不断总结积累经验、吸收教训，只有这样才能使公司得以长足发展。

总之，在董事会的正确领导下，在×局的大力支持下，在全体××人敬业精神的鼓舞下，我有决心、有信心带领新经营班子全体成员以及全体××人，首先把公司做强，在公司未来发展中，力争提前实现"同业多元跨越发展"第二阶段目标，进一步扩大公路拓宽市场，开发公路养护市场，通过横向联合，继续开发轻轨、地铁、隧道施工市场，加大公司体制改革步伐，整合内外部资源优势，实现企业有效扩张，在做强的基础上稳步把公司做大。

【范例四】

【致辞人】新任××慈善会长

【致辞背景】××慈善会长的就职致辞

尊敬的各位领导、各位会员、同志们、朋友们：

今天，××区慈善总会暨慈善基金会成立大会隆重召开了，这是全区人民社会生活的一件大喜事。刚才，大会选举了两会的班子成员，这是对我们当选者最大的信任，我们一定不辜负大家的期望，努力把我区的慈善工作搞好。大家选举我当会长和理事长，我感到十分荣幸。我的家人对我投身慈善事业，不但从精神上鼓励，还从行动上支持，这就使我能安心地来做慈善工作了。

一、我对慈善事业的认识

关于慈善的概念，古已有之。在中国传统文化典籍中，"慈"是"爱"的意思；"善"就是"吉祥，美好"的本义。现代的字典、词典解释为：慈，一般是指仁爱、和善；善，一般是指善良、心肠好。对慈善，中华慈善总会创始人崔乃夫曾有极为精辟的概括：什么叫慈呢？父母对子女的爱为慈，讲的是纵向关系；什么是善呢？人与人之间的关爱为善，讲的是横向的关系。什么是慈善呢？慈善是有同情心的人们之间的互助行为。

慈善是自愿的、是无偿的。你今天帮助了别人，不一定明天别人就来帮助你；你帮助了别人多少，别人也不一定能帮助你同样多。"天有不测风云，人间自有真情"。如今年的雪灾、地震，就有很多的人需要救助，全国人民都伸出了援助之手，在全国唤醒了人们的慈善意识，凝聚了全国人民的力量。

二、我对慈善内容的理解

一是募集，包括募集善款招募义工。对于募集善款，主要是要有一颗爱心，单位和个人，有钱的出钱，有物的出物，有力的出力。对于慈善捐款，国家还有税收优惠，可以在所得税前列支。对于慈善捐款，还可以根据捐款企业和捐赠人的意愿，成立冠名基金会，也可以进行符合条件的点名救助。所谓"义工"，就是自愿参加无报酬、为社会公益活动服务的人。今天慈善总会成立"义工"大队，为社会公益活动提供帮助，我也积极报名参加，有幸成为了第一批"义工"。

二是救助，包括经济上的救助、精神上的抚慰。主要是对弱势群体和个人提供物质帮助和精神抚慰，组织赈灾的紧急救助，参与政府的扶贫、救济、抚恤等工作。需要救助的家庭和个人，可以自己申请，也可以由单位和知情人提供情况，我们再根据调查情况，来给予适当的救助。

三、我对慈善工作的打算

以慈心弘扬美德，以善行传递爱心，这是一种道德和精神的升华。对慈善者，对于爱心人士，人民是不会忘记的，我们是不会忘记的，对捐款捐物者，我们都会予以登记，开出票据，并根据捐赠的多少，发给慈善卡、荣誉证书。还会根据对慈善事业作出的贡献，授予"慈善奖"、"慈善之星"、"慈善公民"等荣誉称号。

最后，我以区慈善总会的会长身份，再一次对大家表示衷心的感谢！我也诚恳请你们一如既往对慈善工作予以支持，慷慨解囊，怀着爱心，捐出你们的善款，这是对慈善事业的贡献，这是对我这个会长工作的支持，我怀着无比的感激之情，向大家深深地鞠躬了！

慈善事业，造福社会，利国利民。大家都是慈善家，大家都是爱心大使，我祝大家好人一生平安！

谢谢大家！

【范例五】

【致辞人】新任医院院长

【致辞背景】就职会议上的致辞

各位领导、同志们：

根据组织安排，我到咱们市立医院任职主持工作。我深感肩上担子的份量和责任的重大。今天与班子见面，各项工作也就全面进入了正轨。借此机会，谈几点感性认识和一些想法，与大家结共勉，不当之处，请各位领导、班子成员指正。

作为全市医疗机构的龙头，多年来，在市委、市政府的正确领导下，在历届领导班子打下坚实基础上，我们医院无论是整体外观形象还是内部建设，无论是基础设施改善还是医疗水平提高，无论是学科建设还是医德医风树立，各方面都有了长足进步。在我市来讲，其医疗和服务水平，勿容置疑；其地位和作用，不可替代；其设施和技术，无可比拟。

悬壶济世，救死扶伤，是我们医院工作的天职。作为一个特殊的单位，我认为，我们的各项工作，必须紧紧围绕达到"三个基本满意"，即让领导基本满意，让职工基本满意，让群众基本满意。实现这"三个基本满意"，需要我们领导班子和全体员工真正树立起主人翁意识，同心协力，同舟共济。人人尽一份努力，人人做一份贡献。作为班长，在任职期限内，在市委、市政府的坚强领导下，在卫生局的大力支持下，在同志们的密切配合下，我有决心、有信心团结带领全体员工，为了我们共同的目标，不遗余力，把各项工作做好，向上级党组织和全体员工交上一份合格的答卷。通过最近几天的思考，我认为，在今后的工作中，有这么几点需要我们，尤其是我个人，要牢牢把握好。

第一、千方百计加强学习。我在党政机关单位工作多年，今天到医院任职，这对我来说，既是一项全新事业，更是一片崭新的领域。许多方面需要我尽快熟悉和掌握。从这个层面来讲，这不仅仅是对我个人能力、学识水平的检验，更是对我事业心、责任感的一次全面检阅。就个人而言，我愿意也有信心接受挑战胜任这一职位，首要的任务就是要加强学习。我要静下心来，学习政策，学习业务，学习理论，并注得向同志们学习，向在座的各位学习，向实践学习，切实增强思想上的前瞻性和决策上的科学性。

第二、千方百计增进团结。团结出战斗力，团结出影响力，团结出效益。作为医院的主要负责同志，在班子内部，我要带头讲团结，带头讲大局，带头讲和谐，以班子团结促进全员团结。同时，要增强民主意识，发扬民主作风，推行民主决策、民主管理、民主监督，把方方面面的积极性调动好、发挥好、保护好。整个医院能否成为一个团结向上的集体，关键在于我们班子成员，对班子成员，我要放手、放松，大胆支持其工作。也请各位成员之间相互协调好、配合好，共同把我们自己的事情办好。

第三、千方百计加快医院发展。要把医院的发展作为第一要务，作为自己工作的全部内容，立足把服务市场做大，把临床学科做强，把医疗技术做精，狠抓各项措施的落实。重点在以下"四个致力于"上下功夫：一是致力于加强人才以伍和学科建设，着力实施"人才强院"、"科技兴院"战略，搭建人才平台，以此留住人才、吸引人才、靠人才带动学科建设，全力打造医院的技术品牌，增强竞争力，促进医院可持续发展。二是致力于创新服务模式，坚持"群众利益无小事"和"以病人为中心"的服务理念，与大家一道探索和推行以服务第一为理念的经营战略，创新服务机制，改变服务模式，打造服务品牌。三是致力于强化各项管理工作，坚持以人为本，硬起手腕，加强医疗质量管理，加强医疗安全管理，加强财务收支延安精神理，加强医德医风建设，加强各项制度建设，以此规范医疗服务行为，堵塞各种漏洞，提高医院知名度。四是致力于员工知识、智力、素质和觉悟的全面培训和提高，做细做实做好基础工作，充分发挥员工在医院发展、建设、经营管理中的积极性、创造性，锻造出一支高素质的医疗服务团队，以此推动医院全面进步。

第四，千方百计加强自身建设。结合新的工作实际，要着重把握和解法好三个方面的问题：一是要密切联系群众。坚持群众路线的工作方法，尊重员工、关心员工，为员工服务，全心全意依靠全体员工治院。二是要发扬艰苦奋斗的作风。凡事不铺张、不张扬，勤勤恳恳工作，踏踏实实干事，当一名称职的医院经营管理者。三是要树立清廉之风。要带头说廉洁自律，带头遵章守纪，带头防止腐败，时时处处维护医院的声誉，维护班子的形象，维护群众利益，以人格凝聚人心、团结大家，以个人良好的作风带动和促进医院的行风建设。请大家监督我、支持我。

多年来的工作实践，我给自己下了这么个信条，就是不求惹眼政绩，但求无愧吾心。在新的岗位。我也不作什么漂亮的许诺，重要的是实实在在的行动，扎扎实实的工作，做到为官一人行、造福一方。总之，我要通过自己和在座各位的共同努力，真正把我们医院建成我市"一流环境、一流技术、一流服务、一流设备"的上水平，上档次医院，决不辜负组织的重托，决不辜负大家的期望和厚爱。

谢谢大家！

离职、调动致辞

【范例一】

【致辞人】×××大学前党委书记

【致辞背景】在×××大学党委书记离职会上致辞

尊敬的各位领导，老师们，同志们：

作为一个长期受到党的关心、教育和培养的干部，我深切地感受到各级领导直至党中央对我的关怀和爱护。我坚决拥护中央、教育部和××市的决定。

第六章 岗位变动致辞

我从××××年起担任校级领导工作，已有××个年头，经历了很多人和事，有很多感想，千头万绪还不知从何说起。我在这里就简单地表达一下我最想说的三层意思：感谢、祝贺和希望。

我首先要感谢推荐、选拔我从事领导工作的各级领导。是他们给了我一个与教师职务不同的角度来认识世界，认识社会，丰富人生阅历的机会。我要特别感谢国家住房和城市建设部，让我这样一个学数学的教师来担任建筑、土木类国家重点大学的校长。我要特别感谢国家教育部，在组建新××大学的重要时刻，让我来担任具有××年办学历史的国家"211工程"重点建设和当时即将进入国家"985工程"建设的知名大学的党委书记。担任新××大学党委书记这个职务，对我具有极大的挑战，促使我重新认真学习党的基本理论、基本路线和党的方针政策。我认真学习领会邓小平理论和"三个代表"重要思想，努力用以指导工作，转换角色，改造自己的主观世界，去熟悉党务工作，用行动证明了自己没有辜负党对我的教育和培养。

其次，我要感谢和我一起共过事的××书记、××副校长，我和同志们朝夕相处，同舟共济、相互理解、相互支持、相互帮助。我从同志们身上学到了许多优秀品格和作风，这是我得到的宝贵精神财富。同志们的深情厚谊，将激励我终身。

我要感谢学校机关部处、学院、直属单位的各位领导，你们是学校工作的直接推动者、学校决定的执行者，肩负了很重的责任，工作辛苦劳累。即使我过去对大家工作要求高，对大家关心体贴不够，谈心不够，有时可能批评过了头，也得到了大家的理解或谅解，我感到非常欣慰。

我还要感谢全校师生员工的理解和信任。没有大家的积极参与和努力，学校的事是办不好的。学校是一个整体，如果没有处理好局部和整体、眼前和长远的关系，学校的发展也不可能健康、协调和持续。我感到×大师生员工有高度的责任意识和大局意识，由于本人能力和水平的局限，有许多应该做得更好的工作没有做好。

我本人的科学研究方向是求偏微分方程的数值解。虽然，这些年我的研究有所荒疏，但我对这个问题的研究还是有深度的。现实世界中的科学与工程问题，通过建立数学模型，抽象为微分方程后，很难得到准确解，数学上称之为"解析解"。一般只能在给定初始条件和边界条件，即约束条件后，通过数值计算方法求得近似解，或经过优化得到最优解。数学上所谓的"最优解"，实际上是按照某种规定的度量，在多约束条件，甚至在多目标前提下，综合平衡以后得到的全局可行的近似解。我在这里不是为了讲数学，而是想说，在处理学校的一些事务中，依照这一思路，可能要暂时牺牲一部分利益，或者忽视某些个体的利益。不可能事事周全。我相信随着学校事业的发展，社会的进步，条件会更成熟，办法会更多，很多问题都会得到妥善解决。

我要表达的第二个意思是，祝贺××同志就任××大学党委书记。××同志担任过××大学的××党委书记，××直辖后，奉调市委教育工委担任第一任书记和市教委主任，始终保持着与××大学的密切联系，对×大的情况非常熟悉。他作为重庆市教育行政部门的首要领导，始终关心支持×××大学的发展，亲自见证了新××大学的组建，有丰富的管理经验和更开阔的眼界，故就任××大学党委书记是非常合适的。

校长××同志年富力强，善于学习，思路清晰，富于创新精神，非常尊重党委的集体领导，重视和支持党建工作。他在班子中带头执行民主集中制，党政分工合作、协调配合。作为行政一把手，他在增强领导班子的团结与活力，在构建和谐校园氛围中起到主要作用。

因此，××同志和××同志配合，坚持和完善党委领导下的校长负责制，进一步增强领导班子的团结与活力，一定能进一步加强××大学党的建设，在科学发展观的指导下，全面推动学校各项事业的发展。

我本人虽然不在领导岗位上了，但一定会继续支持学校党政领导班子的工作，关注学校的建设和发展，尽到党员教师的职责，自觉遵守党的纪律，不断提高思想道德修养，严谨治学，以德施教，教书育人。

我现在的心情，就像在一场接力赛中，顺利地交出接力棒，同时看到我们团队胜利在望时那样轻松和高兴。在我跑这一程时，同伴们给了我鼓励，我再次谢谢大家。

最后我要借此机会，祝各位领导、老师们、同志们，工作顺利，身体健康！

祝××大学发展更快更好！谢谢！

【范例二】

【致辞人】某酒店领导

【致辞背景】在酒店领导工作调动会上致辞

各位领导、同仁：

根据企业发展需要，总公司对××公司领导班子进行了调整，任命我为××公司总经理，虽然这个决定对我来说很突然，但我还是非常感谢总公司领导对我的信任。

总公司对××领导班子包括我本人的工作作了充分肯定，这是对我的极大鼓舞和鞭策。从××年×月来到××，转眼已经快××年了。近××年来，我和在座的许多同志同舟共济，共同奋斗，可以说，甜酸苦辣什么滋味都尝过，委屈呀，阻力呀，重重困难都有。可谓"××风风雨雨共度，取得工作成绩共享"，在我工作有困难的时候，是你们给了我很多的支持，很多的鼓励和帮助，也给了我力量。自我进入管理层几年来，在公司领导的正确领导下，及在座诸位的共同努力下，我和领导班子一起，坚持抓班子、带队伍、促发展，紧紧围绕以增收增效为中心，以市场为导向，以优质服务为核心，每年均能超额完成上级组织下达的指标任务，企业和谐稳定，员工团结互助，××呈现出一片欣欣向荣的景象。尤其是在××里，××各项业绩均创历史新高。××的发展得到了总公司的好评和赞扬。

所有这些成绩的取得，靠的是上级组织的正确领导，靠的是邓小平理论和"三个代表"重要思想的正确指引。成绩归功于党组织和全体员工的埋头苦干、勤奋工作，归功于班子成员的思想统一、团结协作，归功于各部门的开拓进取、扎实工作，归功于各位老领导、老同志的关心爱护和大力支持。在此，我向同志们表示衷心的感谢！

由于自己能力和水平的局限，仍有一些工作做得不够好，一些事情还没有做完，留下了不足与遗憾。我认为，如果我在学习上再刻苦一些，决策水平和工作质量或许会更高一些；如果我在工作中能更深入一些、接触员工更广泛一些，考虑问题或许会更全面一些，今天也借此机会，这么多年来因我个人主观原因，留给××的遗憾，留给同志们的抱怨，向大家表示深深的歉意！

今天我将告别同志们，走上新的岗位。我的心情很不平静，××的一草一木、一砖一瓦，时时萦绕在我的心头，使我难忘，令我眷恋。无论走到哪里，我都会永远回忆和珍藏；××的每一点变化，都会给我带来无限的慰藉与欢乐；同志们的每一次进步，都会使我感到无限的喜悦与鼓舞。从今天开始，我开始正式担任××公司总经理职务，我将以扎扎实实的工作作风，勤勤恳恳的工作态度，尽职尽责地干好每一项工作，认真听取各方面的意见和建议；我将进一步加强学习，不断提高自己驾驭管理工作和应对纷繁复杂局面的能力，以勤补拙，用全身心的投入来弥补自身能力上的不足。在此也恳切希望在座的同仁，能一如既往地关心支持我的工作，多提批评意见，以使我能及时地发现问题，解决问题，找出工作中的不足和差距，采取积极有效的措施加以弥补和纠正。由于公司刚刚成立，一切都要从头开始，将会面临譬如起步晚、信息落后、经验不足等困难，所以我衷心希望总公司能给予我们在物力，人力，财力等多方面充分的支持和帮助。

各位，今年是××的起步之年，做好今年的工作，对公司今后一个时期的发展关系重大，我将积极解放思想，与时俱进，开拓创新，为××公司的发展而努力奋斗！

谢谢大家！

【范例三】

【致辞人】××前副局长

【致辞背景】在××局副局长工作调动会上致辞

尊敬的×局长、各位领导、同志们：

××××年的隆冬时节我来到这里，而今即将伴着和煦的春风离去，回顾过去，这几天我辗转难眠，有太多的感慨和留恋，依依不舍常常充斥我的整个身心。这里有我朝夕相处的同事，有给予我无私帮助的朋友，有关怀爱护我的各位领导，有以大局为重支持理解我的同志们，借此机会，我要向你们致以诚挚的谢意！谢谢你们！

时光流逝，转眼间到××局工作已×年多了，现在到告别的时候了。局里的一草一木，全局同志们的音容笑貌以及和大家一块走过的路、开创的事业，时时萦绕在我的心头，浮现在我的眼前，让人思绪万千。我留恋××这方热土，留恋与大家共事的这份情缘，正是这片热土、这份共事让我萌发太多的感知、感悟、感叹、感动和感恩！

由于工作需要，×月×日我就要挥手握别到××工作了，此时此刻，我心潮起伏，百感交集，有许多贴心话想对一起同甘共苦的领导和同志们倾谈，可千言万语一时竟不知从何说起。

我是×××年×月应征入伍的，××××年提干，××××年转业到××局的。在任营以下初级军官时的工作历程我不想在这里追叙过多的细节了，只想对大家说一点我的感受：艰苦的环境并不可怕，任何挫折最终都会是一笔宝贵的财富。

××××年×月我被部队组织上任命为团职中级领导干部，这是我人生很重要的一个转折点。从这里开始，我的视野得以开阔，对现实生活有了较深刻的理解与认识。××××年×月，自愿转业到××局工作，眨眼之间，×年已经过去了。这×年中，从一步一个脚印，一步一个台阶，踏踏实实努力到今天。我是南皮这片热土上土生土长的农民的儿子，回首奋斗的成长历程，我深深感到谋事创业的艰难，同时，我也是受组织培育多年的党员干部，深感自身肩负的工作责任。虽然我没有资格说"为官一任，造福一方"这句话，但是，作为一名党员领导干部，我却有足够的自信说一句俗语："人过留名，雁过留声。"这是我多年为人处世的座右铭。作为一名党员领导干部，我没有做出什么惊天动地的大事，党组织自然不能给我树一座丰碑，老百姓自然不能为我造一座口碑，但是我自己却能够为自己立一座心碑——为党为民，坦荡无愧！上不愧党，下不愧兵。

在部队服役和来局里工作已经××年了，这是我人生道路上最重要最宝贵的几个阶段。在这里，我想说三句话和大家共勉：第一句是，为人处世贵在踏实真诚；第二句是，作风方法贵在耐心细致；第三句是，解决难题贵在认真负责。

这些年来，我努力要求自己真诚地对待好身边的每一位同志，踏实地处理好手头的每一件工作。对于上级的指示，重点在落实上动脑筋，用真功。把大的原则细化为小的步骤，把宏观的政策明确为具体任务。情况不明不盲目出点子，心中无数不草率下决心。时时吃透文件精神，时刻摸清群众情况，力求工作思路清晰、科学合理，行动自觉。作为一名担任了一定职务的党员干部，我坚信改进作风出实绩，苦干实干成大业。因此，我始终牢记宗旨，竭尽全力，情倾××，心系百姓，与在座的各位领导、各位同志、还有几个已调离的领导、同志手挽手、肩并肩，历艰辛，攻难关，洒下了辛勤的汗水，也收获了成功的喜悦。在担任××局副局长以来，率先示范，努力奋进，和其他班子成员一道在市党委、市政府和×局长的领导下，组织和带领全局干部和广大群众，以科学发展观为指导，以加快××发展为己任，以提高××质量为目标，艰苦创业，扎实工作，创造了××发展史上一个又一个辉煌业绩。

忆往昔，峥嵘岁月；望未来，豪情满怀。

此刻，面对这让人倍感骄傲的单位和同志们，依情而言，自是难舍难分，依理而言，自当义无反顾。我完全接受组织的决定，坚决服从市委对我工作新的安排。我知道，这不仅是上级组织对我的关心和信任，也是对我的一种鞭策与激励。同时，我也深知，对我工作岗位的调整，亦不仅仅是对我个人的工作变动，更是对××市××局领导班子集体工作能力和工作成绩的充分肯定。今后，我只有加倍努力，再创佳绩，才能不辜负组织对我的培养和教育，对得起大家×年来对我的帮助和支持。感谢××局长组织了这样一个盛情非凡的座谈会，给了我一个和大家倾吐心声的平台。感谢各位领导、朋友们在百忙之中坐下来共叙友谊，给我一个向大家话别的机会。现在，让我再一次向大家道声谢谢！不仅是感谢大家×年来对我的帮助和支持，更是感谢大家×年来对我的理解和包容！说了这么多话，我觉得，再妙的言辞也无法道出离别时的复杂心境，我感到，再浓的美酒也无法稀释同志间的工作感情。愿今后，我们依然常来常往，相互鞭策，共同进步；愿与××局继续结为工作上的新对子，互通信息，相互促进，共谋发展。

再见了，我同甘共苦的兄弟姐妹们！让这真诚的时刻定格为我们人生最为美好的回忆吧！

谢谢大家！

【范例四】

【致辞人】××烟草局前局长

【致辞背景】工作调动会议上的致辞

各位领导、同志们：

你们好！

刚才，×××同志代表市局党组宣布了××烟草局（公司）领导班子变动情况的决定。首先，我对市局的安排表示衷心的拥护，因为这是工作的需要。同时，我也非常感谢组织对我的关爱和照顾。从19××年到20××年，××烟草经历了难得的发展机遇。这期间，××烟草克服一系列影响，一年一个台阶，20××年度首次实现零贷款，××烟草实现了"511"工程（烟叶生产实现5万担规模、卷烟销售实现1万大箱、企业利润实现1千万元），20××年收购烟叶5.09万担，比19××年的3.58万担增长了43%，销售卷烟10659.86箱，比19××年的8088.69箱增长了32.79%，实现税利1619.26万元，比1999年的663.03万元增长了144%，其中实现利润1250.65万元，比1999年的192.39万元增长了550%；企业步入良性循环的发展轨道；这期间，两烟经营、专卖管理工作得到进一步夯实，呈现出良好的发展态势；这期间，精神文明建设全面发展，在××年被取消市级文明单位的情况下，通过努力20××年××县局（公司）又重新获得市级文明单位的称号，20××年、20××年连续两年被××县委、县政府评为文明系统，局（公司）支部20××年至20××年，连续三年被××县委评为先进基层党组织；这期间，办公生活环境得到进一步改善，县局（公司）办公楼、大院进行重要装修修缮，现已焕然一新，基层站所的标准化改造已全面完成，基层站所职工生活配套设置也进一步完善，职工的福利待遇逐年提高。我在××工作了17年多，其中担任一把手5年零9个月有余，在此期间，我和大家朝夕相处，一起生活和工作，我认为跟大家已建立了深厚的友谊和真挚的感情。从班子来看，我们××的班子，始终是一个团结、务实、开拓、创新的班子，是一个能够战斗的堡垒。从××的干部队伍来看，是一支素质较高，业务较强，步调一致，能打善战的一支较为整齐的队伍。从我们××烟草工作来看，多年来对上级交办和地方党委政府布置的各项工作任务，两烟经营专卖管理工作目标，都能够按时、按要求、高标准、高质量去完成。从××烟草内部环境来看，也得到了彻底的改观，干部职工工作生活环境和个人待遇也得到很大改变和提高。从××烟草外部环境来说，通过我们多年坚持严带队，重服务，善协调，得到了广大烟农和零售客户的高度赞扬，也得到了社会各界对我们××烟草所做的工作给予了认可和肯定。以上这些成绩的取得，是市局党组正确领导和支持的结果，是地方党委，政府支持和关爱的结果，是各职能部门配合帮助的结果，是我们××烟草全部干部职工团结奋进，齐心协力，积极努力的结果，在此，我忠心的感谢各级领导和大家，谢谢你们多年来对我工作的支持和帮助，对我生活的关爱和照顾。做为我个人，在××工作以来得到了领导和同志的关心和帮助、配合和支持，我深深感受到大家对我本人是信任的，对我的能力是认可的。在工作能力上，我个人的能力并不强，但我靠的是集体的力量。总的讲我们班子还是能够总揽全局，在决策议事上还没有大的失误，在协调内外关系上，我们××烟草应该说基础已打好，和谐氛围已形成。所谓基础，就是班子队伍团结，整体政治、业务素质相对较强，管理相对规范，两烟经营专卖管理工作相对扎实，企业形成良性循环。所谓和谐氛围：就是内部风气正，人心齐，心情舒畅，这一支队伍能拉得出，打得胜。在过去的工作中，作为××烟草一把手，在班子成员的支持下，我尽最大的努力，做了一些有利于全局、有利于同志们的事情，有一些还在实施之中，有一些没能够实现，我也倍感遗憾！尤其是"人非圣贤、谁能无过"，我在工作中，肯定会有一些事情，难以做到恰到好处，虽然我讲原则重感情，但由于对工作要求过严、过急，难免会伤害一些同志的情感和自尊，在此我深表谦意恳请谅解！我相信，同志们都能从工作角度对我个人和我的工作给予理解，谢谢你们！"人生自古伤别离"，工作的需要不以我个人的意志为转移，我要遵照市局安排，离开我曾经生活和工作过的地方，离开与我并肩战斗的同志们。虽然离开了这里和大家，但我会一如既往地关心××烟草事业的发展，关注同志们的成长和进步。我相信只要同志们携手并肩，真抓实干，以×××同志为首的新一届领导班子一定会率领大家开创××烟草更加辉煌的明天。我也衷心祝愿×××同志在××烟草工作顺利、生活愉快！最后让我把各种情感汇集成对同志们的良好祝愿！祝同志们身体永远健康，家庭幸福和睦，万事顺心如意！

谢谢大家。